ВАША

НАСТОЯЩАЯ

ИСТОРИЯ

Книга посвящена Иисусу –
Герою моей истории.

Отзывы о книге *Ваша настоящая история*

Мой отец писал, что Бог всегда действует вокруг нас. Наша задача состоит лишь в том, чтобы увидеть, где Он трудится, и присоединиться к Его труду. Сьюзен Фриз – одна из тех, кто лично ощутил Божье действие. Когда она рассказала моему отцу об удивительных вещах, которые Бог совершал в её жизни, он настоятельно рекомендовал ей написать об этом книгу, чтобы её опыт принёс благословение многим другим людям. Результат этого труда вы держите сейчас в руках. Я знаю, что это книга станет ободрением для вас. Бог действует и в вашей жизни и, если вы к Нему присоединитесь, Он возьмёт вас в путешествие длиною в жизнь!

Д-р Ричард Блэккаби, президент Blackaby Ministries International, соавтор книги *Experiencing God*.

Серьезно, вдумчиво, логично и уместно. Эти слова хорошо описывают подход Сьюзен Фриз к подготовке новых последователей Христа для жизни в хвале Бога. К этому перечню стоит добавить ещё следующее: практично, содержательно и хорошо изучено. В результате книга «*Ваша настоящая история*» направляет и подготавливает всех верующих к христианскому образу жизни. Я считаю, что это руководство поможет верующим в Христа, новообращённым и более зрелым, исполнить пятикратное повеление, записанное во Второзаконии 10:12-13: бояться, ходить, любить, служить и соблюдать заповеди Господа Бога. Эта книга, безусловно, должна быть у каждого ученика Иисуса!

Д-р Арчи Ингланд, руководитель кафедры библейских исследований в New Orleans Baptist Theological Seminary

Участвуя в женском служении, я всегда нахожусь в поисках комплексного, простого для понимания и богословски фундаментального пособия по ученичеству для новообращённых или молодых верующих. Этим пособием и является данная книга. Я имела честь несколько лет служить вместе со Сьюзен Фриз. Благодаря её глубокому знанию Писания, чуткости к водительству Святого Духа и стремлению служить женщинам, были изменены многие жизни. Она твёрдо верит в то, что мы можем изменить мир, помогая людям быть учениками, которые, в свою очередь, обучают других учеников. Это та цель, которую возможно достичь с помощью данной книги.

Келли Хастингс, женское служение в Chets Creek Church

«*Ваша настоящая история*» – это книга, которая актуальна всегда и для всех возрастов. Д-р Сьюзен Фриз обладает уникальной способностью объединять практическую и вдохновляющую составляющие в единое целое. Книга «*Ваша настоящая история*» поможет целым поколениям христиан на любом этапе их духовного пути. Те из нас, кто учится на практике, особенно оценят эту тщательно составленную «дорожную карту», которая поможет нам написать собственную правдивую историю.

Эта книга обязательна к прочтению для новообращённых христиан и не менее важна для самых зрелых христиан.

Мак Д. Хевенер Дж., президент Trinity Baptist College

Одно из лучших пособий по ученичеству, которое я когда-либо читал. Оно легко читается, одновременно наводя на серьезные размышления, и «бьёт в самую точку». Это практическое ежедневное пособие станет ценным ресурсом для духовного возрастания любого человека, как зрелого христианина, так и того, кто только интересуется верой в Иисуса. Оно подходит для людей любой культуры и географической местности на планете. Оно станет важным пособием по ученичеству в моем служении. Это та книга, которая не одно поколение будет оказывать влияние на мир.

Крис Прайс, пастор Chets Creek Church в Нокати, бывший миссионерский пастор

Книга «*Ваша настоящая история*» – это прекрасный ресурс для тех, кто хочет понять Божье предназначение для своей жизни. Это глубокое изучение, которое ответит на многие ваши вопросы относительно духовного пути. Меня, как лидера женского служения, часто спрашивают: «С чего мне начать развитие личных отношений с Иисусом? Как мне понять библейское послание для меня?» Книга «*Ваша настоящая история*» ответит на эти вопросы и направит вас к глубокому пониманию вашей новой жизни с Иисусом.

Бецаида Варгас, основатель и директор Samaritana del Pozo

Красота и сила книги «*Ваша настоящая история*» заключается в стремлении Сьюзен объединить богословие Евангелия ученичества и практическое руководство по самому ученичеству. Эта книга убедительна и легко читаема, а её ясность формирует видение для всемирного движения ученичества.

Боб Бамгарнер, ведущий миссионерский стратег Jacksonville Baptist Association

Мне выпала возможность послушать Сьюзен и посмотреть, как она моделирует принципы в контексте полевого миссионерского служения. Она стремится к тому, чтобы Бог прославлялся, чтобы новообращённые возрастали, чтобы церковь расширялась. Эти стремления отображены в книге «*Ваша настоящая история*», которая преобразовывает основы веры в путешествие, изменяющее жизнь. Вы глубже познаете Божью любовь и поможете познать её другим.

Скотт Рей, директор по оценке и развитию в International Missions Board

Сьюзен Фриз испытывает неослабевающее желание, чтобы все люди глубоко познали и любили Бога. Своей книгой «*Ваша настоящая история*» Сьюзен хотела предоставить ресурс, который может привести всех людей к более глубокой вере в Бога. Её книга достаточно проста и понятна, чтобы её мог прочитать любой человек, и одновременно достаточно сложна, чтобы побудить каждого читателя к честному самоанализу. Эта книга, с непосредственным акцентом на библейских истинах, исследует и объясняет, как Бог инициировал отношения с нами и какой должна быть наша реакция на это предложение отношений с Ним. Книга «*Ваша настоящая история*» является эффективным, приемлемым и фундаментальным ресурсом для всех: от новообращённых христиан до многолетних Божьих последователей».

Кристи Прайс, жена пастора и лидер женского служения в Chets Creek Church в Нокати

Эта книга поможет вам понять, кем вы являетесь, будучи истинными верующими и последователями Христа. Если вы осознаете свою истинную идентичность, в вашей жизни непременно всё изменится! Вы обнаружите, что через эту глубокую и вдохновляющую книгу оживает ваша подлинная история. Я призываю всех, как новообращённых, так и зрелых верующих в Христа, посвятить 50 дней чтению этой книги и размышлению над её истинами. Могу точно обещать, что проявление и ощущение Божьей силы основательно повлияет не только на вас, но и на сферы вашего влияния, дарованные вам Богом.

Д-р Джеффри Л. Крик, лидер No Place Left Disciple-Making Movements

Сьюзен Фриз – верный служитель Христа. Я уверена, что с помощью истины, которая содержится в этой книге, Святой Дух поможет многим людям ПОЗНАТЬ Иисуса, как Спасителя, ЛЮБИТЬ Иисуса, как Господа, и СЛУЖИТЬ Иисусу в послушании Библии. Всё во славу Божью!

Джинджер Сауд, политический деятель штата Флорида

Сьюзен и её команда разработали чудесное руководство для новообращённых, которое подготовит их для жизни в соответствии с текстом Ефесянам 2:10. Книга «*Ваша настоящая история*» обеспечит всех верующих надлежащей информацией, ресурсами и инструментами для жизни, посвященной выполнению Великого поручения через ученичество.

Боб Шеллоу, руководитель C12

Нам, христианам, часто становится комфортно в нашем хождении в вере и нам кажется, что новообращённым так же понятно, как возрастать в вере и жить христианской жизнью. Сьюзен Фриз не делает таких предположений, и мудро предлагает книгу «*Ваша настоящая история*» как путешествие за Христом, созидающее вашу веру. Книга необходима для каждого верующего и может быть использована на любом жизненном этапе.

Лорен Крюс, магистр богословия, автор удостоенной наград книги *Strength of a Woman: Why You Are Proverbs 31*

Для меня честь быть пастором Сьюзен и Бретта Фриз, и я искренне рекомендую вам её книгу «*Ваша настоящая история*». Мне выпала привилегия видеть, как Сьюзен возрастала в своих отношениях с Христом, и как Бог призвал её к полноценному служению. Она во всём решила действовать правильно: и когда совершила шаг веры, оставив престижную должность в компании, и когда училась в семинарии, и когда обучала женщин по всему миру. Бог эффективно использовал её дарования, и эта книга является следующим шагом на пути служения, призванного изменять жизни людей. С нетерпением жду, когда смогу применить этот чудесный ресурс в нашей церкви, надеюсь, и вы тоже.

Спайк Хоган, старший пастор Chets Creek Church

Книга «*Ваша настоящая история*» – это просвещающая дорожная карта для каждого: для тех, кто только начинает свой духовный путь, и для тех, кто начинает его заново. Пройдя 50-дневное путешествие, наполненное Писанием, читатели преобразуются «обновлением ума [своего], чтобы [им] познавать, что есть воля Божия» (Рим. 12:2).

Тамми МакКлафферти, EdD, MAR, MAT, исполнительный директор Lifework First Coast

Будучи пастором в течение 35 лет, и проводя обучение пасторов в России и Индии на протяжении 22 лет, я обнаружил, что универсальной потребностью, характерной для всех стран мира, является нужда в формировании настоящих учеников. Настоящие ученики глубоко укоренены во взаимоотношениях с Христом и Его Словом, и стремятся выполнить Его поручение в географической, семейной и социальной зоне своей ответственности. Мой друг и практический визионер Сьюзен Фриз хорошо осознала эту потребность, и кое-что создала для её восполнения. Её руководство «*Ваша настоящая история*» проводит читателя по пути ежедневного развития отношений с Христом через изучение Его Слова и молитву в силе Святого Духа. Пособие призвано помочь каждому верующему понять, Кто такой Бог и кто мы во Христе, а также помочь возрастать в исполнении Божьей воли для нашей жизни. Этот важный инструмент произведёт изменения в церквах по всему миру. Пусть Бог поможет услышать о нем во многих народах.

Уэс Слоу, пастор-преподаватель в Saturation Church Planting

Книга «*Ваша настоящая история*» – это бесценный ресурс. Раскрыто много тем, и, по моему мнению, ни одно слово не использовано напрасно. Вы оцените ясный и логический способ изложения материала, в том числе наличие общих пояснений, полезных аналогий и последующих практических шагов. Каждый день наполнен Писанием, а разделы с практическим ежедневным применением помогут вам не только возрастать, но и изменяться. Я верю, что 50-дневное путешествие веры будет повторяться вновь и вновь в вашей личной жизни и в обучении других. Никогда не встречал более глубокого руководства, подходящего для всех верующих, поэтому очень рекомендую его. Приобретите книгу, пригласите друзей и посвятите ей 50 дней. Поверьте, оно того СТОИТ!

Рианн Бойд, наставник и лидер служения

ВАША

НАСТОЯЩАЯ

ИСТОРИЯ

50-ДНЕВНОЕ ПРАКТИЧЕСКОЕ РУКОВОДСТВО К ВАШЕЙ НОВОЙ ЖИЗНИ С ИИСУСОМ

СЬЮЗЕН ФРИЗ

Издано в Джексонвилле, штат Флорида, All In Ministries Books.

Книги в All In Ministries Books могут быть приобретены оптом для образовательных целей, бизнеса, сбора средств или стимулирования продаж. За информацией обращайтесь по электронной почте contact@allinmin.org.

Любая информация об интернет-адресе, служении, компании или продукте, опубликованная в этой книге, предлагается в качестве ресурса и ни в коем случае не подразумевает одобрения со стороны All In Ministries International, а также All In Ministries International не ручается за существование, содержание или услуги этих сайтов, компаний или продуктов за пределами этой книги.

Если не указано иное, все цитаты из Писания взяты из **New Russian Translation (NRT)**, copyright © 2011 by Biblica, Inc.® Использовано з разрешения Biblica, Inc.® Все права защищены.

Дизайн обложки: Данита Брукс

Контрольный номер Библиотеки Конгресса: 2021900138

ISBNs:
978-1-958535-05-9
978-1-958535-06-6 (Ebook)

Содержание

Добро пожаловать! xi

Мировая аудитория xiv

Как ориентироваться в библии xiv

Обязательство xv

ЧАСТЬ 1: Узнавая о своей истории с Богом 1

Неделя 1: Божья история
День 1:   Вы приглашены 6
День 2:   Божье совершенное творение отображает его
            славу 12
День 3:   Грех всё разрушает 17
День 4:   Иисус нас спасает, прощает и ведет 23
День 5:   Бог всё делает новым: восстановление 29
День 6:   Жизнь после смерти 35
День 7:   Божья история сосредоточена на Иисусе 42
Примите Иисуса сегодня **44**
Вопросы для обсуждения за неделю 1 47

Неделя 2: Ваша история, ваша идентичность
День 8:   Вы избраны 50
День 9:   Вы – поклонник 54
День 10:   Вы прощены и обновлены 61
День 11:   Вы приняты 67
День 12:   Вы никогда не одиноки 72
День 13:   Вы святы 78
День 14:   Вы принадлежите Богу 84
Вопросы для обсуждения за неделю 2 89

Неделя 3: Ваша история, ваше предназначение
День 15:   Примите ваше новое предназначение 92
День 16:   Будьте представителем Иисуса Христа 99
День 17:   Наставляйте следующие поколения 105
День 18:   Достигайте соседей и народы 112
День 19:   Прославляйте Бога 120
День 20:   Прославляйте Бога в поклонении 127
День 21:   Поклоняйтесь Богу через боль 134
Вопросы для обсуждения за неделю 3 140

ЧАСТЬ 2: ПРОЖИВАЯ ВАШУ ИСТОРИЮ С БОГОМ 141

Неделя 4: Пребывание с Богом
День 22:   Познайте Бога, как своего друга 146
День 23:   Покойтесь в Боге, полагайтесь на Него
            и все доверьте Ему 152
День 24:   Глубоко укореняйтесь – получайте Божью
            помощь 159

День 25: Приносить плод, пребывая во Христе 165
День 26: Противостаньте искушению 171
День 27: Сражайтесь в Божьем всеоружии 177
День 28: Войдите в Божий покой через Божье слово 184
Вопросы для обсуждения за неделю 4 189

Неделя 5: Божье слово. Слушая автора жизни
День 29: Цените Божье слово 192
День 30: Примите Божье Слово. Притча о семенах
и почве 199
День 31: Доверяйте Божьему Слову: причины чтобы
верить 205
День 32: Обзор библии – книга за книгой 213
День 33: Изучайте библию – шаг за шагом 221
День 34: Запоминание Божьего слова 230
День 35: Изучайте и применяйте Божье Слово 238
Вопросы для обсуждения за неделю 5 245

Неделя 6: Молитвенное общение с автором жизни
День 36: Говорите с Богом, меняйте свое сердце 248
День 37: Молитесь и слушайте 254
День 38: Избегайте препятствий в молитве 259
День 39: Пост и молитва 266
День 40: Молитесь Божьим Словом и познавайте
Божью волю 274
День 41: Молитесь за других. Великая ходатайственная
молитва 280
День 42: Молитесь вначале. Молитесь всегда.
Молитесь сейчас. 285
Вопросы для обсуждения за неделю 6 291

Неделя 7: Святой дух. Проживая свою историю в Божьей силе
День 43: Познайте Божью силу в вас 294
День 44: Будьте наполнены духом. Посвящение 301
День 45: Будьте очищены для жизни воскресения.
Освящение 309
День 46: Возрастайте в духе. Служение 316
День 47: Возрастайте в Духе. Благовестие 324
День 48: Возрастайте в духе. Страдание 331
День 49: Пробудитесь, наблюдайте, трудитесь.
Иисус Христос грядет 339
День 50: Празднуя свою настоящую историю 346
Вопросы для обсуждения за неделю 7 353

Благодарности 354

План еженедельных встреч 355

Приложение: Инструменты для свидетельства о вере 356

Библиография 359

Добро пожаловать!

Эта книга для тех, кто жаждет близких отношений с Иисусом. Она для тех, кто хочет применять в своей жизни святые истины, не тратя всю жизнь на них изучение. Она для тех, кто *не* хочет, чтобы его вера стала обыкновенной и религиозной, которая лишена силы и проявляется один раз в неделю.

На страницах книги содержатся жизненно важные сокровища, обернутые в слова и ожидающие, чтобы их раскрыли. Мне потребовалось почти 50 лет, чтобы собрать эти сокровища, прожить эти уроки и теперь поделиться ими с вами. Если ваши отношения с Иисусом только зарождаются или если они начинаются заново, я приглашаю вас пройти 50-дневный путь веры, который направит вас в вашем дальнейшем хождении с Ним. Вы *не* прочитаете здесь личные истории (за исключением историй из Божьего Слова), поскольку это книга не о чьём-то пути веры. Она – о *вашем* пути веры.

С каждой неделей перед вами всё больше будет раскрываться основное библейское повествование. Часть 1 начинается с описания общей истории о Боге. Затем мы сосредоточим наше внимание на вашем месте и предназначении в Божьей Истории. Это изменяющее жизнь основание сделает устойчивыми основы веры, которые раскрыты во второй части книги. Часть 2 также является руководством, к которому вы можете возвращаться, если в жизни возникают непредвиденные обстоятельства. Вы узнаете секреты христианской жизни, такие, к примеру, как пребывать во Христе, как справляться с сомнениями, как противостоять искушению, как поклоняться Богу во время трудностей. Вы также научитесь практическим способам изучения Библии, свидетельстве о вере и молитве. Если у вас ещё нет отношений с Иисусом, у вас будет возможность их начать. Делясь с вами жизненными уроками, я молюсь, чтобы вы познали Божью любовь, приняли своё участие в Божьей Истории и *научились на моих ошибках*.

Возрастая, я верила, что Иисус простил мои грехи, но не знала, что нужно следовать за Ним, как за Господом моей жизни. Это непонимание проявлялось через мирские стремления, нездоровое мышление и эгоистичную жизнь. Я любила Иисуса, однако недопонимание Его роли в моей жизни лишало меня покоя и радости. Моя карьера меня отвлекала, а моя неглубокая вера оставляла меня духовно голодной.

Но именно через этот трудный период Бог поддержал меня и показал, чего мне не хватало в жизни – ежедневных отношений с Богом и близкой дружбы с Ним.

Мне бы хотелось вам сказать, что я всё отдала Иисусу и начала доверять Ему в каждом аспекте своей жизни, а не только в вопросе спасения. Но, на самом деле, я колебалась. Я боялась, что случится с моими детьми, если я отдам Богу бразды правления своей жизнью. Не пострадают ли от этого посвящения мои дети? Не будут ли они отняты у меня, если я всё отдам Богу? Как-то женщина в церкви ласково сказала мне, что Бог любит моих сыновей гораздо сильнее, чем я могу себе представить. Я осознала, что моя самая главная обязанность, как матери (или в любой другой роли в жизни), состояла в том, чтобы любить Бога всем сердцем, всей душой, всем разумом и всей силой (Мк. 12:30), чтобы отдать Ему всю себя, потому что Он *отдал мне всего Себя*.

Всё изменилось, когда я попросила Бога взять под Свой контроль мою жизнь. Я больше не смотрела на жизнь сквозь темные очки волнений и эгоистических амбиций, я смотрела на неё глазами веры. Эти проявления послушания и доверия приблизили меня к Богу. Я хотела Его больше познавать и хотела Ему больше принадлежать. На этом пути я узнала, Кто такой Бог, зачем Он меня создал и как жить правильно. Я поняла, что *моя история является частью Божьей Истинной Истории*.

С развитием моей истории Бог привёл меня к полноценному служению, а также к учёбе в семинарии. Он предоставил мне возможности поделиться тем, чему я научилась, на различных площадках и в разных странах. Независимо от места служения, моя главная потребность оставалась неизменной – искренние отношения с Иисусом. Благодаря Божьей благодати результаты моего служения также оставались неизменными: чудесно измененные жизни людей. При поддержке моего мужа и пастырей церкви появилась и развивается христианская организация All In Ministries International. Поместные церкви и миссионеры обращались ко мне за письменными материалами. Но я вновь колебалась. Через мою беседу с доктором Генри Блэккаби[1] Бог побудил меня заняться писательским трудом и поместить в одну книгу всё, что мне хотелось бы знать самой ещё в начале моих отношений с Иисусом. Бог отвечал на мои молитвы о помощи на каждом этапе написания книги «Ваша настоящая история». Эта книга не исчерпывает всей темы, но она содержит живительные истины, которые изменили мою жизнь и жизни множества других людей.

Теперь ваша очередь. Я приглашаю вас пройти вместе со мной этот путь 50-дневных чтений книги «Ваша настоящая история» – избранной главы в Божьей Истории и, как я молюсь, и вашей истории тоже. Не всегда это будет легко и безболезненно, но развитие вашей настоящей истории стоит того. Изменения некомфортны, и вам нужно заранее решить, как вы будете на них реагировать. Доверьтесь Богу в выполнении этих шагов или же оставайтесь прежними.

Если вы решите довериться Богу во время изучения этих кратких глав, вы ощутите ревностную любовь, необычайную радость и сверхъестественный мир. Эти изменения помогут вам ежедневно жить в единении с Богом и подготовиться к вечности. В итоге вы узнаете *свою* настоящую историю в контексте Божьей Истинной Истории.

Я молюсь о том, чтобы вы последовали примеру той женщины из церкви, которая ласково поделилась со мной истиной. Я молюсь, чтобы вы так же доброжелательно приглашали других

---

1 Д-р Блэккаби является международным пастором, автором и основателем Blackaby Ministries International. Он больше всего известен своим библейским изучением *Experiencing God* («*Практическое познание Бога*»).

людей на путь познания Божьей великой любви и Его плана для всего Его творения. Бог предназначил нам *изменяться* и *приносить* эти изменения другим людям.

Божья слава – наша награда.
Сьюзен Фриз
Иоанна 3:30

Мировая аудитория

Этот ресурс по ученичеству предназначен для всех людей во всех христианских общинах по всему миру. Хотя наши стили поклонения различны, мы едины в наших верованиях: Иисус Христос – Господь, вся Библия истинна, каждый верующий играет важную роль в Божьей Истории. Эта книга дополняет семинары по ученичеству, предлагаемые христианской миссией All In Ministries International. Для получения дополнительной информации и бесплатных ресурсов посетите веб-сайт: www.allinmin.org.

Как ориентироваться в библии

В этом учебном пособии содержится обзор Библии и есть описание того, как её изучать (Неделя 5). В книге использован надёжный перевод Библии, чтобы помочь вам ясно понять Божью истину. Будет полезно во время ежедневных занятий всегда пользоваться Библией.

В ссылках на библейские тексты сокращённое название книг Библии указываются первым, затем идут номера глав и номера стихов в этих главах. Например, Иоанна 3:16 означает Евангелие от Иоанна в Новом Завете (не путайте с 1 Иоанна), главу 3, стих 16.

Иоанна (книга) 3 (глава): 16 (стих)

Книги Ветхого Завета и сокращения: *

Бытие (Быт.)
Исход (Исх.)
Левит (Лев.)
Числа (Числ.)
Второзаконие (Втор.)
Иисуса Навина (Нав.)
Судей (Суд.)
Руфь (Руфь)
1 Царств (1 Цар.)
2 Царств (2 Цар.)
3 Царств (3 Цар.)
4 Царств (4 Цар.)
1 Паралипоменон (1 Пар.)
2 Паралипоменон (2 Пар.)
Ездры (Езд.)
Неемии (Неем.)
Есфирь (Есф.)
Иова (Иов)
Псалтирь/ Псалом (Пс.)

Притчи (Притч.)
Екклесиаста (Еккл.)
Песни Песней (Песн.)
Исаии (Ис.)
Иеремии (Иер.)
Плач Иеремии (Плач)
Иезекииля (Иез.)
Даниила (Дан.)
Осии (Ос.)
Иоиля (Иоиль)
Амоса (Ам.)
Авдия (Авд.)
Ионы (Иона)
Михея (Мих.)
Наума (Наум)
Аввакума (Авв.)
Софонии (Соф.)
Аггея (Агг.)
Захарии (Зах.)
Малахии (Мал.)

Книги Нового Завета и сокращения: *

Матфея (Мф.)
Марка (Мк.)
Луки (Лк.)
Иоанна (Ин.)
Деяния (Деян.)
Иакова (Иак.)
1 Петра (1 Пет.)
2 Петра (2 Пет.)
1 Иоанна (1 Ин.)
2 Иоанна (2 Ин.)
3 Иоанна (3 Ин.)
Иуды (Иуд.)
Римлянам (Рим.)
1 Коринфянам (1 Кор.)
2 Коринфянам (2 Кор.)

Галатам (Гал.)
Ефесянам (Еф.)
Филиппийцам (Флп.)
Колоссянам (Кол.)
1 Фессало- никийцам (1 Фес.)
2 Фессало- никийцам (2 Фес.)
1 Тимофею (1 Тим.)
2 Тимофею (2 Тим.)
Титу (Тит)
Филимону (Флм.)
Евреям (Евр.)
Откровение (Откр.)

Формат сокращений названий книг Библии (даётся в скобках) заимствован из Синодального перевода Библии.

Обязательство

Ваша жизнь может измениться за 50 дней в случае, если вы посвятите себя этому изучению. Ещё в самом вначале хочу призвать вас не пропускать ни одного дня чтения. Сохранению надлежащего настроя способствует включение чтения в ваш рабочий календарь. Вписав своё имя и определив время для чтения, вы показываете серьезность ваших намерений в выполнении взятого обязательства, и ваши результаты значительно улучшатся.

С Божьей помощью я обязуюсь последующие 50 дней моей жизни посвятить изучению моей истории в контексте Божьей Истинной Истории.

_____

Ваше имя

Определите ежедневное время (рекомендуется 30 минут) и место для чтения и отклика на каждую главу:

_____

Пригласите своих друзей

Всегда лучше, когда мы путешествуем вместе с друзьями. Если к вам присоединятся другие, это путешествие веры принесёт вам максимальную пользу и укрепит ваши отношения с друзьями. Мы лучше всего следуем за Богом, если следуем за Ним вместе с другими. Бог даёт нам семью веры, – поместную церковь, – которая вместе с нами следует за Ним. Бог никогда не предназначал нам быть одинокими (Быт. 2:18). Мудрец однажды сказал: «Двоим лучше, нежели одному; потому что у них есть доброе вознаграждение в труде их: ибо если упадет один, то другой поднимет товарища своего. Но горе одному, когда упадет, а другого нет, который поднял бы его» (Еккл. 4:9–10). Не будем же падать одни.

Молитесь и просите Бога направить вас к тем, кто может присоединиться к вам в этом изучении. Я предлагаю вам встречаться раз в неделю для совместного обсуждения изученного. Вы можете использовать как руководство для ваших встреч те вопросы для группового обсуждения, которые содержатся в конце каждой недели. Ниже впишите имена людей, которых вы, по Божьему побуждению, уже пригласили присоединиться к вашему путешествию:

_____   _____

_____   _____

Определите день, время и место для еженедельных личных или онлайн встреч:

_____

ЧАСТЬ 1

УЗНАВАЯ О СВОЕЙ ИСТОРИИ С БОГОМ

«Зародыш мой видели очи Твои;

в Твоей книге записаны все дни, для меня назначенные,

когда ни одного из них еще не было.

Как возвышенны для меня помышления Твои, Боже!»

Псалом 138:16–17

Представьте, что я вам сказала: причиной для написания этой книги стали именно вы или что у вас сейчас назначена встреча с Богом. В ответ вы можете засомневаться в правдивости сказанного и недоумевать относительно причины Божьей встречи с вами. Оглянитесь вокруг. Кто-то ещё рядом с вами читает эту книгу? Вероятно, нет. Итак, почему именно вы? Потому что Бог хочет, чтобы вы знали: Он вписал вас в Свою историю. Возможно, вам необходимо отправиться в необычное путешествие, чтобы лучше познать Бога. Возможно, кто-то в поисках ответов обратился именно к вам. В любом случае Бог запланировал этот момент, в это время, в этом месте, чтобы вы узнали о своей настоящей истории в контексте Божьей Истинной Истории.

Неважно, кто вы или где вы живёте, **вас любит единый истинный Бог. У него есть важное предназначение для вашей жизни.** Вы можете спросить: «Почему Он меня любит? Почему моя жизнь важна? Каким должен быть мой отклик?» Это хорошие вопросы. Чтобы начать на них отвечать, мы приглашаем вас отправиться в 50-дневное путешествие веры. Почему именно 50 дней? В Библии Бог отделил 50 дней для особой цели. Когда еврейский народ начал праздновать Пасху (мы поговорим об этом на Неделе 7), Бог установил для него ещё один праздник, который назывался Праздник седмиц, позже – Пятидесятница.[1] Однодневный праздник отмечался через семь недель и один день (50 дней) после Пасхи. Пятидесятница была днём празднования и откровения. В этот день отмечалось дарование Торы (первых пяти книг Библии) Моисею на горе Синай. На Пятидесятницу Иисус дал дар Святого Духа ученикам в Иерусалиме. Что-то важное есть в том, что Бог даровал Слово и Дух в тот же пятидесятый день в Ветхом и Новом Заветах. Вместе Слово и Дух несут нам большее откровение.

Бог особым образом может использовать эти 50 дней и в вашей жизни. Зачем прилагать усилия? Потому что в результате этого **изменятся ваши жизненные запросы и ваша жизненная история**. Творец целенаправленно сотворил вас для определенной цели. Он написал для вас историю, наполненную значением, которое влияет на вечность. Но для того, чтобы понять своё предназначение, свою настоящую историю, нужно узнать её Автора. Вам нужно встретиться с единым истинным Богом.

Какой Бог? Зачем Бог меня создал? Как мне познать Бога?

Многие из нас задавали эти вопросы. Не игнорируйте эти вопросы, даже если боитесь не найти на них ответы или если боитесь, что найденные ответы вам не понравятся. Бог поместил эти вопросы в вашем сердце, чтобы привести вас на путь веры и приблизить вас к Себе. Поэтому, задавайте их.

Вы найдёте ответы в Библии, также известной как Слово Божье или Писание (2 Тим. 3:16).[2] Но, кроме ответов, вы найдёте Самого Бога. Я молюсь, чтобы на протяжении последующих 50 дней вы ощутили, **что Бог реален, и что Библия истинна**. Основываясь на истине Слова Божьего, мы вместе ответим на

---

1 Пятидесятница происходит от греческого слова, которое означает «пятидесятый». На иврите праздник называется *Шавуот*, что означает «недели»; также известен, как Праздник жатвы.

2 Вы можете найти Библию онлайн на многих веб-сайтах, среди которых: Bible Gateway (biblegateway.com), Bible Study Tools (biblestudytools.com), Bible Hub (biblehub.com), Blue Letter Bible (blueletterbible.org) и YouVersion (youversion.com).

некоторые ваши вопросы. Независимо от того, читаете вы Слово Божье впервые или уже много лет, оно всегда совершенно и свежо.

В этой книге многократно (свыше 1400 ссылок), цитируется Писание, направляя вас к библейским стихам, с тем чтобы Слово Божье говорило само за себя. Я предлагаю выделять по тридцать минут в день, чтобы, читая эти краткие главы, встречаться с Богом с открытой Библией в руках. В начале чтения в молитве попросите Бога, чтобы Он вам открылся. Работайте со всем, что обнаружите во время чтения. Отмечайте страницы так, как захотите, и записывайте на полях свои мысли. **Читайте одну главу в день, размышляя над прочитанным и применяя это на практике.**

Учась любить Бога всем своим сердцем, всем своим разумом, всей своей душой и всей своей силой (Мк. 12:30), мы будем начинать это путешествие веры с мыслью о повелении Иисуса. В конце каждого дня вам нужно будет выполнить четыре шага:

1. Прочитайте текст Писания, который относится к теме дня («Пусть Библия говорит»).
2. Ответьте на вопросы, чтобы проанализировать прочитанное («Пусть ваш разум мыслит»).
3. Начните общение с Богом («Пусть ваша душа молится»).
4. Запишите практические шаги, к выполнению которых вас побуждает Бог («Пусть ваше сердце повинуется»).[1]

Пожалуйста, выполняйте эти шаги, чтобы лучше усвоить и применить урок каждого дня. Это важно. **Просто получение новой информации не изменит наши жизни, их с Божьей помощью изменит применение библейской истины.**

Проведем обзор первой части книги:

Во-первых, на Неделе 1 вы узнаете о Боге и о Его всеобъемлющей Истинной Истории. Божья История влияет на все остальные истории. Невозможно за одну неделю охватить

---

1 Библия иногда говорит о повиновении или о решении, как о действии сердца (Нав. 24:23; Иоиль 2:13; Рим. 10:9–10).

всё, что вы хотели бы узнать о Боге. Тем не менее, этот краткий обзор поможет вам понять контекст вашего существования, вашей вечности и вашей истории в рамках Божьей Истории. Даже если вы уже какое-то время являетесь верующим, вы всё равно сможете обнаружить мало раскрытые аспекты Божьей Истории. Вы обретёте лучшее понимание всей Божьей Истории.

Затем на Неделях 2 и 3 вы узнаете о своем участии в Божьей Истории. На второй неделе вы откроете для себя свою идентичность во Христе (кто вы), а на третьей неделе – свое предназначение во Христе (что вам нужно делать).

Вы готовы начать? Остановитесь на минуту и проанализируйте своё сердце. Вы искренне ищете Бога? В книге Иеремии 29:13 Бог говорит: «И взыщете Меня, и найдете, если взыщете Меня всем сердцем вашим». Помолитесь и ...

- примите решение искать Бога всем своим сердцем и всей своей душой (Втор. 4:29);
- решите принять всё, что вы узнаете о Нём, о Его Истории и о вашем месте в ней, даже если что-то вас удивит или обеспокоит;
- попросите Бога подготовить ваше сердце к предстоящему путешествию и послать вам друзей, которые бы шли вместе с вами.[1]

С открытым сердцем ищите истину, Бога. Ища Его, вы поймёте, что Он всегда вас искал.

---

1 Смотрите «Обязательство».

НЕДЕЛЯ 1

БОЖЬЯ ИСТОРИЯ

Вы приглашены

«Ибо так возлюбил Бог мир, что отдал Сына Своего Единородного, дабы всякий, верующий в Него, не погиб, но имел жизнь вечную».
Иоанна 3:16

Что вы чувствуете, когда получаете особое личное приглашение? Внутри вас начинает происходить что-то серьезное. Осознание того, что кто-то о вас помнит, меняет ваше самовосприятие – кто-то о вас подумал и жаждет вашего присутствия. Так вот, реальность такова, что о вас думает Бог, и Библия – это Его письменное приглашение. На страницах Писания Бог приглашает вас доверить Ему всю свою жизнь. Божье приглашение распространяется на каждый континент, на каждую культуру и каждую эпоху. Единственное ограничение состоит в нашей способности слушать и отвечать.[1]

Хотя библейская история написана уже давно, она актуальна и *сейчас*. Она определяет и исследует наш мир. Она объясняет, почему мы сталкиваемся с болью и несправедливостью, и обещает, что однажды Бог всё восстановит. В Ветхом Завете Библия описывает историю израильского народа и его отношения с Богом. Но эта история не только для него. Эта история искупления и отношений для всего мира, в том числе и для вас. **Вы захотите внимательно послушать то, что Бог говорит, потому что Он обращается именно к *вам*.**

---

1 Cheryl Hauer, «God's Invitations,» Bridges for Peace, November 21, 2017, https://www.bridgesforpeace.com/letter/gods-invitations/.

Читая внимательно, вы обнаружите в ней свою настоящую историю. Да, **в Библии записана и ваша история**. Бог создал вас, чтобы вы Его познавали и с Его помощью менялись. Всё это является частью Его великого плана (Иер. 9:23–24). У Него есть Божественное предназначение для вашей жизни. Но это уникальное Божье призвание для вас можно понять только с Божьей помощью через изучение Его Слова и применение его в своей жизни. В Божьей Истории вы найдете значение *вашей* истории и каждой истории в мире, прошлой, настоящей и будущей.

Хотя написание Библии уже окончено, Божья История продолжает разворачиваться вокруг нас. В Откровении, в последней книге Библии, показано, что произойдет в конце времен. В то же время в ней показано, что Божья История бесконечна. Через Иисуса Бог приглашает нас в вечную жизнь (Ин. 3:16). Вечная жизнь – это вечная дружба с Богом и доверие Ему, что Он напишет нашу историю, как часть Своей Истинной Истории (Ин. 17:3; Евр. 12:2).

В течение нескольких следующих минут опишите, какой была ваша история до сегодняшнего момента? Как вы познаете Бога?

Подобно тому, как книги состоят из множества глав, с помощью которых ведется повествование, так и Библия является собранием различных книг, раскрывающих Божью Историю для нас. Каждая книга Библии (со всеми главами и стихами в ней) совместно с другими библейскими книгами описывает Бога и Его отношения с нами. Божья История ведет нас к Тому, Кто создал нас, Кто пришёл к нам в лице Иисуса Христа. Он – в центре всей истории. На Него указывает вся Библия.

В начале нашего совместного путешествия и вам и мне нужно иметь общее понимание всей Божьей Истории. Её можно разделить на четыре основные части: (1) сотворение, (2) грех, (3) Иисус и (4) восстановление Божьего творения. В Ветхом Завете (в первых 39 книгах Библии) говорится о сотворении, о грехе и о будущем приходе Спасителя. В Новом Завете (в последних 27 книгах Библии) повествуется об Иисусе, Спасителе, и о восстановлении. Эти четыре части предоставляют основу для понимания всех библейских историй и значения наших жизней.

ЧАСТЬ 1: СОТВОРЕНИЕ
Бог создал нас и хочет иметь близкие отношения с нами.

Ветхий Завет начинается с истории о сотворении. Бог всё сотворил из ничего и сказал, что это – «хорошо», сделав лишь одно исключение (Быт. 1). Создавая людей, Бог сотворил их по Своему образу и затем сказал, что всё «хорошо весьма». Он проявил особую заботу, когда нас создавал, поскольку желал иметь близкие отношения с нами. В то же время Бог не нуждался в нашем сотворении. У Него уже были идеальные отношения. В Библии сказано, что **есть только один Бог, Который существует в Трёх Лицах: Отец, Сын (Иисус) и Святой Дух**. Бог радовался нашему сотворению, и у нас также есть возможность с радостью познавать Его (Кол. 1:10). Наши прародители, Адам и Ева, жили, трудились и пребывали с Богом в совершенном Эдемском саду. Радость и мир наполняли их жизни, как Божьих детей.

ЧАСТЬ 2: ГРЕХ

Поскольку грех разделяет нас с Богом, мы нуждаемся в Спасителе.

Всё изменилось, когда в историю вошёл змей (сатана, враг). Он исказил Божьи слова, чтобы обмануть Адама и Еву. Обман привёл к недовольству, недовольство – к неповиновению. Адам и Ева поверили в ложь сатаны и отвернулись от Бога, вместо того чтобы Ему доверять. Они съели плод, который Бог запретил употреблять в пищу. В этом состоит суть **греха** – невыполнение Божьей воли в своём отношении или в своих поступках. Грех испортил Божье доброе творение, приведя всё к разрушению. Неповиновение Адама и Евы разделило их

> *Грех:*
> Невыполнение Божьей воли в своем отношении или в своих поступках.

с Богом. Оно привело к последствиям греха: смерти, жадности, болезням, жестокости и к боли в мире. Их жизни наполнила тьма, и они стали врагами Богу (Рим. 5:10). Остальная часть Ветхого Завета повествует о страданиях людей по причине их греха, неповиновения Божьим повелениям и пренебрежения Божьим присутствием, и всё это происходило вопреки призывам пророков покаяться и вернуться к Богу. Кроме того, здесь же предвещается о Божьем плане спасения. Мир нуждался в Спасителе, в Избавителе.

ЧАСТЬ 3: ИИСУС

Иисус спасает нас от греха и восстанавливает наши отношения с Богом.

Новый Завет показывает нам Избавителя – Иисуса Христа, Божьего Сына. Он пришёл, чтобы освободить нас из плена врага и восстановить наши отношения с Небесным Отцом. Его миссия – найти и спасти погибшее (Лк. 19:10). Вначале Новый Завет повествует о жизни Иисуса и о том, как Он нас спас. Бог справедлив, и наш грех заслуживает Его осуждения и наказания смертью. В Своей великой любви Иисус понёс на Себе наше наказание и умер за нас на кресте. Однако это было не концом, а началом новой жизни. Иисус победил смерть и воскрес из мёртвых, чтобы грех больше никогда не разделял нас с Ним. Он раз и навсегда победил грех и смерть!

ЧАСТЬ 4: ВОССТАНОВЛЕНИЕ БОЖЬЕГО ТВОРЕНИЯ
Бог все обновит, начав с нас.

С пустой гробницы Иисуса началась новая глава в Божьей Истории. И в этой главе мы находим себя. Иисус готовит на небесах место для тех, кто доверил Ему свою жизнь. Он дал верующим новое предназначение на земле и обещал вернуться за нами. В остальной части Нового Завета говорится о плане спасения, который распространяется на все народы и изменяет сердца людей, а также о вечной жизни. Творение уже готовится к возвращению Иисуса. И когда Он вернётся, Он всё сделает новым. Разрушения больше не будет. Иисус создаст новое небо и новую землю, совершенную и незапятнанную грехом. В новом мире верующие будут вечно поклоняться Богу, и пребывать в радостном общении с Ним.

Бог призывает доверять Ему в каждой части Его Истории. В течение этой недели мы более подробно рассмотрим каждую её часть. Мы узнаем, как Бог проявляет Свою любовь к каждому народу и к каждому человеку (Ин. 3:16). **Вы, я и все остальные созданы Его любовью, для Его любви и для проявления этой любви к другим людям.** Божье приглашение всё еще актуально.

Пусть Библия говорит:

Прочитайте Бытие 1 (дополнительно – Римлянам 5:12–21)

Пусть ваш разум мыслит:

1. Что в Бытие 1 говорится о Боге?

2. Что вы чувствуете, осознавая, что ваша история является частью Божьей Истории?

3. Как истина о Божьей любви меняет ваш взгляд на Бога, на вас самих и на других людей?

Пусть ваша душа молится:

Господи, благодарю Тебя, что через Библию Ты показываешь мне Свою Историю и приглашаешь меня доверять Тебе. Помоги мне найти Тебя. В то время как я начинаю это путешествие веры, смягчи мое сердце и открой мои глаза на Твою истину. Я хочу познавать Тебя и понять своё место в Твоей Истории. Во имя Иисуса я молюсь, аминь.

Пусть ваше сердце повинуется:

(Что Бог хочет, что бы вы познавали, ценили или делали?)

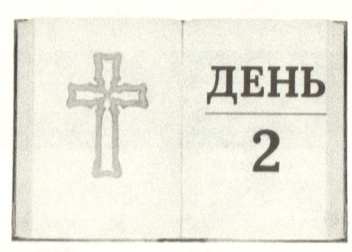

Божье совершенное творение отображает его славу

«В начале сотворил Бог небо и землю…
И увидел Бог все, что Он создал,
и вот, хорошо весьма».
Бытие 1:1, 31

Во время чтения Библии многих людей может пугать её большой размер и её связь с древними языками и культурами. Некоторым людям кажется, что Библию и за всю жизнь невозможно прочитать. Но на самом деле, если её ежедневно читать в течение часа, то всю Библию можно прочитать приблизительно за восемьдесят дней. Другие считают Библию слишком сложной, требующей углубленной подготовки для понимания. Но Божье откровение является тем, чем оно есть – Его откровением. Бог желает быть познанным людьми. Возможно, нам не всё понятно в Библии, но Бог поможет нам понять многие из Его вечных истин. Иногда людям кажется, что Божье Слово – это просто свод правил с перечнем того, что можно делать и что нельзя. Но, читая её, мы обнаружим самую удивительную в мире историю избавления и освобождения. Это – Божья История.

Как мы вчера узнали, Библия начинается с повествования о сотворении и заканчивается темой восстановления. Она написана для всего мира и в то же время для каждого человека в отдельности. Божья История повествует о чуде сотворения всех людей, в том числе и вас (Пс. 138). В Библии сказано, что не вы выбирали своё происхождение, а Бог. И это отправная точка на Божьем пути к вашему предназначению (Деян. 17:26–27). Но для того, чтобы понять Божью Историю и своё место в ней, вам нужно сначала осознать тот факт, что **Божья История не вращается вокруг нас. Она вращается вокруг Бога и Его славы**. Всё существующее призвано прославлять Его величие. Вскоре вы поймёте причину этого, а пока начнём с самого начала.

Бог все сотворил (в том числе вас и меня) ради Своей славы. Словом Своих уст Он сотворил всё: свет, сушу, море, растения и животных. Всё творение прославляет Бога, отображая «вечную силу Его и Божество» (Рим. 1:20). Даже «небеса проповедуют славу Божию, и о делах рук

> **_Слава:_**
> Одно из еврейских слов, употребляемых для передачи такого понятия как _слава (kabod)_, буквально переводится как «тяжелый» и «весомый», и указывает на достоинство. К людям с достоинством мы проявляем уважение и оказываем им почёт.
>
> _Прославлять_ Бога означает отображать Его величие через свои мысли, поступки, слова и служение.
>
> Источник: Ludwig Koehler et al., _The Hebrew and Aramaic Lexicon of the Old Testament_ (Leiden: E.J. Brill, 1994–2000), 456.

Его вещает твердь» (Пс. 18:2). Всё творение, от звёзд в небесах и до самых потаённых мест в наших телах, говорит о Божьем величии и о Его благости. Мужчины, женщины и дети также провозглашают о Божьей славе. Как Луна отображает солнечный свет, так и мы отображаем Бога. Мы существуем для Его славы (Ис. 43:7).

Божья великая любовь к нам является самым удивительным способом отображения Его славы. Бог желает близких отношений с человечеством, поэтому, Он сотворил нас с особой заботой, по Своему образу и со Своим дыханием. «И сказал Бог: сотворим человека по образу Нашему и по подобию Нашему [...] И создал Господь Бог человека из праха земного, и вдунул в лицо его дыхание жизни, и стал человек душою живою» (Быт. 1:26; 2:7). Бог вселенной создал человека из земного праха. Бог, как гончар, работающий с глиной, старательно трудился над нашим сотворением. Создавая Адама и Еву, Бог не был где-то вдалеке. Он не отстраняется и от вас. **Он хочет быть близким к вам.**

Бог также создал нас для отношений друг с другом. Бог с самого начала сказал: «Не хорошо быть человеку одному» (Быт. 2:18). Таким образом, Бог создал Еву, как партнера[1] для Адама. Бог предназначил Еве быть важным и равноправным партнёром Адама в исполнении Божьих целей для человечества. Этот самый первый супружеский союз служит примером самых близких человеческих отношений. Кроме того, он служит прообразом наших отношений с Богом. Что такое брак? Неэгоистичная любовь. Близкая дружба. Общий труд. Божье предназначение. Верное присутствие. Именно таким должен быть подход к нашим отношениям с Богом, Который радуется нам. «Как «жених радуется о невесте, так будет радоваться о тебе Бог твой» (Ис. 62:5). Независимо от вашего семейного положения, помните, что ваша тесная связь с Творцом гораздо ценнее любого человеческого брака. «Ибо твой Творец есть супруг твой» (Ис. 54:5). **Бог знает вас на самом близком уровне, и Он верен в Своих отношениях к вам.** Он называет Свой народ «невестой» Христа, всецело познанной и сильно любимой (Откр. 19:7–9; смотрите также Еф. 5:25–27). Даже наилучший земной брак является всего лишь тенью той глубокой любви, которую Бог изливает в ваши отношения с Ним.

Если у нас есть дети, мы сможем ещё лучше понять Божью удивительную безусловную любовь. Возможно поэтому **Бог создал нас для близких взаимоотношений с нашими детьми.** Он повелел Адаму и Еве «плодиться и размножаться» (Быт. 1:28),

---

1 Согласно *The Hebrew Aramaic Lexicon of the Old Testament* Л. Кёлера и У. Баумгартнера, в Ветхом Завете это слово чаще употребляется в значении «партнер», который помогает, чем в значении «сила». В свете этого, д-р Арчи Ингланд, профессор Ветхого Завета и иврита в New Orleans Baptist Theological Seminary, предположил, что в этом контексте оригинальное еврейское слово *ezer kenegdo* лучше перевести словом «партнер» в значении «тот, кто рядом и помогает». Д-р Ингланд также предположил, что роль Евы, как партнера, не указывает на наличие иерархии. Она не слуга, а партнер. Ева, находясь рядом с мужем, помогает ему преуспевать.

чтобы они могли делиться Божьими благословениями и Его учением со своим потомством (Втор. 6:5–7). Родительство помогает нам лучше понять наши отношения с Богом, как Божьих детей с Небесным Отцом. Представьте, как маленький ребенок взбирается на колени матери и покоится в её объятьях. Что он ощущает? Безопасность. Любовь. Связь. Пусть такими же будут и наши отношения с Богом. Будем покоиться в вере. Рассказывать Ему о своём дне. Слушать Его голос. Доверять Ему. Повиноваться Ему. Независимо от того, есть у вас биологические дети или нет, вы созданы Богом для воспроизводства себя. Если вы передаёте следующему поколению свою веру, у вас появляются духовные дети, благословенные отношения, которые вечны по своей сути. Бог создал нас быть родителями и самими находиться под Его родительской опекой.

Наши отношения распространяются на всё творение. В самом начале книги Бытие мы видим Бога, Который трудится над сотворением земли. Затем Он доверяет землю нам, «чтобы возделывать [её] и хранить [её]» (Быт. 2:15). Бог трудился над сотворением земли, а мы трудимся над её сохранением. Уже с самого начала существования мира мы видим библейские принципы призвания, профессии и труда. Бог хочет, чтобы мы наслаждались окружающим миром, и позволяет нам управлять им с помощью своего труда. Существует много профессий, а у каждого из нас есть свои увлечения и навыки. Возможно, нам не нравится работа, которую мы все время выполняем, но мы всё равно можем быть за неё благодарны. Независимо от того, чем мы занимаемся, мы можем прославлять Бога через свой труд, потому что Он предназначил нам его выполнять (1 Кор. 10:31).

В первых двух главах Библии много сказано относительно Божьей Истории. Сегодня мы узнали, что (1) центром Божьей Истории является Бог и Его слава, и что (2) всё Его творение, в том числе и сам труд, созданы для отображения Его славы. Бог любит нас и хочет, чтобы у нас были близкие отношения с Ним. Он благословляет нас творением, помогает нам творить и призывает нас управлять Его творением. Мы созданы, чтобы отображать нашего творческого Бога.

Пусть Библия говорит:

Прочитайте Бытие 2 (дополнительно – Псалом 148)

Пусть ваш разум мыслит:

1. Что творение может рассказать вам о Творце?

2. Единый истинный Бог создал нас, чтобы мы Его познавали. Ни в одной другой религии нет такого взгляда на своего бога (богов). Почему нам так важно лично познавать Бога?

3. Как взгляд на Бога, как на вашего Супруга и Отца, меняет ваше представление о Нем?

Пусть ваша душа молится:

Господи, Ты достоин «приять славу, и честь, и силу: ибо Ты сотворил все, и все по Твоей воле существует и сотворено» (Откр. 4:11). Спасибо за Твоё совершенное творение. Когда я восхищаюсь Твоей славой, отображенной в прекрасном окружающем мире, напоминай мне, что Твоя слава ещё более чудесно отображается в Твоей любви ко мне. Пожалуйста, укрепляй мои отношения с Тобой. Во имя Иисуса я молюсь, аминь.

Пусть ваше сердце повинуется:

(Что Бог хочет, что бы вы познавали, ценили или делали?)

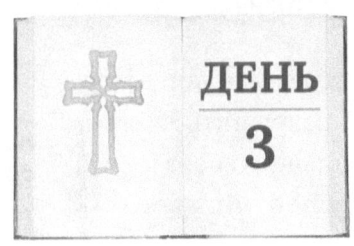

Грех всё разрушает

«Потому что все согрешили и лишены славы Божией».
Римлянам 3:23

Подул ветер, и это такое знакомое веяние ветра в Эдемском саду вызвало незнакомое чувство. Сердца Адама и Евы охватило странное чувство страха. В саду был Бог, Который пришёл, чтобы провести время с драгоценными носителями Своего образа. Но вместо того, чтобы ходить с Богом, они спрятались от Него между деревьями. То был день, когда грех всё разрушил.

Всего три главы длится повествование в книге Бытие, а уже такой крутой поворот в истории. Когда после сотворения Бог посмотрел на всё творение, видимое и невидимое, оно оказалось «хорошо весьма» (Быт. 1:31). У людей и ангелов были совершенные отношения с Богом. Он щедро удовлетворял все их потребности и желания. Но у них был выбор: любить Бога и доверять Ему, либо бунтовать против Него. И люди выбрали бунт.

Но они не были первыми бунтарями. Нет, первым взбунтовался тот, кто «был помазанным херувимом», совершенным, *доколе не нашлось в нем беззаконие* (Иез. 28:14–15). Сатана, именовавшийся тогда Люцифером, был прекрасен и красив, и он знал об этом. Он так этим возгордился, что захотел стать равным Богу (Ис. 14:12–14). Он даже сумел убедить треть ангелов присоединиться к его бунту (Откр. 12:4–9).

В ответ на это зло Бог, Который не только любящий, *но и справедливый*, наказал сатану, в бесславии выслав его с небес

(Иез. 28:14–18). Сатана возненавидел Бога и возжелал разрушить то, что Бог любил больше всего – драгоценных **носителей Божьего образа**. То есть вас и меня.

Бунт, начавшийся в невидимом мире, привел к обману в нашем видимом мире. Сатана появился в саду в образе змея, искушая Адама и Еву взбунтоваться против Бога. Он их обманул, поставив под сомнение Божьи слова. Сатана спросил: «Подлинно ли сказал Бог?» (Быт. 3:1). Затем он предположил, что Божье повеление не есть плоды с дерева,

> *Носители Божьего образа:*
> В отличие от ангелов и животных, люди (и мужчины, и женщины) созданы по образу Божьему (Быт. 1:27). Мы думаем, изобретаем, планируем, чувствуем, создаем, различаем добро и зло, имеем воспоминания и идеи, и рождаем новую жизнь. Но самое главное – мы можем прославлять, познавать и любить Бога.

растущего посреди сада, лишало Адама и Еву чего-то хорошего: «Нет, [вы] не умрете [...] вы будете, как боги» (Быт. 3:4–5). Вместо того чтобы верить в Божью любовь, доброту и в Его щедрое обеспечение, Адам и Ева начали сомневаться в Божьих повелениях и обетованиях для них.

Сатана произвёл сомнение, и это сомнение привело к непослушанию. Сатана всё так же пытается обмануть нас сегодня, как когда-то обманул Адама и Еву. Он побуждает нас сомневаться в Божьем Слове и в Божьей доброте. Он пробуждает в наших сердцах недовольство и искушает ослушаться Бога. Сатана посеял семена сомнения в сердцах Адама и Евы, и в результате этого они *оба* ослушались Бога, и грех вошел в наш мир (Быт. 3:6).

Грех все разрушил. По причине греха стенает всё творение (Рим. 8:22). Вместе с грехом в мир пришли: смерть, боль, стыд, болезнь, насилие, страх, уныние и всякое зло. Присутствие греха негативно повлияло даже на функционирование наших тел. Роды стали более болезненными. Труд стал более тяжелым. Земля теперь страдает от природных катастроф, от ядовитых животных и от сорняков, которые усложнили возделывание земли. Грех повлиял даже на мельчайшие аспекты творения, равно как и наших жизней. **Были разрушены все совершенные отношения, сформированные Богом в контексте брака, родительства и труда.** Но хуже всего, грех разрушил самые важные отношения – наши отношения с Богом.

Действуя по своему усмотрению, а не по Божьей воле, мы пагубно отделяем себя от Бога. Как вы помните, **грех – это невыполнение Божьей воли в своём отношении и в своих поступках.** Грех Адама и Евы привел их к немедленной духовной смерти и постепенно – к физической.

Съев запретный плод, Адам и Ева осознали, что они наги, потому что **за грехом следует стыд.** Согрешая, мы чувствуем себя запачканными и незащищенными, потому что мы предаём своего Творца. Согрешая, мы бунтуем против Того, Чей образ мы носим. Нам становится непонятной наша идентичность. Мы дезориентированы и пристыжены, и часто поступаем так, как Адам и Ева – прячемся от Бога (Ин. 3:20).

Адам и Ева сшили смоковные листья, чтобы прикрыть ими свой стыд (Быт. 3:7). Мы также пытаемся прикрыть чем-то свой грех и стыд, но мы используем не смоковные листья. Мы можем солгать, чтобы скрыть свои ошибки или совершаем больше добрых дел, чтобы загладить свою вину. Но эти усилия не оказывают долговременного эффекта, поскольку **наши попытки прикрыть грехи также непрочны, как и одежда из смоковных листьев.** Адам и Ева знали, что смоковные листья не прикрывали грех, но они все равно спрятались от Бога, услышав в саду Его голос.

Перед тем как проанализировать Божью реакцию на грех Адама и Евы, запомним, что мы не можем в *своём* грехе обвинять Адама и Еву. Мы *все* нарушаем Божьи правила. «Нет праведного ни одного» (Рим. 3:10). Десять Заповедей (Исх. 20:2–17) научают нас любить Бога и служить только Ему, благоговеть перед Божьим именем, почитать своих родителей и покоиться в Боге. Они также призывают нас не убивать, не прелюбодействовать, не воровать, не обманывать и не желать того, что есть у других. Иисус ещё более усилил эти заповеди. Он учил, что постоянный гнев – это такое же зло, как убийство, а похотливые взгляды – такое же зло, как прелюбодеяние (Мф. 5:21–22,28). **Богу важны как наши сердца, так и наши поступки.** Это означает, что мы грешим и тогда, если, совершая добрые дела, руководствуемся неправильными мотивами. Бог повелевает: «Будьте святы, потому что Я свят» (Лев. 11:44–45). Нам кажется, что это *невозможно*. Поэтому, мы грешим, испытываем стыд и прячемся от Бога, как это делали Адам и Ева.

Но Бог не покинул Адама и Еву, Он не покинет и нас. Бог их искал, как Он ищет и нас. «Где ты?» – спрашивал Он (Быт. 3:9). Это был вопрос не о физическом местоположении Адама и Евы, а об их положении в отношениях с Богом.[1] Нам всем нужно задавать себе такой вопрос. Адам и Ева сознались в своем непослушании, но в попытке обосновать своё поведение начали искать оправдания и сыпать вокруг себя обвинениями. Если мы грешим, мы тоже иногда ищем оправдания и обвиняем других. Но для греха нет оправданий. Обман не оправдывает грех. **Наши раны не дают нам право ранить других.** Адам и Ева могли вернуться к Богу со своими вопросами, и мы также можем искать Его, неся свои вопросы к Нему. Поскольку Божьи стандарты совершенны, и Он исследует сердца, Бог не принял признания Адама и Евы, сопровождаемые перекладыванием вины на другого. Грех всегда является серьезным правонарушением. Вред причинён. И в Божьей совершенной справедливости грех заслуживает высшей меры наказания. Жизнь кроется в крови (Лев. 17:11), и их кровь теперь духовно опорочена грехом.

Бог никогда не желал, чтобы возлюбленные Им носители Его образа несли наказание за грех. Поэтому, Он сразу раскрыл Свой план спасения, согласно которому наказание за наши грехи будет возложено на Божьего Единственного Сына, на Иисуса Христа. После разговора с Адамом и Евой Бог обратился к настоящему врагу, к сатане, сказав ему: «И вражду положу между тобою и между женою, и между семенем твоим и между семенем ее; оно будет поражать тебя в голову, а ты будешь жалить его в пяту» (Быт. 3:15). Сатана сможет ужалить Спасителя

---

1 Ian Jones, *The Counsel of Heaven on Earth: Foundations for Biblical Christian Counseling* (Nashville: Broadman & Holman Publishers, 2006), 31–32.

и причинить Ему боль. Но в итоге Спаситель *уничтожит* врага, который стремится «украсть, убить и погубить»; Он его уничтожит, чтобы мы «имели жизнь и имели с избытком» (Ин. 10:10).

Прежде чем изгнать Адама и Еву из сада, Бог убил животное и поменял их увядшие смоковные листья на прочную кожаную одежду. Это стало предзнаменованием многих жертв, которые будут приноситься за грехи людей, пока не будет принесена окончательная жертва Иисуса (Лев. 1–7).[1]

Да, Иисус умрёт, понеся наказание вместо нас. Непостижимо, но это правда. Бог предоставляет способ покрыть (*искупить*) наш грех и восстановить нашу духовную жизнь. Благодаря жертве крови, – сначала многочисленных животных, а в конце самого Иисуса, Божьего Агнца, – наши отношения с Богом могут восстановиться (Евр. 9:26; 10:4). Чистая кровь покрывает нечистую кровь. Смерть Иисуса вместо нас стала окончательной и последней жертвой, которая больше никогда не повторится.[2]

Даже в то тёмное время, когда грех вошёл в мир, Божья нежная любовь сияла ещё ярче. **Он пришёл, чтобы нас найти. Он покрыл нас и пообещал спасти нас.** Как же сильно Бог нас любит!

---

1 Wayne Grudem, *Systematic Theology: An Introduction to Biblical Doctrine* (Grand Rapids, MI: Zondervan, 1994), 626–627.
2 Norman L. Geisler, *Systematic Theology: In One Volume* (Bloomington, MN: Bethany House Publishers, 2002), 801.

Пусть Библия говорит:

Прочитайте Бытие 3 (дополнительно – Псалом 50)

Пусть ваш разум мыслит:

1.   Если бы Бог у вас спросил: «Где ты?», что бы вы ответили?

2.   Вы в чём-то прячетесь от Бога? Если да, то объясните.

3.   Какими чувствами вас наполняет осознание того факта, что Бог вас ищет (Иез. 34:11–16; Лк. 19:10)?

Пусть ваша душа молится:

Господи, «Ты покров мой: Ты охраняешь меня от скорби»
(Пс. 31:7). Пусть я никогда не буду укрываться от Тебя, но
наоборот – буду укрываться в Тебе, зная, что Ты меня
простишь и защитишь. Во имя Иисуса, аминь.

Пусть ваше сердце повинуется:

(Что Бог хочет, что бы вы познавали, ценили или делали?)

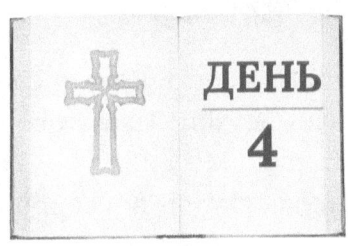

Иисус нас спасает, прощает и ведет

«Христос, чтобы привести нас к Богу, однажды
пострадал за грехи наши, праведник за неправедных,
быв умерщвлен по плоти, но ожив духом».
1 Петра 3:18

Хотя тайна не является одним из литературных жанров Божьей Истории (повествования, поэзии, пророчества, послания), Божий народ тысячелетиями мог ощущать, что существует слишком много неизвестного. Бог обещал послать Спасителя – то самое «семя», которое уничтожит врага (Быт. 3:15). Писание содержит сотни пророчеств для того, чтобы Спаситель был узнан, и чтобы в Него поверили. Происходили войны и странствия народа по пустыне для защиты Божьего семени. Но подробности Божьего плана спасения оставались скрытыми, вызывая много вопросов: «Кто же спасёт нас от разрушения и от этого грешного мира? Что может успокоить Божий гнев, вызванный грехом? Как нам избежать наказания, которое мы заслуживаем?»

Библия предупреждает, что следствием наших грехов, невыполнения Божьей воли в своем отношении и в своих поступках, является полное отделение от Бога. Навсегда. Но Бог никогда не хотел, чтобы это стало концом нашей истории. **Отделение от Бога означало бы отделение от всего доброго, прекрасного, мудрого, чистого, красивого, героического и истинного.** Тогда бы из нашей жизни исчезло все доброе, что отображает Бога.

Долгое время казалось, что Божьи слова также куда-то исчезли. Ветхий Завет говорил о приходе Спасителя, Мессии, Божьего обещанного Избавителя. Сотни лет пророки призывали Божий народ **покаяться** (оставить грех и обратиться к Богу) в ожидании Спасителя. Но затем Бог, казалось, перестал говорить. Ветхий Завет закончился.

> *Покаяние:*
> Оставление греха и обращение к Богу.

Молчание и ожидание...

Оно длилось до того дня, как в надлежащее время и надлежащим способом *пришёл совершенный Спаситель* (Гал. 4:4). Бог нарушил молчание, раскрыл тайну Своей воли (Еф. 1:9) и обратился к нам через Своего Сына Иисуса (Евр. 1:2). Тот, Кто словом Своих уст создал мир, пришёл *в этот мир*, чтобы обратиться к нам. Он был полностью Человеком и полностью Богом. Иисус назван Эммануилом, что значит «с нами Бог» (Ис. 7:14; Мф. 1:23). Божье Слово пришло не в письменном виде, а в человеческом облике (Ин. 1:14). Что же было сказано через Божье Слово?

Сначала ничего, потому что Иисус родился в наш мир беззащитным младенцем, и это событие мы и празднуем в день Рождества. Вместо того, чтобы выбирать акушерку и тщательно готовить детские принадлежности, Мария, мать Иисуса, провела последний этап своей беременности в путешествии по трудным и пыльным дорогам. Когда она и её муж Иосиф, прибыли, наконец, в Вифлеем для участия в римской переписи, маленький город был настолько переполнен людьми, что они не смогли найти место для ночлега. Поэтому Мария родила Сына в хлеву и положила Его в ясли, кормушку для скота (Лк. 2).

Это невероятно. Иисус, Царь вселенной, по определённой причине родился бедным.

Великая любовь Иисуса к Своему творению побудила Его добровольно оставить Свои законные царские привилегии. «Он, будучи образом Божиим [...] уничижил Себя Самого... и по виду став как человек» (Флп. 2:6-7). **Он обнищал, чтобы мы обогатились Божьей милостью и благодатью** (2 Кор. 8:9).

Христос:
Божий «Помазанник». Это греческий перевод еврейского слова *Мессия*.

Вместо оглашения во дворцах о рождении Царя и прибытия богатых посетителей, ангелы сообщили о рождении младенца Иисуса пастухам, беднейшим из бедных. О Божьей славе говорило и творение. Появление новой звезды оповестило волхвов, мудрейших из мудрых, о Царе царей. Всё духовное и природное возвещало о Его приходе всему миру, великим и малозначимым, богатым и бедным. **Божье Слово пришло для всех.**

Почему Спаситель пришёл именно таким способом? Иисус смирил Себя и стал одним из нас, чтобы сделать то, что мы никогда не сможем сами сделать. **«Ибо не знавшего греха Он сделал для нас жертвою за грех, чтобы мы в Нем сделались праведными пред Богом»** (2 Кор. 5:21). Это есть послание **Евангелия** (Благой Вести) в одном стихе. Прочитайте его снова.

Евангелие:
«Благая Весть». Суть её заключается в том, что смерть Иисуса полностью покрыла наказание за наши грехи, и что теперь каждый, кто обратится к живому Иисусу и поверит в Него, как в Спасителя, получит прощение, станет новым творением и обретёт вечную жизнь.

В Своей великой любви Бог послал Своего Единородного Сына Иисуса прожить совершенную жизнь и пострадать за наши грехи. Его ложно обвинили, жестоко избили и пригвоздили к кресту. На самом деле, **это мы должны были висеть на том кресте**, но «Он изъязвлен был за грехи наши и мучим за беззакония наши; наказание мира нашего было на Нем, и ранами Его мы исцелились [...] и Господь возложил на Него грехи всех нас» (Ис. 53:5–6). Иисус понёс всё наказание за все наши грехи, «и не только за наши, но и за грехи всего мира» (1 Ин. 2:2). **Он взошел на крест вместо нас.** Мы ежегодно вспоминаем о жертве Иисуса в день Страстной пятницы. Мы продолжаем говорить об этом событии, – а некоторые люди всё ещё подвергаются смертельным преследованиям за это свидетельство, – спустя две тысячи лет. Но, слава Богу, Его История на этом не закончилась.

Спустя три дня всё изменилось. Трагедия обернулась победой! Смерть была побеждена, и Иисус Христос воскрес из мертвых! Он явился более пятистам человек, наставляя и укрепляя Своих последователей, и вознёсся на небеса. Он также открыл для нас путь к вечному пребыванию с Ним на небесах. Наши физические тела могут умереть и сгнить, что является следствием жизни в грешном мире. Но наш дух/душа будет жить вечно, потому что Иисус победил смерть и даёт нам вечную жизнь через веру в Него.

> **Примирение:**
> Налаженные или восстановленные отношения.

Победа Иисуса над смертью даёт нам победу над грехом. Его победа – это то, что мы празднуем в день Пасхи, в день Его воскресения. И Бог также празднует! Благодаря Его великой любви к нам наше **примирение** с Ним приносит Ему великую радость. «В том любовь, что не мы возлюбили Бога, но Он возлюбил нас и послал Сына Своего в умилостивление за грехи наши» (1 Ин. 4:10).

Бог предлагает нам бесценный дар в Иисусе Христе. «Ибо возмездие за грех – смерть, а дар Божий – жизнь вечная во Христе Иисусе, Господе нашем» (Рим. 6:23). Подарку можно радоваться только тогда, когда мы его принимаем и открываем. **Подобным образом нам нужно** *принять* **подарок восстановленных отношений с Богом.** Как? Обратившись к Иисусу и оставив свои грехи. Мы просим у Бога прощения и следуем за Иисусом, как за своим Господом.

> **Праведный:**
> Справедливый, честный, непорочный, безупречный, невиновный.

К сожалению, многие люди отвергают этот дар. Некоторые не верят, что их грехи заслуживают наказания. Кто-то стремится стать **праведными** самостоятельно. Но в Библии ясно сказано: «Нет праведного ни одного» (Рим. 3:10). Никто не хорош достаточно, потому что «все согрешили и лишены славы Божией» (Рим. 3:23). Другие отвергают Иисуса, считая, что в небо ведет много путей. Однако Библия недвусмысленно говорит: «Ибо нет другого имени под небом, данного человекам, которым надлежало бы нам спастись» (Деян. 4:12). Иисус Сам сказал: «Я есмь путь, и истина, и жизнь; никто не приходит к Отцу, как только через Меня» (Ин. 14:6). Даже Иисус спрашивал у Отца, есть ли другой способ нас спасти, кроме Его смерти на кресте (Мф. 26:39–42). **Но другого пути не было.** Иисус должен был умереть. Прощение и примирение с Богом возможно только через Иисуса.

Если мы обращаемся к Иисусу за прощением, грех, разделяющий нас с Богом, исчезает. Теперь в нас пребывает Божий Дух, Который ежедневно помогает нам жить для Иисуса. Мы начинаем изменяться! Грех больше не имеет над нами власти. Бог принимает нас в Свою семью, и мы становимся Его детьми. Больше нет ни разделения, ни осуждения (Рим. 8). Нас возлюбил Бог. Навеки!

И это только *начало* нашей настоящей истории с Богом. Завтра мы узнаем, что происходит, когда мы становимся новым творением.

ДЕНЬ 4

Пусть Библия говорит:

Исаии 53 (дополнительно – Иоанна 19–20)

Пусть ваш разум мыслит:

1. Текст Исаии 53 был написан за столетия до прихода Иисуса. Исполнились ли в ком-то ещё, кроме Иисуса, эти пророчества?

2. Вы уже получили от Иисуса Христа дар прощения и вечной жизни? Если да, то кому ещё вы можете о нём рассказать? Если нет, примите ли вы сейчас Его дар спасения? **Чтобы больше узнать об этом важном решении, прочитайте «Примите Иисуса сегодня» в конце Дня 7.**

Пусть ваша душа молится:

Господи, в Твоём Слове сказано, что Ты пришёл найти и спасти всех погибающих, в том числе и меня (Лк. 19:10). Благодарю Тебя за этот бесценный дар, и прошу, помоги мне рассказывать об этом даре другим. Во имя Иисуса я молюсь, аминь.

Пусть ваше сердце повинуется:

(Что Бог хочет, что бы вы познавали, ценили или делали?)

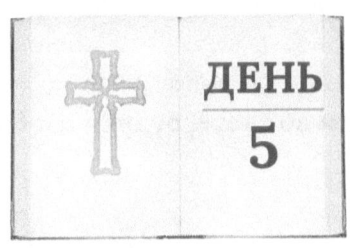

Бог всё делает новым: восстановление

«Итак, кто во Христе, тот новая тварь; древнее прошло, теперь
все новое. Все же от Бога, Иисусом Христом примирившего
нас с Собою и давшего нам служение примирения».
2 Коринфянам 5:17–18

Если мы сделаем паузу и подумаем, большинство из нас
вспомнит несколько моментов из жизни, которые мы хотели
бы исправить (у некоторых из нас этих моментов может быть
много). Возможно, мы произнесли слова, которые смутили нас
самих или другого человека. Возможно, нужно было что-то
сделать или, наоборот, чего-то не делать, и теперь мы об этом
очень сожалеем. Если бы у нас была возможность вернуть время
и прожить определенные ситуации заново, мы бы с радостью
приняли в них другие решения. Мы хотим нового начала.

Лишь в нескольких главах Библии мы видим тему «нового
начала». Божья эпическая история начинается с сотворения.
Но когда грех всё разрушает, Бог проявляет безмерную милость
и благодать, предлагая для Своего творения восстановление.
Да, в процессе *восстановления* Бог исправляет всё, что было
разрушено грехом. И начинает Он с носителей Своего образа,
с вас и меня. Он меняет нас и восстанавливает то, что больше
всего было разрушено грехом – наши отношения с Богом.

Мы больше не прячемся от Бога, как Адам и Ева.
Мы теперь бежим к Богу.

Мы больше не живём во тьме греха.

Мы теперь живём во свете, будучи свободными от рабства греха.

Мы больше не отображаем нечестие этого мира.

Мы теперь отображаем Божью благость к этому миру.

Эти изменения возможны только благодаря Иисусу. Бог восстанавливает нас, носителей Своего образа, делая нас подобными Своему Сыну, «Который есть образ Бога невидимого» (Кол. 1:15), «сияние славы и образ ипостаси Его» (Евр. 1:3). Через процесс восстановления «мы [...] будем носить и образ небесного» (1 Кор. 15:49).

Восстановление отображает сотворение. Как сотворение произошло через Иисуса, Бога Творца, так и восстановление происходит через Него (Ин. 1:3; Кол. 1:16). «Мы [...] созданы [Богом] во Христе Иисусе» (Еф. 2:10). В процессе сотворения Бог вначале произвел свет. Процесс восстановления Бог также начинает со света, с духовного света. «Бог, повелевший из тьмы воссиять свету, озарил наши сердца, дабы просветить нас познанием славы Божией в лице Иисуса Христа» (2 Кор. 4:6). И мы отображаем Его свет в темном мире.

Бог неизменен. Он призвал Адама и Еву «плодиться и размножаться» (Быт. 1:28), и мы в процессе восстановления также приносим плод – духовный. Мы возрастаем, принося духовный плод «любви, радости, мира, долготерпения, благости, милосердия, веры, кротости, воздержания» (Гал. 5:22–23). Наш плод привлекает других людей к Иисусу, и мы, исполняя повеление Христа «научить все народы» (Мф. 28:19), размножаемся духовно.

В то же время восстановление отличается от сотворения. **Мы не принимали участие в нашем сотворении, но в процессе восстановления принимать участие нам нужно.** Мы принимаем решение доверять Богу и верить Его Слову. Но человечество долгое время противилось Богу. Мысль о том, что нам нужно отпустить всё, что принадлежит этому миру, и довериться Богу, может вызывать страх и беспокойство. Возможно поэтому Бог неоднократно призывает нас в Библии не бояться. Если в жизни всё происходит не так, как мы ожидали, и другие люди ранят наше сердце, мы можем отдалиться от Бога. Мы можем противиться Ему, опасаясь новых ран. Однако именно Божья любовь исцеляет нас, изменяет и помогает нам Ему доверять. Готовность взаимодействовать с Богом ведёт нас не только к восстановлению, но и открывает нам доступ к жизни, значительно лучшей, чем мы можем себе представить (Ин. 10:10).

Эти принципы могут показаться вам сложными или пробудить сомнение относительно того, как новая жизнь может превзойти ваши ожидания. Наше путешествие веры поможет вам это понять. На следующей неделе мы больше узнаем о том, как мы становимся новым творением. Участие в восстановлении означает доверие Иисусу, как Спасителю, и следование за Ним, как за Господом, за Хозяином нашей жизни. Мы спрашиваем у Него о том, что Он хочет в нас и через нас совершить, потому что мы живём для Христа, а не для себя (2 Кор. 5:15).

Доверие Иисусу является важным аспектом восстановления. Для доверия нам нужно верить, что Он знает, что для нас лучше. Но решение доверять – это не разовое и не лёгкое решение. **Следование за Иисусом – это ежедневное, а иногда и ежеминутное решение.** Однажды мы приняли Иисуса, как своего Спасителя, и с этого момента нам нужно *ежедневно* принимать решение следовать за Ним, как за Господом. Иисус говорит: «Если кто хочет идти за Мною, отвергнись себя, и возьми крест свой, и следуй за Мною» (Лк. 9:23).

Но как вам, возможно, уже известно, *ежедневно* следовать за Иисусом непросто. Почему?

Когда Иисус нас спасает, Бог даёт нам новое начало с новым сердцем. «И дам вам сердце новое, и дух новый дам вам; и возьму из плоти вашей сердце каменное, и дам вам сердце плотяное» (Иез. 36:26). Но наши новые сердца находятся в наших старых телах. Наши новые сердца и наша старая греховная природа противостоят друг другу. Апостол Павел так описывает этот внутренний конфликт: «Когда хочу делать доброе, прилежит мне злое. Ибо по внутреннему человеку нахожу удовольствие в законе Божием, но в членах моих вижу иной закон, противоборствующий закону ума моего и делающий меня пленником закона греховного, находящегося в членах моих» (Рим. 7:21–23). Этот конфликт объясняет, почему нам кажется, будто мы разрываемся между следованием за греховной природой и следованием за Иисусом.

К счастью, есть способ, как преодолеть греховную природу и следовать за Христом. Это – любовь. Да, ваша настоящая история начинается с Божьей любви к вам (Ин. 3:16). Благодаря *любви Иисуса* к вам и *вашей любви* к Иисусу меняется ваша жизнь, цель и история. Когда вы ощущаете глубину и величие Божьей любви (Еф. 3:17–19), она вас меняет и побуждает следовать за Иисусом. «Ибо *любовь Христова объемлет нас*, рассуждающих так: если один умер за всех, то все умерли... чтобы живущие уже не для себя жили, но для умершего за них и воскресшего» (2 Кор. 5:14–15, курсив добавлен). Поскольку Иисус первым нас полюбил, то мы любим Его (1 Ин. 4:19) и хотим показать эту любовь через наше послушание Ему (Ин. 14:21). Но основой для Божьей любви служит не то, что мы делаем, а то, Кем Он является. И сутью восстановления является уподобление Христу. Иисус знал о силе Своей любви. Поэтому, Он повелел нам: «Как Я возлюбил вас, так и вы да любите» (Ин. 13:34). Но как нам любить так, как любит Бог?

Эта сверхъестественная любовь происходит из сверхъестественного источника – Святого Духа (Неделя 7). В момент спасения мы, благодаря силе Духа, рождаемся свыше (Ин. 3:5–8), и в нас поселяется Святой Дух. Любовь – это *Его* плод. Любовь – это *Его* самый великий дар (1 Кор. 13). Бог не только является *источником* любви, Он Сам *есть* любовь (1 Ин. 4:7–8). Если мы вверяем себя руководству Иисуса, нас наполняет любовь, которая ведёт нас к истине.

Для возрастания в любви к Богу нам необходимо узнавать о Нём всё больше и больше через Его Слово (Неделя 5). Любя Бога, мы любим всё, что связано с Ним, в том числе Его волю и Его пути. Проявляя послушание Богу, мы познаём, что можем доверять Ему, понимая тот факт, что Его заповеди предназначены для нашего блага и для Его славы. Однако помните, что **смысл восстановления – это не соблюдение правил, а восстановление наших отношений с Богом**. Эти близкие отношения помогают нам уподобляться Тому, Чей образ мы носим. Другими словами, чтобы ясно отображать Бога, мы делаем то, что делает Он. Мы любим (Ин. 15:12). Мы прощаем (Кол. 3:13). Мы милосердны (Лк. 6:36). Мы святы (Лев. 20:26).

Ваш процесс восстановления только начинается? Не отчаивайтесь. **Бог предлагает новое начало и радуется каждому, даже незначительному проявлению нашего послушания.** «Ибо кто может считать день сей маловажным?» (Зах. 4:10). Прочитайте, что апостол Павел написал о своём опыте восстановления:

> «Говорю так не потому, чтобы я уже достиг или усовершился; но стремлюсь, не достигну ли и я, как достиг меня Христос Иисус. Братья, я не почитаю себя достигшим; а только, забывая заднее и простираясь вперёд, стремлюсь к цели, к почести высшего звания Божия во Христе Иисусе» (Флп. 3:12–14).

Даже если вы ещё в самом начале пути, продолжайте двигаться дальше. Завтра мы поговорим о небесной награде, обещанной нам Богом.

Пусть Библия говорит:

Римлянам 12 (дополнительно – 1 Иоанна 4:7–21)

Пусть ваш разум мыслит:

1. Почему наши старые греховные привычки не исчезают сразу после того, как мы стали новым творением?

2. Как показывать Иисуса другим людям? Какие небольшие шаги послушания вы уже совершили?

3. Почему именно ваши *отношения* с Богом, а не *выполнение правил* сильнее всего побуждают вас к участию в вашем восстановлении?

Пусть ваша душа молится:

Отче, измени меня во Христе. В надлежащее время восстанови всё, что разрушил во мне грех. В Твоём Слове сказано, что Ты начал совершать во мне доброе дело и закончишь его, когда я встречусь с Тобой на небесах (Флп. 1:6). Благодарю Тебя за обещание моего полного восстановления, как носителя Твоего образа. Помоги мне Тебе доверять и быть Тебе послушным, в процессе того, как Ты уподобляешь меня Иисусу, совершенному Носителю Твоего образа. Во имя Иисуса я молюсь, аминь.

Пусть ваше сердце повинуется:

(Что Бог хочет, что бы вы познавали, ценили или делали?)

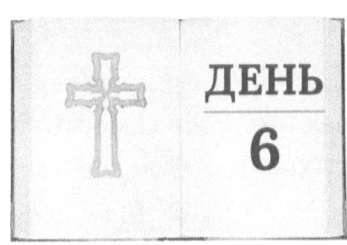

Жизнь после смерти

«И увидел я новое небо и новую землю, ибо прежнее небо
и прежняя земля миновали… И услышал я громкий голос с неба,
говорящий: се, скиния Бога с человеками, и Он будет обитать
с ними; они будут Его народом, и Сам Бог с ними будет Богом их. И
отрет Бог всякую слезу с очей их, и смерти не будет уже; ни плача,
ни вопля, ни болезни уже не будет, ибо прежнее прошло. И сказал
Сидящий на престоле: се, творю все новое… совершилось!»
Откровение 21:1,3–6

Я хочу, чтобы вы поразмышляли над словами Иисуса. Он сказал:
«Я есмь воскресение и жизнь; верующий в Меня, если и умрет,
оживет. И всякий, живущий и верующий в Меня, не умрет вовек»
(Ин. 11:25–26). Что для вас значат эти слова?

Ободритесь, мой друг! Смерть – это ещё не конец. Иисус
говорил о небесах, как о физическом месте, о *реальном* Царстве.
Однажды там будут все, кто верит в Иисуса, как в Господа
и Спасителя. А что делать до того, как этот момент настанет?

Хотя небеса ожидают нас в будущем, Бог призывает нас **уже
сейчас сосредотачивать на них свои мысли** (Кол. 3:1–2). И вот
почему:

- Если мы ощущаем сильную тоску, мы будем помнить, что
  созданы для большего. Мы не от земного мира, поэтому
  никогда не получим здесь полного удовлетворения
  (Ин. 17:16).
- Если болезнь и жизненные утраты разбивают нам сердца,
  мы будем помнить, что не были предназначены для

смерти. В наши сердца вложена вечная жизнь (Еккл. 3:11), и «дорога в очах Господних смерть святых Его» (Пс. 115:6).

- Если мы негодуем из-за зла и несправедливости, будем помнить, что на престоле восседает Иисус. Он не обеспокоен будущим. Он все контролирует, и справедливость восторжествует. Иисус готовит место для тех, кто верит в Него, и обещает вернуться за нами (Ин. 14:1-2).

Да, Иисус действительно готовит для вас место, которое называется небесами. Их иногда представляют в виде сказочного мира с пушистыми облаками и с ангелами, играющими на арфах во время скучных религиозных служб. Нет ничего настолько далекого от истины, как это описание.

Чтобы понять небеса, нам снова нужно заглянуть в Божье Слово, где только в Новом Завете о них упоминается более 200 раз. Эта небесная страна описана как огромное пространство с прекрасными садами и с живительной рекой, как большой город с воротами, украшенными драгоценными камнями, и с золотыми улицами внутри (Евр. 11:16; Откр. 21). Там будут дома, пиршества, дружба и радость. Иисус называет небеса физическим местом: там у нас будут совершенные физические тела, и мы сможем узнавать друг друга (Лк. 24:39-40). Мы не превратимся в ангелов (как иногда говорят), но будем жить вместе с ними. Нам никогда не будет скучно, потому что мы будем наполнены радостью и вечными наслаждениями (Пс. 15:11). Грех и смертные тела больше не будут мешать нашим отношениям с Богом. Его присутствие будет нашим светом: «И ночи не будет там, и не будут иметь нужды ни в светильнике, ни в свете солнечном, ибо Господь Бог освещает их» (Откр. 22:5).

Чтобы немного представить, какими будут небеса, оглянитесь вокруг и представьте мир без греха.[1] Земля - это отражение небес (Евр. 8:5). Бог создал нас для жизни на земле и хочет жить вместе с нами. Да, грех временно сделал этот мир несовершенным, но Бог никогда не отказывался от Своего плана

---

1 Randy Alcorn, *Heaven Study Guide* (Nashville: LifeWay Press, 2006), 36–37.

для мира и для нас. Однажды Божье Царство сойдет на землю, и она будет восстановлена до своего изначального безгрешного состояния. Тогда Бог физически и вечно будет обитать с нами.[1] И будет исполнен Его изначальный план. Бог скажет: «Ибо вот, Я творю новое небо и новую землю, и прежние уже не будут воспоминаемы и не придут на сердце» (Ис. 65:17).

Больше не будет ни плача, ни боли, ни смерти, ни печали (Откр. 21:4), *а также* не будет больше возможностей свидетельствовать другим об Иисусе.

Только Иисус может забрать наш грех и безопасно привести нас домой в небеса. Бог совершенный и справедливый. Там, где Он, нет места для греха. Поэтому нам нужно делиться Благой вестью о Божьем спасении, пока не стало слишком поздно. Все, кого мы знаем, умрут и будут судимы (Евр. 9:27), но они смогут этого избежать, если мы расскажем им об Иисусе.[2]

Большинство людей не осведомлено о судном дне, о самом важном дне в нашем будущем. Каждому человеку предстоит оценка его жизни, но не всех ожидает одинаковый суд.

В Библии сказано о двух судах – для верующих и для неверующих. Суд для верующих назван «судом Христовым» (Рим. 14:10–12; 2 Кор. 5:10). Это *не* место, где ставится под сомнение вопрос спасения: верующие уже принадлежат Иисусу благодаря их вере в Его жертву на кресте (Еф. 2:8–10). На этом суде будут раскрыты их добрые дела. Верующие получат награды («венцы») за дела, которые они совершали на земле и которые отображают их верную стойкость в следовании за Иисусом (1 Кор. 3:11–15; 2 Тим. 4:8; Иак. 1:12; 1 Пет. 5:4).

На этом суде Бог оценит жизни верующих, вознаградив за служение:
...**в любви** (1 Кор. 13; Флп. 1:9–11),
...**в Его силе** (Зах. 4:6; Ин. 15:5) и...
...**для Его славы** (1 Кор. 3:11–15; 4:4–5).[3]

---

1 Ис. 65:17–25; Мф. 19:28; Откр. 21.
2 О том, как рассказывать об Иисусе другим людям, вы узнаете на Неделях 3 и 7.
3 Woodrow Kroll, *Facing Your Final Job Review: The Judgment Seat of Christ, Salvation, and Eternal Rewards* (Wheaton, IL: Crossway Books, 2008), 136–137.

Большинство верующих не знают, что этот судный день определит наши владения и наше положение в вечности.[1] Награды и небесный труд, который мы получим, будут основываться на нашем милосердии и нашей верности *сейчас*. Неожиданно, правда? То, что мы делаем сейчас, оказывает влияние на вечность. Поймите, на этом суде Христовом люди *не* зарабатывают спасение. Мы ничего не можем прибавить к завершенному труду Иисуса на кресте.[2] Кроме того, это не суд, на котором осуждается грех (Рим. 8:1). Наши грехи уже убраны, удалены от нас, «как [...] восток от запада» (Пс. 102:12). Суд Христов не наказывает грех, а вознаграждает верное служение и перенесённые страдания. Но самой великой наградой будет «звезда утренняя», Сам Иисус Христос (Откр. 2:28). Мы будем *вечно* пребывать в присутствии Бога.

Пребывание с Богом и наше личное созерцание Иисуса изменит всё. Благодаря нашей встрече с Ним мы «будем подобны Ему, потому что увидим Его как Он есть» (1 Ин. 3:2). Бог завершит наше восстановление и сделает нас совершенными носителями Его образа. «[Он] уничиженное тело наше преобразит так, что оно будет сообразно славному Телу Его» (Флп. 3:21). «Когда же тленное сие облечется в нетление и смертное сие облечется в бессмертие, тогда сбудется слово написанное: «поглощена смерть победою» (1 Кор. 15:54).

К сожалению, не каждый поверит в Иисуса. Не каждый пойдет в небеса и будет жить на новой земле. Это очень сложно принять, но это правда. Те, кто не верит в Иисуса и не принимает Его спасение, умрут в своих грехах. Если мы держимся за свои грехи, отказываясь их признать или считая, что сами сможем от них освободиться, мы обрекаем себя на последствия этих грехов и на вечное разделение с Богом. **Или мы позволим Иисусу забрать наше наказание, или мы останемся осужденными** (Ин. 3:17–18).

Вы можете спросить: «Как такое решение становится возможным?»

---

1 Мф. 6:19–21; Лк. 19:12–27; 1 Кор. 3:11–15; Откр. 2:26; 22:12.
2 2 Кор. 5:21; Евр. 10:12; 1 Пет. 2:24; 1 Ин. 2:1–2.

Возможность для искренней любви не может существовать без возможности для бунта. **Бог создал нас со способностью выбирать: или любить Его, или отвергать.** Каждый, кто отвергает Иисуса, отвергает Божье спасение от греха и восстановление отношений с Ним. Как было сказано выше, тот, кто отвергает Бога, отделяет себя от всего доброго, прекрасного, мудрого, чистого, красивого, героического и истинного.

Неверующие предстанут перед судом великого Белого престола. Этот суд отличается от суда верующих, где грешные дела искуплены Иисусом, а добрые дела вознаграждаются. Суд великого Белого престола предназначен для каждого дела, совершенного теми, кто отказался оставить свой грех:

«И увидел я великий белый престол и Сидящего на нем, от лица Которого бежало небо и земля, и не нашлось им места. И увидел я мертвых, малых и великих, стоящих пред Богом, и книги раскрыты были, и иная книга раскрыта, которая есть книга жизни; и судимы были мертвые по написанному в книгах, сообразно с делами своими. Тогда отдало море мертвых, бывших в нем, и смерть и ад отдали мертвых, которые были в них; и судим был каждый по делам своим. И смерть и ад повержены в озеро огненное. Это – смерть вторая. И кто не был записан в книге жизни, тот был брошен в озеро огненное» (Откр. 20:11–15).

Ад не предназначался для людей. Это «огонь вечный, уготованный диаволу и ангелам его» (Мф. 25:41). **Ад – это не царство сатаны, это место его мучения. Он не властен над адом.** Те, кто отвергает Иисуса Христа, будут навечно отделены от Бога, от всего доброго, и будут находиться в этом ужасном месте. «[Они] подвергнутся наказанию, вечной погибели, от лица Господа и от славы могущества Его» (2 Фес. 1:9).

Нам не нравится думать или говорить об аде, однако большинство библейских учений об аде изложено Иисусом. Он открыто говорил об опасности ада, потому что не хотел, чтобы кто-то в нем оказался. Ад – это ужасное место мучения и страдания, место пылающего огня и место тьмы, «где червь их не умирает и огонь не угасает» (Мк. 9:48). Иисус призывает нас избежать ада: «Если соблазняет тебя рука твоя, отсеки ее: лучше тебе увечному войти в жизнь, нежели с двумя руками идти в геенну, в огонь неугасимый» (Мк. 9:43). Иисус не побуждает нас буквально отсекать свои руки; Он призывает нас всеми силами доверять Ему, как своему Спасителю и Господу.

Если вы оставили свой грех и поверили Спасителю Иисусу, вы после смерти вашего физического тела сразу войдёте в Его присутствие (Лк. 23:43; 2 Кор. 5:6–8).[1] И вместе со всеми братьями и сестрами во Христе вы провозгласите: «Аллилуйя! Ибо воцарился Господь Бог Вседержитель. Возрадуемся и возвеселимся и воздадим Ему славу» (Откр. 19:6–7).

А пока этот момент ещё не наступил, будем к нему готовиться уже сейчас. Будем любить с Божьей силой и во славу Ему! Будем рассказывать другим об Иисусе, чтобы и они были с Ним на небесах.

---

1 Если вы хотите больше узнать о принятии этого важного решения, перейдите к разделу «Примите Иисуса сегодня» в конце Дня 7.

Пусть Библия говорит:

Откровение 21:1–22:5 (дополнительно – Луки 16:19–31)

Пусть ваш разум мыслит:

1. Как ваше понимание учения о небесах и аде меняет ваш взгляд на настоящее?

2. Как осознание того, что Бог вознаградит за верное служение, меняет то, как вы используете своё время на земле?

3. Почему все наши дела должны совершаться в любви, в Божьей силе и во славу Бога?

Пусть ваша душа молится:

Господи, Ты вскоре придёшь. Твое Слово призывает сосредотачивать своё сердце и разум на небесах, а не на земных вещах (Кол. 3:2). Пожалуйста, помоги мне на всё и на всех смотреть с точки зрения вечности. Помоги мне наилучшим образом использовать мою земную жизнь. Помоги мне служить Иисусу и рассказывать о Нем другим людям. Во имя Иисуса я молюсь, аминь.

Пусть ваше сердце повинуется:

(Что Бог хочет, что бы вы познавали, ценили или делали?)

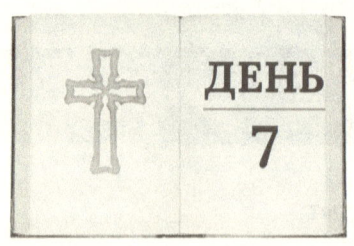

Божья история сосредоточена на Иисусе

*«Взирая на начальника и совершителя веры Иисуса, Который,
вместо предлежавшей Ему радости, претерпел крест,
пренебрегши посрамление, и воссел одесную престола Божия».*
Евреям 12:2

На этой неделе вы узнали о Божьей триумфальной истории и о четырех частях этой истории. Это единственная история, которая объясняет, как всё началось (сотворение), как всё разрушилось (грех), как всё можно спасти (Иисус) и как всё окончится (восстановление).[1] Теперь мы лучше понимаем, откуда мы начали и где мы окончим. Эти четыре части дают нам перспективу вечности, с помощью которой мы расставляем свои приоритеты и решаем жизненные вопросы.

Заметно ли вам присутствие Иисуса на каждой странице этой истории? Ведь Божья История сосредоточена на Иисусе, на «начальнике и совершителе веры» (Евр. 12:2). Неспешно прочитайте следующий отрывок Писания и посмотрите, как во Христе раскрывается Божья История:

«[Сын] есть образ Бога невидимого, рожденный прежде всякой твари; ибо Им создано всё, что на небесах и что на земле, видимое и невидимое: престолы ли, господства ли, начальства ли, власти ли, – все Им и для Него создано; и Он есть прежде всего, и все

---

1 Hugh Whelchel, «The Four-Chapter Gospel: The Grand Metanarrative Told by the Bible,» Institute for Faith, Work & Economics, February 14, 2012, https://tifwe.org/the-four-chapter-gospel-the-grand-metanarrative-told-by-the-bible/.

Им стоит. И Он есть глава тела Церкви; Он – начаток, первенец из мертвых, дабы иметь Ему во всем первенство, ибо благоугодно было Отцу, чтобы в Нем обитала всякая полнота, и чтобы посредством Его примирить с Собою все, умиротворив через Него, Кровию креста Его, и земное и небесное» (Кол. 1:15–20).

Вся Божья История – об Иисусе. Подумайте, как каждая часть Божьей Истории указывает **на Иисуса, на Начало и Конец** (Откр. 22:13):

1. Мир сотворён через **Иисуса, Творца и Автора жизни** (Быт. 1:26; Ин. 1:3; Деян. 3:15).

2. Грех поработил нас, но Бог обещал послать **Иисуса, Избавителя, Который нас освободит** (Быт. 3:15; 12:3; Гал. 1:4).

3. Иисус пришёл и умер за нас. Наказание за наши грехи легло на **Иисуса, нашего Спасителя** (Лк. 23:33–34; Деян. 4:12).

4. Благодаря **Иисусу, нашему Целителю и Царю**, полностью восстанавливаются наши отношения с Богом (1 Пет. 2:24; Откр. 19:16). Иисус также полностью восстановит весь природный мир, сотворив новое небо и новую землю.

Иисус находится в центре Божьей Истории. И вашей истории также. Ваша история зависит от вашего отклика на крестную смерть Иисуса ради вас.
Независимо от того, что *вы сделали*, Бог вас простит.[1]
Независимо от того, что *сделали вам*, Бог вас исцелит.[2]
Вы достойны спасения! Когда Иисус вас спасает, Он не только спасает вас *от* греха. Иисус спасает вас *для* благой цели в вашей новой природе (Еф. 2:10). **Ваша история написана Богом. Вы Его шедевр и созданы для определенной благой цели.** Но это только начало. Оставайтесь с нами. На следующей неделе мы рассмотрим вашу историю.

---

1 Пс. 102:12; Мк. 3:28; Рим. 5:20; Еф. 3:20; 2 Пет. 3:9.
2 Пс. 71:12–14; 21:25; 22:3; 33:19; Лк. 4:18–19; 2 Кор. 5:17.

Примите Иисуса сегодня

Ознакомившись с Божьей Историей, вы, вероятно, осознаете, что вам необходимо сделать выбор. Настало время определиться с вашим местом в Его Истории. Каким будет ваш ответ на Божье приглашение? Благодаря Иисусу вы уже сейчас можете получить прощение, свободу от греха, и быть навеки принятыми в Божью семью. Примите ли вы Его (Ин. 1:12)? «От имени Христова просим: примиритесь с Богом» (2 Кор. 5:20). Вам не нужно пытаться справиться с чувствами пустоты и вины, или с постоянным страхом перед смертью и судом. Вы можете просто примириться с Богом.

По причине страха и сомнения вы можете откладывать это решение. Но поступая так, вы рискуете прожить земную жизнь в мучениях и навсегда быть разделенными с Богом. Ищите Бога всем своим сердцем и просите Его показать вам истину. И Он вам поможет. Бог предоставит вам гораздо больше доказательств Своего существования, чем это необходимо для принятия того факта, что Он реально существует. Однако, Он не будет насильно проявлять к вам Свою любовь. Принятие Иисуса должно стать вашим личным решением.

Вы можете попытаться всё исправить самостоятельно или заполнить пустоту каким-либо другим способом. Неважно, чего вы достигнете или что приобретёте, этого всё равно будет недостаточно. Не имеет значения, как вы пытаетесь заглушить свою боль, она всё равно останется после того, как наслаждения закончатся. К счастью, Иисус сильнее любой вашей ошибки и любого греха, который вы совершили. Поскольку «возмездие за грех – смерть» (Рим. 6:23), Иисус взял на Себя ваше наказание. Его смерть стала платой за ваши грехи, а Его воскресение из мертвых даёт вам новую жизнь (Рим. 6:4).

> **Вера:**
> Вера в Божье Слово и его выполнение, независимо от наших чувств, потому что мы верим в Божью благость.
>
> «Вера же есть осуществление ожидаемого и уверенность в невидимом» (Евр. 11:1).

Однако, у вас нет и не будет бесконечных шансов сделать это (Мф. 24:44; Лк. 12:20). Если вы сейчас готовы принять Иисуса, как Того, Кто вас прощает и будет далее руководить всей вашей жизнью, обратитесь к Нему в молитве. Попросите прощения за свои грехи. Поверьте, что только Иисус может вас спасти. Поблагодарите Его за ваше спасение. Попросите Его помочь вам оставить свой прежний образ жизни и начать жить по-новому (2 Кор. 5:15). В Библии сказано: «Если устами твоими будешь исповедовать Иисуса Господом и сердцем твоим веровать, что Бог воскресил Его из мертвых, то спасешься» (Рим. 10:9). Вера подразумевает действие.

Если вы сейчас приняли Иисуса, добро пожаловать в семью! Вы сделали самое важное решение в жизни. Теперь вы готовы двигаться дальше в своём путешествии веры.

Пусть Библия говорит:

Ефесянам 1 (дополнительно – Откровение 19:11–16)

Пусть ваш разум мыслит:

Ответьте на «Вопросы для обсуждения за Неделю 1».

Пусть ваша душа молится:

Господи, благодарю Тебя, что Ты раскрыл Свою Историю в Библии. Ты выполнишь все Свои намерения и будешь прославлен во всем мире. Отче, покажи мне мое место в Твоей Истории. Помоги мне выполнять Твое предназначение для моей жизни и прославлять Твое имя. Во имя Иисуса, аминь.

Пусть ваше сердце повинуется:

(Что Бог хочет, что бы вы познавали, ценили или делали?)

ВОПРОСЫ ДЛЯ ОБСУЖДЕНИЯ ЗА НЕДЕЛЮ 1

Просмотрите уроки за эту неделю и ответьте на следующие вопросы. Поделитесь вашими ответами со своими друзьями во время вашей встречи на этой неделе.

1. Как каждая часть Божьей Истории (сотворение, грех, Иисус, восстановление) показывает Божью любовь к нам и Его желание близких отношений с нами? Как проявление Божьей любви к вам меняет ваше отношение к Нему?

2. Показало ли изучение Божьей Истории, каким должен быть ваш следующий шаг в отношшниях с Богом?

   • Нужно ли вам поверить в Иисуса, как в своего Избавителя?
   • Нужно ли вам повиноваться Иисусу, как Руководителю вашей жизни?
   • Нужно ли вам помнить о вечности в своей повседневной жизни?

3. Побуждает ли вас реальность жизни после смерти делиться с другими Благой вестью об Иисусе? Кто из ваших знакомых ещё далек от Бога? Молитесь о возможностях рассказать этим людям об Иисусе.

4. Присоединилось ли к вашему путешествию двое или трое друзей? Если нет, с кем вы будете выполнять эти ежедневные уроки? Если да, как вы и ваши друзья ободряли друг друга на этой неделе?

5. Понимание Божьей Истории от начала до конца поможет нам понять свою роль в ней, что является фокусом следующей недели. Что вы надеетесь узнать о своей истории?

НЕДЕЛЯ 2

ВАША ИСТОРИЯ,
ВАША ИДЕНТИЧНОСТЬ

Вы избраны

«[Бог] избрал нас в Нем прежде создания мира, чтобы мы были святы и непорочны пред Ним в любви, предопределив усыновить нас Себе чрез Иисуса Христа, по благоволению воли Своей».
Ефесянам 1:4–5

На прошлой неделе мы узнали о Божьей Истории. Теперь пришло время узнать о вашей истории. Или, возможно, узнать о ней заново. С момента вашего рождения культура мира пыталась объяснить вам вашу идентичность. Словесно или бессловесно её послание указывало на то, что наша ценность определяется семейным положением, имуществом, внешностью или достижениями. Враг наших душ искажает нашу историю, лишая безопасности, наполняя сомнениями, ведя к изоляции и отчаянию. Если другие нас разочаровывают или если мы не соответствуем их ожиданиям (давайте скажем честно, что неизбежно и то, и другое, потому что никто не совершенен, только Иисус), враг нам говорит, что мы ничего не значим в этом мире. Мы чувствуем себя нелюбимыми, нежеланными, безнадежными и одинокими. Наша история кажется трагедией.

Чтобы понять свою настоящую историю, необходимо посмотреть на Творца. Вам необходимо познать Того, Кто вас сотворил. Только Он может сказать, почему Он вас создал. Только Он может показать, как наполнить вашу историю надеждой, любовью, целью и вечной жизнью.

Бог – Автор жизни и Автор вашей истории. Он не даёт вам задание и потом просто отправляет прочь. Нет, Он дарует вам отношения с Самим Собой и проходит *вместе с вами* весь путь.

Всё, кем вы являетесь, и всё, что вы делаете, проистекает из ваших отношений с Ним. Идя с *Ним*, вы всё больше и больше понимаете свою историю. «Ибо Я Господь, Бог твой; держу тебя за правую руку твою, говорю тебе: «Не бойся, Я помогаю тебе» (Ис. 41:13).

Бог создал вас, чтобы наслаждаться вами (Откр. 4:11). Он всегда вас любил. Вы существуете для Его радости. Никакими своими действиями вы не можете ни заслужить, ни потерять Божью любовь.[1] Вновь прочтите последнее предложение. Напоминайте себе об этом факте каждое утро, прежде чем начать новый день. Вам нужно лишь решить – принимать ли Его любовь или отказываться от неё.

Бог вас избрал ещё до вашего сотворения (Еф. 1:4). Создавая вас, Он тщательно подбирал каждый частичку вашего естества: «Ибо Ты устроил внутренности мои и соткал меня во чреве матери моей... Зародыш мой видели очи Твои; в Твоей книге записаны все дни, для меня назначенные, когда ни одного из них еще не было» (Пс. 138:13,16). Бог тщательно создавал вас и планировал вашу жизнь.

Вы настолько важны для Бога, что Он хочет жить с вами вечно.

Прочитайте письмо вашего Небесного Отца. Каждая строчка письма взята из Его Слова. Читайте внимательно, и вы начнёте понимать свою историю в Нём.

«Мое драгоценное дитя,

Я всё о тебе знаю. Мне известны все твои пути.[2] Я даже посчитал все волосы на твоей голове.[3] **Ты Моё дитя.** Я создал тебя по Своему образу,[4] ты дивно устроен![5] Я знал тебя ещё до твоего зачатия,[6] и избрал тебя ещё до сотворения мира.[7] Ты не ошибка. Все твои дни уже записаны в Моей книге и тщательно спланированы.[8] Я даже выбрал день твоего рождения и точное место твоего проживания.[9]

Люди, не знающие Меня, неправильно обо Мне говорили. Я не далёкий и не Я гневливый, Я милосердный и долготерпеливый.[10]

---

1 Ин. 15:9–11;
Рим. 5:6–8;
8:38; Еф. 1:4–5;
1 Ин. 3:16а; 4:8–10.

2 Пс. 138:3.
3 Лк. 12:7.
4 Быт. 1:26.
5 Пс. 138:14.

6 Иер. 1:5.
7 Еф. 1:4.
8 Пс. 138:16.
9 Деян. 17:26.

10 Исх. 34:6.

Я есть любовь.[11] Я изливаю на тебя Свою любовь просто потому, что ты – Моё дитя,[12] а я – твой Отец, совершенный Отец.[13] Я дарю тебе больше, чем может предложить земной отец.[14] Я твой Обеспечитель.[15] Я милосердный Отец, утешающий тебя во всех трудностях.[16] **Если ты сокрушён сердцем, Я близок к тебе.**[17] Однажды я вытру все твои слезы и заберу всю твою боль.[18]

Мой план для твоего будущего преизобилует надеждой,[19] потому что Я люблю тебя вечной любовью.[20] Ты не можешь скрыться от Моей любви.[21] Мои мысли о любви к тебе бесчисленны, как песок на берегу моря.[22] Я всё время думаю о тебе, и радуюсь о тебе с ликованием.[23] **Ты – Моё драгоценное владение.**[24] **Признай Меня своим.** Ищи Меня, как ищут сокровище.[25] Если ты будешь искать Меня всем своим сердцем, ты найдешь Меня.[26] Я обещаю. Утешайся Мною, и Я исполню желания твоего сердца.[27] Я дал эти желания, и только Я могу их исполнить. Я могу сделать для тебя гораздо больше, чем ты можешь себе представить.[28] Верь Мне.[29]

Знаешь ли ты, что Я люблю тебя так же сильно, как Я люблю Своего Сына Иисуса? Да, это так. Я послал Его, чтобы доказать, что Я за тебя, а не против тебя.[30] Я не считаю твои грехи.[31] И не поджидаю, когда ты допустишь новую ошибку. Я не Такой. Поэтому, Я послал Иисуса взять на Себя твоё наказание и стереть твои грехи.[32] Их больше нет! Они больше не должны разделять нас с тобой. Смерть Иисуса стала наивысшим проявлением Моей любви к тебе.[33] Если ты примешь дар Моего Сына Иисуса, ты примешь Меня, и больше ничто никогда не отлучит тебя от Моей любви.[34]

Вернись домой, и все небеса будут радоваться твоему прибытию![35] Я всегда был твоим Отцом и всегда Им буду. Будешь ли ты Моим дитём?»[36]

С любовью,
Твой Папа, Всемогущий Бог

---

11 1 Ин. 4:8.
12 Рим. 8:15.
13 Мф. 5:48.
14 Мф. 6:9-15.
15 Флп. 4:19.
16 2 Кор. 1:3-4.
17 Пс. 33:19.
18 Откр. 21:4.
19 1 Пет. 1:3.

20 Иер. 31:3.
21 Рим. 8:38-39.
22 Пс. 138:17-18.
23 Соф. 3:17.
24 Втор. 7:6.
25 Мф. 6:33; 13:44.
26 Иер. 29:13.
27 Пс. 36:4.
28 Еф. 3:20.

29 Притч. 3:5-6.
30 Рим. 8:31-32.
31 2 Кор. 5:19.
32 2 Кор. 5:21.
33 1 Ин. 4:10.
34 Мф. 10:40;
Рим. 6:23; 8:39.
35 Лк. 15:7,24.
36 Адаптировано

из *Father's Love Letter* by Father Heart Communications, 1999. Отредактировано и использовано с разрешения.

Пусть Библия говорит:

Псалом 138 (дополнительно – 1 Иоанна 3:1–3)

Пусть ваш разум мыслит:

1. Как мир или враг пытаются написать вашу историю?

2. Что вы чувствовали, читая Божье письмо к вам? Какие аспекты вас особо впечатлили относительно Божьего отношения к вам?

3. Что из письма вас больше всего ободрило? Если что-то вам было сложно принять или было незнакомо, посмотрите библейские ссылки, приведённые под этим письмом.

Пусть ваша душа молится:

Отче, благодарю Тебя, что Ты избрал меня. Благодарю Тебя, что создал меня. Благодарю Тебя, что сделал меня частью Своей Истории. Помоги мне быть всё ближе к Тебе, пока мы вместе проживаем эту историю. Во имя Иисуса, аминь.

Пусть ваше сердце повинуется:

(Что Бог хочет, что бы вы познавали, ценили или делали?)

Вы – поклонник

«Все дышащее да хвалит Господа!»
Псалом 150:6

Момент, который ожидали небо и земля, приближался – это время нового поклонения для всех людей и на протяжении всей вечности. Божий обещанный Мессия, Помазанник, уже был на земле. Семья Иисуса побуждала Его явить Себя миру, но Его час ещё не настал (Ин. 2:4). До наступления этого необычного времени, в этом необычном месте Иисус сделает грешников истинными Божьими поклонниками.

Все начиналось, как обычный день в пути, но Иисус знал, что Его ожидал важный разговор с последствиями, влияющими на вечность. Он отправил учеников за едой, а Сам ожидал их возле колодца. К колодцу приблизилась Самарянка, не подозревая, что у неё будет встреча с Иисусом. Она занималась повседневными делами, хотя и чувствовала себя не так, как обычно. Её жизнь была наполнена болью и трудностями. Иисус об этом знал и поэтому прошёл такой долгий путь, ожидая теперь встречи с ней.

Возле колодца Он задал ей трудные вопросы.[1] Его слова проникали в её душу и раскрывали её сердце. С каждым новым вопросом женщина указывала на проблему, а Иисус указывал на истину. Наконец, она задала самый важный для неё вопрос – вопрос о поклонении. Где нужно поклоняться Богу? Здесь или там? Но Иисус знал, что суть поклонения кроется не во внешнем местоположении или в религиозной системе, а во внутреннем состоянии и приоритетах в жизни.

---

1 Историю о Самарянке можно прочитать в Иоанна 4:1–42.

«Иисус говорит ей: поверь Мне, что наступает время, когда и не на горе сей, и не в Иерусалиме будете поклоняться Отцу. Вы не знаете, чему кланяетесь, а мы знаем, чему кланяемся, ибо спасение – от Иудеев. Но настанет время, и настало уже, когда истинные поклонники будут поклоняться Отцу в духе и истине, ибо таких поклонников Отец ищет Себе. Бог есть дух, и поклоняющиеся Ему должны поклоняться в духе и истине» (Иоанна 4:21–24).

Самарянка отвечает Иисусу: «Знаю, что придет Мессия, то есть Христос; когда Он придет, то возвестит нам все» (Ин. 4:25).

Тогда Иисус произносит невероятно величественное и шокирующее утверждение: «Это Я, Который говорю с тобою» (Ин. 4:26).

Момент истинного поклонения настал! Но почему Иисус именно таким *способом* сказал о Своей Божественности *этой женщине*?

Отец искал истинных поклонников, которые бы поклонялись Ему в духе и истине. Суть поклонения – в отношениях, а не в правилах. Через Иисуса Бог начал ломать человеческие правила:

Разговаривал с Самарянкой.
Иудеи ненавидели самарян.

Разговаривал с женщиной.
С женщинами не разговаривали публично.

Он разговаривал с разведённой женщиной, жившей с мужчиной, который не был ей мужем.[1]

---

1 Точные исторические обстоятельства жизни этой Самарянки неизвестны. Однако в те времена мужчинам было позволительно разводиться с женщинами по любой, даже самой незначительной причине. У женщин таких прав не было. Тот факт, что у этой женщины было много мужей, наводит на мысль, что она пережила много разводов и/или преждевременных смертей своих мужей, став вдовой. Если бы она совершила прелюбодеяние, она бы не смогла повторно выйти замуж или даже остаться в живых (Ин. 8:4–5). Иудеи не признавали гражданских браков («тот, которого ныне имеешь, не муж тебе» [Ин. 4:18]). Учитывая культуру первого столетия, утверждение о том, что эта женщина была блудницей, нельзя считать окончательным. Каким бы не был итог её многочисленных браков, эта Самарянка испытала много трудностей и боли.

Иисус нарушил все культурные правила того времени, разговаривая с отвергнутой и униженной женщиной.

Но Божьи пути – не пути этого мира (Ис. 55:8–9). Проявляя сострадание и уважение, Иисус тем самым показал той женщине и нам, что у Бога никто не остаётся незамеченным или неуслышанным. Независимо от нашего статуса, положения, пола, национальности или места проживания, мы все предназначены быть Божьими поклонниками. **Ведь больше всего о нас говорит то, как и чему мы поклоняемся.** Иисус пришёл показать нам Отца (Мф. 11:27), чтобы сделать нас истинными поклонниками. Только «Кровь Христа [...] очистит совесть нашу от мертвых дел для служения Богу живому и истинному» (Евр. 9:14).

В последующие недели мы узнаем, как поклонение Богу проявляется на практике, и что значит поклоняться в духе и истине. Сейчас же нам важно понять свою идентичность, как истинных поклонников живого Бога.

Поклонение – это вопрос сердца. Мы все чему-то поклоняемся, причём всё время. Мы поклоняемся тому, что управляет нашими сердцами. Даже если мы говорим, что поклоняемся Богу, наши сердца могут быть более преданны другому, ложному богу или же идолу, которым часто является мы сами. Самый первый грех возник из желания стать таким «как боги» (Быт. 3:5). Если мы стремимся жить так, как нам хочется, а не так, как велит Бог, мы поклоняемся самим себе. Если нас беспокоит то, что другие думают о нас, мы поклоняемся своей репутации. Если мы тревожимся, значит мы поклоняемся страху. Даже сатана поклоняется. Восстав против Бога, он начал поклоняться самому себе.

> *Поклонение:*
> Придание ценности чему-либо. Иисус сказал, что истинные поклонники «должны поклоняться [Богу] в духе и истине» (Ин. 4:24). Это означает, что поклонение происходит внутри человека, и должно совершаться со смиренным и чистым сердцем.

Исследуйте свое сердце, чтобы понять, кому или чему вы поклоняетесь:

- *Что я ценю больше всего?*

- *Что обычно влияет мои решения?*

- *На чью помощь я полагаюсь во время кризиса?*

- *Ради кого или чего я чем-то жертвую?*

Хорошие вещи часто становятся лжебогами – этим могут даже быть ваша семья, работа, красота, здоровье или волонтёрский труд. Если вы жаждете всего этого больше, чем Бога, вы будете неспокойны. Ничто не удовлетворяет наши потребности так, как стремление угождать и поклоняться Богу. Если нашими сердцами управляет что-то другое, а не Бог, нам сложно будет наслаждаться общением с Ним. Нам даже будет сложно наслаждаться теми добрыми вещами, которые Он нам даёт. Но если Иисус является центром вашей жизни, если **Христос становится вашей жизнью** (Кол. 3:4), тогда всё проистекает из ваших близких отношений с Ним. Вы способны радоваться Богу и добрым вещам, которые Он вам даёт. Поэтому, неудивительно, что Десять заповедей начинаются с акцента на поклонении:

«Я Господь, Бог твой, Который вывел тебя из земли Египетской, из дома рабства; да не будет у тебя других богов пред лицом Моим. Не делай себе кумира и никакого изображения того, что на небе вверху, и что на земле внизу, и что в воде ниже земли; не поклоняйся им и не служи им, ибо Я Господь, Бог твой, Бог ревнитель» (Исх. 20:2–5).

Бог не хочет какой-то части вашей жизни, даже если эта часть находится на первом месте в вашем списке приоритетов. **Он хочет *быть* самой вашей жизнью.** Вместе с Богом вы сможете прожить всё, что происходит в вашей жизни. Бог ежедневно трудится в вас и через вас. Благодаря этим близким взаимоотношениям поклонение является естественным проявлением любви, благоговения и восхищения. Мы вверяем сердце, душу, разум и силу Тому, Кто всего этого достоин (Мк. 12:29–30). Всё, что мы делаем, за исключением греха, может совершаться во славу Бога, как акт поклонения.

Проблема в том, что мы все непостоянны. Нам нужен план, чтобы оставаться посвященными Богу. И Библия говорит, как нам это делать. Нам нужно обновлять свой разум (Рим. 12:2) с помощью Божьего Слова, заменяя ложь истиной. Наши мысли оказывают колоссальное влияние. **То, на чём мы сосредотачиваем своё внимание, расширяется.** Чем больше мы думаем о Боге, тем больше мы Ему поклоняемся. Но враг и мир пытаются отвлечь наши мысли. Нам нужно «[пленять] всякое помышление в послушание Христу» (2 Кор. 10:5).

Но, как вы знаете, пленникам не нравится находиться в плену. Поэтому, нам нужно сосредотачивать внимание на том, «что честно, что справедливо, что чисто, что любезно, что достославно, что только добродетель и похвала» (Флп. 4:8). Подумайте о том, чтобы фильтровать все свои мысли *и слова* на основе текста Послания к Филиппийцам 4:8. Делая это, вы обнаружите, что благочестивое мышление ведёт к благочестивым поступкам, что является ещё одной формой поклонения. «Всё делайте в славу Божию» (1 Кор. 10:31). Даже самые обыденные задачи становятся святыми, если они выполняются во славу Божью. Поклоняйтесь Богу всем своим естеством *и* всеми своими делами.

Мы поклоняемся Богу из любви к Нему, а не потому, что мы обязаны это делать, или потому что хотим от Него что-то получить. Мы не поклоняемся Богу, чтобы заработать Его расположение или чтобы побудить Его благословить нас. Богом нельзя манипулировать. Он видит всё, что скрывается за религиозными масками и пустыми словами: «И сказал

Господь: [...] этот народ приближается ко Мне устами своими, и языком своим чтит Меня, сердце же его далеко отстоит от Меня, и благоговение их предо Мною есть изучение заповедей человеческих» (Ис. 29:13). Бог жаждет вашего сердца, а не ваших слов. Если вы чувствуете, что поклоняетесь по принуждению, просите Бога открыть Себя. Просите Его наполнить ваше сердце изумлением. **Напоминайте себе о том, Кто Бог и что Он сделал для вас.**

Когда Самарянка осознала, Кто с ней говорил, она с верой откликнулась на Его слова. Она всё оставила у ног Иисуса и побежала возвестить всем о приходе Мессии (Ин. 4:28–29). Поклонение лилось из её сердца, и через неё многие в городе уверовали в Христа (Ин. 4:39). У неё не было специального образования или научных степеней. Но она пережила личную встречу с Иисусом. И этого было достаточно, чтобы её жизнь изменилась, как и жизни тех, кто её послушал. Она стала истинным Божьим поклонником. И вы также можете им стать. Посмотрите *через* творение на Творца. Радуйтесь Тому, Кто благ, чудесен, мудр, чист, прекрасен, смел и истинен. «О Нем веселится сердце наше» (Пс. 32:21).

Пусть Библия говорит:

Откровение 5 (дополнительно – Псалом 144)

Пусть ваш разум мыслит:

1. Сегодня вы узнали, что чем больше вы на чём-то сосредотачиваетесь, тем больше это влияет на все сферы вашей жизни. Как внимание на Боге через поклонение влияет на ваши взгляды и поступки?

2. Какие добрые вещи отвлекают ваше внимание от Бога?

3. Что, по вашему мнению, означает поклоняться «в духе и истине»?

Пусть ваша душа молится:

Господи, только Ты достоин моего поклонения. Когда я ищу Тебя, наполни меня радостью и веселием, что переходит в искреннюю хвалу (Пс. 39:17). Вверяю Тебе всю свою жизнь – свои желания, эмоции, мысли и дела. Ты веди, а я последую за Тобой. Помоги мне во всём, что я делаю, видеть возможность для поклонения Тебе. Во имя Иисуса я молюсь, аминь.

Пусть ваше сердце повинуется:

(Что Бог хочет, что бы вы познавали, ценили или делали?)

Вы прощены
и обновлены

«Если исповедуем грехи наши, то Он, будучи верен и праведен,
простит нам грехи наши и очистит нас от всякой неправды».
1 Иоанна 1:9

Из глаз женщины струились слезы и капали на ноги Иисуса. Она
была потрясена от осознания своей недостойности перед лицом
Иисуса. Её грешная жизнь была скверной, как для её души, так
и для всех присутствующих в комнате. Все смотрели на неё
с презрением. Все, кроме Иисуса. Она открыла свой алебастровый
сосуд с драгоценным миром и вылила его содержимое на ноги
Иисуса. Благовоние наполнило всю комнату. Однако Иисус видел,
чем наполнись сердца людей по отношению к той женщине:
отвращением и презрением. Иисус же, наоборот, проявил к ней
благодать. Он повернулся к Симону и сказал:

«У одного заимодавца было два должника: один должен был пятьсот
динариев, а другой пятьдесят, но как они не имели чем заплатить,
он простил обоим. Скажи же, который из них более возлюбит его?
Симон отвечал: думаю, тот, которому более простил. Он сказал ему:
правильно ты рассудил. И, обратившись к женщине, сказал Симону:
видишь ли ты эту женщину? Я пришёл в дом твой, и ты воды Мне
на ноги не дал, а она слезами облила Мне ноги и волосами головы
своей отёрла; ты целования Мне не дал, а она, с тех пор как Я
пришёл, не перестает целовать у Меня ноги; ты головы Мне маслом

не помазал, а она миром помазала Мне ноги. А потому сказываю тебе: прощаются грехи её многие за то, что она возлюбила много, а кому мало прощается, тот мало любит. Ей же сказал: прощаются тебе грехи. И возлежавшие с Ним начали говорить про себя: кто это, что и грехи прощает? Он же сказал женщине: вера твоя спасла тебя, иди с миром» (Лк. 7:41–50).

Прощение полностью нас меняет.

Если мы переходим от состояния разделения с Богом к близким отношениям с Ним, это то же самое, что воскреснуть из мертвых. «Вас, которые были мертвы во грехах... [Бог] оживил вместе с Ним, простив нам все грехи» (Кол. 2:13). Мы не можем купить или заработать прощение – это бесценный дар, получаемый нами через Иисуса Христа. Во Христе Бог делает вас совершенно новым творением.

Наша вера в Иисуса Христа не *улучшает* нас. Мы не стали лучшими людьми. **Мы стали новыми людьми** (День 5). Бог, прощая вас, не только делает вас новыми людьми, но и примиряет вас с Собой (2 Кор. 5:18), полностью восстанавливая отношения с вами и принимая вас в Свое присутствие.

«Вас, бывших некогда отчужденными и врагами, по расположению к злым делам, ныне примирил в теле Плоти Его, смертью Его, чтобы представить вас святыми и непорочными и неповинными пред Собою» (Кол. 1:21–22).

Представьте, что вы находитесь в Божьем присутствии. Вы сейчас стоите перед Ним без всякого недостатка или порока. **Кроме того, когда Бог смотрит на вас, Он видит праведность Иисуса.** Бог не только устраняет ваш грех, но и облекает вас в совершенную праведность Христа (2 Кор. 5:21). Это называется **оправданием**, что является ещё одним удивительным аспектом Божьего прощения. «Вменится [праведность] и нам, верующим» (Рим. 4:24). «Оправдавшись верою, мы имеем мир с Богом через Господа нашего Иисуса Христа» (Рим. 5:1). Какая незаслуженная доброта! Какая удивительная благодать! «Радостью буду радоваться о Господе, возвеселится душа моя о Боге моем; ибо

Он облек меня в ризы спасения, одеждою правды одел меня» (Ис. 61:10). Вы оправданы и облечены в праведность Иисуса, чтобы вы могли иметь мир с Богом.

Поразмышляйте над этими прекрасными библейскими иллюстрациями Божьего прощения:

- «Если будут грехи ваши как багряное, – как снег убелю; если будут красны, как пурпур, – как волну убелю» (Ис. 1:18). Когда Бог вас прощает, Он очищает вас не только от греха, но и от пятнен греха на вашей жизни.
- «Как далеко восток от запада, так удалил Он от нас беззакония наши» (Пс. 102:12). Когда Бог вас прощает, Он отделяет вас от греха, который раньше разделял вас с Богом.
- «Ты ввергнешь в пучину морскую все грехи наши» (Мих. 7:19). Когда Бог вас прощает, Он навсегда уничтожает и устраняет ваши грехи.

Иисус говорит о прощении также в истории о **блудном** сыне. Этот мятежный молодой человек обидел отца, преждевременно потребовав у него своё наследство. Он взял деньги, уехал из дома и всё растратил на свои греховные наслаждения. Потом настал голод,

> **Блудный:**
> Тот, кто расточительно тратит деньги или ресурсы.

и единственной работой, которую сын смог найти, был уход за грязными свиньями. Он голодал, жил в грязи и пребывал в отчаянии. Он думал, что отец всё ещё сердится на него, но всё же решил вернуться домой и попросить отца взять его к себе в качестве слуги. И сын направился домой.

«И когда он был еще далеко, увидел его отец его и сжалился; и, побежав, пал ему на шею и целовал его. Сын же сказал ему: «Отче! Я согрешил против неба и пред тобою и уже недостоин называться сыном твоим». А отец сказал рабам своим: «Принесите лучшую одежду и оденьте его, и дайте перстень на руку его и обувь на ноги; и приведите откормленного теленка, и заколите; станем есть и веселиться! Ибо этот сын мой был мёртв и ожил, пропадал и нашёлся». И начали веселиться» (Лк. 15:20–24).

Бог предлагает и нам такое же прощение. Когда вы к Нему обращаетесь, Он принимает вас такими, какими вы есть. Вас прощают, принимают, и вам радуются. Божье прощение – это удивительная **благодать**, которая никогда не кончается.

Даже будучи последователями Иисуса, мы часто нуждаемся в прощении. И Бог милостиво дарует это прощение. Хотя мы уже не «рабы греху», мы всё ещё грешим (Рим. 6:6). «Если говорим, что не имеем греха, – обманываем самих себя, и истины нет в нас. Если исповедуем грехи наши, то Он, будучи верен и праведен, простит нам грехи наши и очистит

> **Благодать:** Незаслуженное милосердие, благоволение.

нас от всякой неправды» (1 Ин. 1:8–9). **Просите Бога показать вам ваш грех.** Молитесь: «Испытай меня, Боже, и узнай сердце моё; испытай меня и узнай помышления мои; и зри, не на опасном ли я пути, и направь меня на путь вечный» (Пс. 138:23–24).

Пребывая во свете и будучи честными относительно своего греха, мы становимся ближе к Богу и ближе к другим людям: «Если же ходим во свете, подобно как Он во свете, то имеем общение друг с другом, и Кровь Иисуса Христа, Сына Его, очищает нас от всякого греха» (1 Ин. 1:7). Мы можем жить во свете не потому, что мы безгрешны, а потому, что мы прощены.

Каков наш отклик на Божью любовь и Его прощение?

Мы любим и прощаем других. **Любовь и прощение не основываются на эмоциях; нам нужно принять решение любить и прощать.** Иногда это долгий и трудный процесс. Поэтому, Иисус, видя веру женщины, вылившей миро на Его ноги, напомнил Симону и нам, что для проявления бóльшей любви нам важно помнить, сколь много было прощено нам самим (Лк. 7:47).

Подумайте о Божьем прощении в вашей жизни. Как часто вы согрешали и нуждались в прощении? Прощение – это дар, который нам всем нужно принять, однако нам бывает сложно его проявлять по отношению к другим. Отказ прощать других ранит нас самих. Обидчивость рушит отношения. Семена обиды превращаются в горькие корни, которые опутывают и оскверняют многих (Евр. 12:15). Если мы полны горечи, нам хочется ранить других, но в итоге мы раним самих себя: мы становимся пленниками греха (Деян. 8:23). Поэтому Бог велит нам избавиться от горечи и прощать, «как Христос простил вас» (Кол. 3:13).

Господь прощает вас быстро и щедро.

Прощение вовсе не означает, что мы забываем о злых действиях других людей или оправдываем их. Вы не остаётесь в положении, в котором вам грозит опасность. Прощение означает, что, **прощая других, вы отпускаете обиду и доверяете Богу решение вопроса греха других людей так же, как Он поступил и с вашими грехами.** Если вы доверите Богу свою боль, Он освободит вас от оков непрощения. Возможно, вам будет сложно простить, но Святой Дух, живущий в вас, поможет вам. Вы больше всего становитесь похожими на Иисуса, когда прощаете.

Петр, один из ближайших учеников Иисуса, трижды отрёкся от Него. Иисус предупреждал Петра о том, что он это сделает, но Пётр настаивал, что этого никогда не произойдет. Тем не менее, отречение произошло, и Пётр горько заплакал (Мф. 26). Проявив удивительную благодать, Иисус простил Петра и восстановил его для служения (Ин. 21:15–19). Иисус, Который простил тех, кто Его отверг, прощает и вас, и Он поможет вам простить других. Ему известна ваша боль, потому что Он Сам её испытал, но Его заповедь всё так же гласит: «Любите врагов ваших [...] и молитесь за обижающих вас и гонящих вас» (Мф. 5:44).

Если вам трудно простить тех, кто вас обидел, позвольте Богу действовать через вас (Флп. 2:13). Возможно, вам нужно прощать другого человека каждый раз, как вы о нём вспоминаете, даже по несколько раз в день. Прощайте и вверяйте этих людей Богу. На следующий день делайте то же самое. И на следующий день. И так до тех пор, пока вы не почувствуете, что полностью простили. «И если семь раз в день согрешит против тебя и семь раз в день обратится, и скажет: «каюсь», – прости ему» (Лк. 17:4). **Бог не ограничивает Своё прощение, не должны ограничивать его и мы.**

Иисус говорит вам, как Он сказал женщине: «Вера твоя спасла тебя, иди с миром» (Лк. 7:50). Вы прощены и обновлены.

Пусть Библия говорит:

Матфея 18:15–35 (дополнительно – Псалом 31; Луки 15:11–32)

Пусть ваш разум мыслит:

1. Какие чувства вас наполняют, когда вы думаете о том, как Бог вас простил?

2. Нам нужно прощать других так, как и сами были прощены (Еф. 4:32). Кого вам нужно простить? Простите их сегодня. Чем дольше вы откладываете прощение, тем дольше вы откладываете своё исцеление. Отдайте свою боль Богу. С Божьей помощью вы сможете это сделать.

3. Поразмышляйте над отрывком Матфея 18:21–35. Если вы чувствуете, что, простив другого, ваше сердце снова твердеет, простите ещё раз, помня, что Бог также неоднократно нас прощает.

Пусть ваша душа молится:

Отче, в Твоём Слове сказано, что небеса радуются даже об одном грешнике, который возвращается на Божий путь (Лк. 15:7). Помоги мне об этом помнить, если грех побуждает меня скрываться от Тебя. Помоги мне с уверенностью приходить к Тебе и ходить во свете, зная, что Ты не медлишь прощать. Прими меня, как Своё дитя. Помоги мне прощать других так, как Ты простил меня. Во имя Иисуса, аминь.

Пусть ваше сердце повинуется:

(Что Бог хочет, что бы вы познавали, ценили или делали?)

Вы приняты

«Бог послал Сына Своего… дабы нам получить
усыновление. А как вы – сыны, то Бог послал в сердца
ваши Духа Сына Своего, вопиющего: «Авва, Отче!» Посему
ты уже… сын; а если сын, то и наследник Божий».
Галатам 4:4–7

Раав была человеком, которого вряд ли можно было ожидать
увидеть в контексте Божьей Истории, и ещё меньше – в числе
членов Его земной семьи. Раав была проституткой в ханаанском
городе Иерихон и слышала об выходе израильтян из Египта.
Она знала, что они были спасены единым истинным Богом,
Который и дальше сражался за них на пути в Ханаан. И вот
теперь израильтяне приближались к её городу. Когда Бог привёл
израильских разведчиков к *её* двери, Раав проявила большое
мужество. По вере она скрыла их от своего царя, рискуя своей
жизнью ради Божьего народа. «Я знаю, что Господь отдал
землю сию вам», – сказала она разведчикам. – «Ибо Господь,
Бог ваш, есть Бог на небе вверху и на земле внизу» (Нав. 2:9,11).
Раав скрыла израильских разведчиков, и они успешно избежали
плена. Затем Бог даровал народу великую победу над городом
Иерихоном, разрушив его стены. Но вначале Он спас Раав и её
семью, и сделал их частью Своего народа.[1]

Из Божьей Истинной Истории мы узнаем о быстром
завоевании города Иерихон. Бог удивительным образом
разрушил городские стены *без какого-либо человеческого*

---

[1] Историю о Раав можно прочитать в Иисуса Навина 2 и 6.

вмешательства. Итак, для чего же нужны были разведчики? Зачем Бог допустил им рисковать своей жизнью? Не потому ли, что в городе находилась Раав? Она была достойна спасения. Позже мы узнаем, что была спасена не только физическая жизнь Раав, но и духовная. Раав станет прапрабабушкой царя Давида и, что более важно, частью родословной линии Иисуса (Мф. 1:5). Независимо от своего грешного прошлого и своей связи с грешным народом. Независимо от своего этнического и религиозного контекста. Она отказалась от своей связи с хананеями и посвятила свою жизнь Господу. Раав и поныне служит примером веры в действии: «Подобно и Раав блудница не делами ли оправдалась, приняв соглядатаев и отпустив их другим путем?» (Иак. 2:25). Бог принял её и прославил ее (Евр. 11:31). Она была прощена, обновлена и принята в Божью вечную семью. Какая необычайная благодать!

Среди всех чудес, связанных со спасением, одной из наиболее утешающих и ободряющих истин является осознание того факта, что мы становимся Божьими детьми. Независимо от нашего происхождения, национальности и даже от нашего грешного прошлого, мы, как Раав, также можем обрести любовь и принятие Отца, новую семью здесь и на небесах. Принятие – это настоящая близость, истинные отношения с Богом и есть сама суть Евангелия.

Бог желает навсегда принять нас в Свою семью. Мы рождены свыше, как Его дети (Ин. 3:7). Он избирает нас *заранее*, приводя к Себе через Иисуса Христа (Еф. 1:5). Что это значит? **Вы желанны и возлюблены.** «Смотрите, какую любовь дал нам Отец, чтобы нам называться и быть детьми Божьими» (1 Ин. 3:1).

Во Христе нам дана «власть быть чадами Божьими» (Ин. 1:12). Бог хочет быть вашим Отцом, Тем, Кого вы близко знаете и Кому доверяете. И теперь мы, как Иисус, взываем: «Авва, Отче!» (Рим. 8:15). Ваша греховность не удержит Бога от желания вас принять. Он не стыдится нас. Неважно, какие ошибки вы допустили или что вам причинили другие люди, ваш **Авва** Отче всегда вам рад и всегда вас примет.

Подумайте о своем земном отце. Каким он был – добрым или жестоким? Вовлеченным в вашу жизнь или равнодушным?

Даже если у вас были хорошие взаимоотношения с вашим земным отцом, с Небесным Отцом ваши отношения будут ещё лучше. Иисус хочет, чтобы мы ощутили близкую связь с Небесным Отцом. Он говорит нам: «И отцом себе не называйте никого на земле, ибо один у вас Отец, Который на небесах» (Мф. 23:9). Иисус не призывает нас отказываться от своих земных отцов, но Он хочет, чтобы отношения с Небесным Отцом мы ценили больше остальных. Как нам

Авва:
На арамейском языке, на котором говорили во времена Иисуса, слово *авва* означало «папа» и, как правило, употреблялось в контексте семьи и в молитве.

Источник: Robert H. Mounce, Romans, vol. 27, *The New American Commentary* (Nashville: Broadman & Holman Publishers, 1995).

это делать? Начнём с изучения всего, что можно узнать о нашем совершенном Отце.

Во-первых, нам нужно понимать, насколько сильно наш Отец заботится о нас. Он принимает нас, как духовных младенцев, и помогает нам уподобляться Христу (Еф. 4:15). «Как новорожденные младенцы, возлюбите чистое словесное молоко, дабы от него возрасти» (1 Пет. 2:2). Уподобляясь Иисусу, мы слышим голос Отца и подражаем Ему. Мы подражаем Отцу в своих поступках (Еф. 5:1). Даже Иисус делал только то, что делал Отец (Ин. 5:19), и говорил только то, что слышал от Отца (Ин. 8:28). Он был послушен не из принуждения и не из потребности в одобрении. Послушание Иисуса Христа проистекало из Его любящих отношений с Отцом. Если вы по-настоящему кого-то любите, вы будете испытывать величайшее наслаждение, *поступая* по любви к тому человеку, проявляя уважение и покорность.

Бог настолько нас любит, что готов воспитывать нас. Будучи Божьими детьми, мы иногда нуждаемся в Его любящей дисциплине. Никому из нас это не нравится, но мы все в этом нуждаемся. Поскольку Бог нас любит, Он исправляет нас, если мы уклоняемся от Его воли в своих мыслях, отношениях и поступках: «Ибо кого любит Господь, того наказывает и благоволит к тому, как отец к сыну своему» (Притч. 3:12). Бог любит нас, и Его воспитание служат нам «для пользы, чтобы нам иметь участие в святости Его» (Евр. 12:10). Бог нас дисциплинирует, чтобы защитить от разрушительных последствий греха. Как родитель радуется возрастанию своего ребенка, так и Бог радуется нашему успешном развитию в том, что Он для нас предназначил (Еф. 2:10).

Наш Отец – наш совершенный Обеспечитель. Он «знает, [...] в чем вы имеете нужду, прежде вашего прошения у Него» (Мф. 6:8). Итак, «не ищите, что вам есть, или что пить, и не беспокойтесь, потому что всего этого ищут люди мира сего; ваш же Отец знает, что вы имеете нужду в том» (Лк. 12:29–30). Полагайтесь на истину, что «Бог... восполнит всякую нужду вашу, по богатству Своему» (Флп. 4:19). Если хорошие родители знают, как дать благо своим детям, то насколько же больше Небесный Отец позаботится о тех, кто к Нему обращается (Мф. 7:9–11)?

Бог знает, что мы нуждаемся в общине, в месте, где можем ощущать принадлежность. Бог принимает каждого, кого спасает Иисус, поэтому, у нас есть много братьев и сестёр в нашей духовной семье (Рим. 8:29). Хорошо, что «в доме Отца... обителей много» (Ин. 14:2). Здесь нет места для соперничества, потому что все Божьи дети равны (Мф. 23:8; Гал. 3:28). У Бога нет любимчиков в Его семье (1 Пет. 1:17). Мы не конкурируем со своими братьями и сестрами и не унижаем их: мы о них заботимся. Мы признаём их участие в Божьей Истории (1 Кор. 12). «Будьте все единомысленны, сострадательны, братолюбивы, милосерды, дружелюбны, смиренномудры» (1 Пет. 3:8). Нам нужно быть готовыми пожертвовать своей жизнью ради братьев и сестёр во Христе, как и Иисус отдал Свою жизнь за нас (1 Ин. 3:16). Если мы любим своих братьев и сестёр, мы проявляем к ним любовь Отца. **В Божьей семье царит безмерная любовь.**

Как в земных семьях заботятся о будущих поколениях, так и **Отец даёт наследство Своим детям, «наследникам»** (Рим. 8:17). «Бог [...] по великой Своей милости возродивший нас [...] к наследству нетленному, чистому, неувядаемому, хранящемуся на небесах для [нас]» (1 Пет. 1:3–4). На небесах мы будем вечно пребывать в Божьей славе, прославлять Его благость и покоиться в Его любви. Мы будем находиться в Его присутствии, испытывая необычайное блаженство и радость (Пс. 15:11). «Наследие мое приятно для меня» (Пс. 15:6).

Пусть Библия говорит:

Иоанна 14 (дополнительно – Римлянам 8:15–17)

Пусть ваш разум мыслит:

1. Друг, вы приняты и возлюблены. Навеки. Вам обеспечено место в Божьей семье (Ин. 10:29). Что вам мешает в полноте ощутить безопасность и любовь в Боге?

2. Что о Божьей любви к вам говорит ваше принятие, подобно принятию Раав?

3. Как это повлияет на ваши нынешние и будущие отношения, в которых вы воспринимаете других верующих такими же любимыми и ценными членами семьи (Гал. 3:28–29)? Как вы можете сегодня поддержать брата или сестру?

Пусть ваша душа молится:

Господи, благодарю Тебя, что Ты принял меня. В Твоём Слове сказано: «Как отец милует сынов, так милует Господь боящихся Его» (Пс. 102:13). Помоги мне считать Тебя своим милосердным Отцом. Помоги мне становиться похожим на Иисуса и уповать на Твоё обеспечение всех моих нужд. Помоги мне ободрять других членов моей вечной семьи. Во имя Иисуса, аминь.

Пусть ваше сердце повинуется:

(Что Бог хочет, что бы вы познавали, ценили или делали?)

Вы никогда не одиноки

«Сзади и спереди Ты объемлешь меня и полагаешь на мне
руку Твою. Дивно для меня ведение Твое, – высоко, не могу
постигнуть его! Куда пойду от Духа Твоего и от лица Твоего куда
убегу? Взойду ли на небо – Ты там; сойду ли в преисподнюю –
и там Ты. Возьму ли крылья зари и переселюсь на край моря, –
и там рука Твоя поведет меня, и удержит меня десница Твоя».
Псалом 138:5–10

Только что с неба спал огонь, приведя к поражению врагов
пророка Илии. Впервые за несколько лет на небе образовалось
дождевое облако. Дождь принёс физические изменения
в израильском народе, а покаяние – духовные перемены
(3 Цар. 18). Однако Илия был объявлен в розыск: люди искали
его, чтобы убить. И хотя за годы непокорности своего народа
пророк Илия был свидетелем Божьего обеспечения, защиты
и славы, теперь он сам был измучен и опустошён. У него больше
не осталось сил, и он сказал Богу:

«Довольно уже, Господи; возьми душу мою... возревновал я
о Господе, Боге Саваофе, ибо сыны Израилевы оставили завет Твой,
разрушили жертвенники Твои и пророков Твоих убили мечом;
остался я один, но и моей души ищут, чтоб отнять ее» (3 Цар. 19:4,14).

Но Илия не был одинок. С ним был Бог. Илия не был
единственным верующим, который остался, потому что, как
оказалось, Бог сохранил семь тысяч верующих, не преклонивших

свои колени перед идолами (3 Цар. 19:18). Илия же нуждался в покое и в восстановлении. Бог позаботился о пище для его тела и о покое для его души. И когда настало подходящее время, Бог указал Илии, что делать дальше.[1]

Иногда Бог распоряжается вами, верующим в Него, очень могущественным образом, но затем враг может попытаться вам отомстить. Вас могут охватить сомнения, разочарование и уныние. Вы можете чувствовать себя одинокими и верить лжи, что Бог вас оставил, или, что вы больше Ему не нужны. Вы, как Илия, нуждаетесь в восстановлении. Вам нужен «покой Илии». И вот что вам нужно помнить.

Вы никогда более не можете быть одиноки. Бог Отец, Сын и Святой Дух всегда с вами. Он ежедневно и ежеминутно всегда желает быть рядом с вами. Именно поэтому Бог создал вас с такой любовью. Именно поэтому Он послал Избавителя, чтобы уничтожить грех, разделявший вас с Ним. Именно поэтому Он послал Свой Дух, чтобы обитать в вас. Он никогда не оставит вас в одиночестве, дабы вы никогда не ощущали себя брошенными.

Если вы обращаетесь к людям за помощью, а они вам её не оказывают, вы чувствуете себя совсем одинокими. Но это не так. Бог *всегда* рядом (Пс. 45:2; 138:7–10). *Вы никогда не одиноки.*

Иисус – Бог, Который с нами. Иисус назван Эммануилом («с нами Бог», Мф. 1:23), потому что Он жил в образе человека и жил среди нас. Он испытывал голод и уставал. Он был искушаем грехом. К Нему плохо относились и Его ложно обвиняли. В конце концов, Его предали, пытали и убили. Поэтому, с какими бы трудностями мы ни сталкивались в жизни, Иисус понимает наши страдания: «Ибо мы имеем не такого первосвященника, который не может сострадать нам в немощах наших, но Который, подобно нам, искушен во всем» (Евр. 4:15). Иисус испытал все, что испытываем мы, и даже больше; поэтому Он знает, как за нас молиться, и Он постоянно за нас молится (Евр. 7:25). Будучи совершенным Первосвященником, Иисус ходатайствует за нас пред Богом (Евр. 9:24). Нам больше не нужен храм в Иерусалиме

---

1 О событиях, происходивших с Илией на вершине горы, прочитайте в 3 Царств 18 и 19.

или особый священник, который выполнял бы роль посредника между нами и Богом.[1] Иисус обещает быть с нами «во все дни до скончания века» (Мф. 28:20). *Вы никогда не одиноки.*

Дух Святой – Бог, Который в вас. Иисус говорит: «Я умолю Отца, и даст вам другого Утешителя, да пребудет с вами вовек, Духа истины… вы знаете Его, ибо Он с вами пребывает и в вас будет» (Ин. 14:16–17). Он с вами и в вас:

- **Когда вы читаете Божье Слово и размышляете над ним:** «Дух Святой… научит вас всему и напомнит вам все, что Я говорил вам» (Ин. 14:26).
- **Когда вы молитесь:** «Дух подкрепляет нас в немощах наших; ибо мы не знаем, о чем молиться, как должно, но Сам Дух ходатайствует за нас» (Рим. 8:26).
- **Когда вы искушаемы:** «При искушении [Дух Святой] даст и облегчение, так чтобы вы могли перенести» (1 Кор. 10:13).
- **Когда вы страдаете:** Бог не просто *посылает* утешение и силу во время нужды, но *являет* Себя *источником* утешения и силы. Его присутствие служит целительным бальзамом для вашего разбитого сердца. «Близок Господь к сокрушенным сердцем и смиренных духом спасет» (Пс. 33:19). Он навеки будет для нас помощью и утешением (Ин. 14:16–17).

Вы никогда не одиноки.

Вы никогда не одиноки также потому, что Бог дал вам особое место, где вы можете ощутить свою принадлежность – церковь. (Смотрите раздел «Как найти хорошую церковь».) Мы все члены Божьей вечной семьи, и Он создаёт из нас общину, в которой обитает Его Дух (Еф. 2:19–22). Наше сообщество верующих (1 Пет. 2:17) настолько тесно соединено между собой, что Бог называет нас Телом Христовым (1 Кор. 12:27). Вы можете

---

1 Wayne Grudem, *Systematic Theology: An Introduction to Biblical Doctrine* (Grand Rapids, MI: Zondervan, 1994), 626–627.

быть единственным верующим в семье или в городе, но во Христе вы являетесь частью большой семьи верующих со всего мира. Как Бог сохранял верующих во времена Илии, так Он хранит верующих и сегодня. «Ибо, как тело одно, но имеет многие члены, и все члены одного тела, хотя их и много, составляют одно тело, – так и Христос... дабы... все члены одинаково заботились друг о друге. Посему, страдает ли один член – страдают с ним все члены; славится ли один член – с ним радуются все члены» (1 Кор. 12:12,25–26). Вы никогда не одиноки в своей боли. Вашу боль понимает не только Иисус, «такие же страдания случаются и с братьями вашими в мире» (1 Пет. 5:9). Бог вплетает вашу историю вместе с историями каждого последователя Иисуса в Свою Историю. *Вы никогда не одиноки.*

Как найти хорошую церковь

Если вы последователь Христа, и у вас есть возможность посещать церковь, присоединение к общине верующих является одним из ваших высших приоритетов для молитвы, библейского наставления, общения и т.д. Если у вас нет возможности посещать церковь, вы можете собираться дома (больше об этом немного позже). Божье Слово повелевает нам не прекращать совместные встречи (Евр. 10:25). Нам нужна церковная семья, и вот что должно быть в хорошей церкви:

1. **Пастор с сердцем служителя.** Пастор, призванный Богом, имеет заботливое сердце, он учит Божьему Слову и сам выполняет его. Он не диктатор и не стремится угождать людям. Пастор превозносит Иисуса, а не человека.

2. **Духовное возрастание.** Церковь побуждает вас к духовному возрастанию, научая быть учеником Иисуса, который обращает к Нему других людей.

3. **Атмосфера взаимопомощи.** Члены церкви любят друг друга и заботятся друг о друге. В церкви ощущается семейное единство.

4. **Служение окружающим.** Церковь не сосредоточена сама на себе, но стремится достигать общину и мир, словом и делом проявляя Божью любовь.

Совершенной церкви нет (совершенный только Иисус). Если вы нашли хорошую церковь, будьте ей верны. Проявляйте верность через своё время, регулярно посещая богослужения и посвященно выполняя свои обязательства. Проявляйте верность через свои таланты, вовлекаясь в служение и не перекладывая всё на других. Проявляйте верность через щедрые пожертвования, не будучи скупыми. Проявляйте инициативу в помощи другим людям. И вы будете благословенны.

Поскольку вы никогда не одиноки, вам никогда не нужно бояться, ведь это не Божья воля для вас. «Будь тверд и мужествен, не страшись и не ужасайся; ибо с тобою Господь, Бог твой, везде, куда ни пойдешь» (Нав. 1:9). Но даже если мы боимся, Бог нас утешает, как Он утешал Илию. Какими бы ни были трудности, «Бог нам прибежище и сила, скорый помощник в бедах, посему не убоимся» (Пс. 45:2–3). Бог был с нами вчера. Он с нами сейчас, и Он будет с нами в будущем. Мы *никогда не одиноки.*

Пусть Библия говорит:

Исаии 41:10–20 (дополнительно – Второзаконие 31:6)

Пусть ваш разум мыслит:

1. Как напоминать себе о том, что Бог рядом с вами даже тогда, когда вам одиноко и страшно?

2. Как Божье присутствие может сделать вас смелыми и наполнить радостью (Втор. 31:6)?

3. Кто из ваших знакомых чувствует себя одиноко? Будьте дружелюбны к ним. Покажите им, что они не одиноки. Приведите их в Божье присутствие.

Пусть ваша душа молится:

Боже, благодарю Тебя, что Ты всегда со мной, даже если я чувствую себя одиноко. Ты обещаешь никогда меня не оставлять и не забывать обо мне (Евр. 13:5). Помоги мне лучше осознавать Твое присутствие. Пусть Твое присутствие сделает меня смелым и наполнит меня радостью. Покажи мне одиноких людей, которые нуждаются в Твоём присутствии и в проявлении Твоей доброты через меня. Во имя Иисуса я молюсь, аминь.

Пусть ваше сердце повинуется:

(Что Бог хочет, что бы вы познавали, ценили или делали?)

Вы святы

*«Будьте предо Мною святы, ибо Я свят Господь, и Я
отделил вас от народов, чтобы вы были Мои».*
Левит 20:26

Прямо сейчас во время чтения текста на этой странице в небесах
возносится неописуемое славословие Богу. Пророку Исаии была
приоткрыта эта сцена, и он описал её для нас в своей книге
(Исаии 6). В своем видении Божьего престола он увидел ангелов,
громко восклицающих: «Свят, Свят, Свят Господь Саваоф! Вся
земля полна славы Его!» (Ис. 6:3).[1] Спустя более восемьсот
лет апостол Иоанн описал похожий опыт: «Они... ни днем,
ни ночью не имеют покоя, взывая: свят, свят, свят Господь Бог
Вседержитель, Который был, есть и грядет» (Откр. 4:8). «Кто не
убоится Тебя, Господи, и не прославит имени Твоего? Ибо Ты един
свят» (Откр. 15:4). Бога можно было описать такими словами, как
«любовь, любовь, любовь» или «благодать, благодать, благодать»,
но вместо этого повторяется: «свят, свят, свят». Недостаточно
сказать, что Бог свят. Недостаточно сказать, что Бог свят, свят.
Нет...

Бог *свят, свят, свят.*

Если что-то многократно повторяется в Библии, это обычно
свидетельствует о важности сказанного. Бог *свят, свят, свят.*
Итак, что означает слово **святой**?

Если вы прочитали в Библии незнакомое вам важное слово,
исследуйте, где это оно впервые встречается в Писании.[2] Вы

---

1 Прочитайте историю о посвящении Исаии, описанную в Исаии 6.
2 В симфонии указаны все ключевые слова, содержащиеся в библейском тексте. В Библии
иногда включены симфонии, как информационный инструмент. Если в вашей Библии нет

можете понять его значение в контексте написанного. Слово *святой* впервые встречается в книге Бытие и описывает день, который Бог отделил для покоя. «И благословил Бог седьмой день, и освятил его, ибо в оный почил от всех дел Своих, которые Бог творил и созидал» (Быт. 2:3). Быть *святым* означает быть отделённым. Всё,

> **Святой:**
> Отделённый или посвящённый Богу
> в чистоте для благородного использования.

что относится к Богу, свято и чисто: Его любовь, милость, справедливость и даже Его гнев. Ничто в мире не сравнится с Божьей святостью, с Его безмерным совершенством. Бог отделен от всего грешного (1 Ин. 1:5).

Лишь немногие люди в Библии в видениях были свидетелями Божьей святости, и все они трепетали от увиденной ими святости. Моисей закрыл свое лицо (Исх. 3:6). Иезекиль от страха пал на свое лицо (Иез. 2:1). Иоанн пал, «как мертвый» (Откр. 1:17). Исаия воскликнул: «Горе мне! Погиб я! Ибо я человек с нечистыми устами, и живу среди народа также с нечистыми устами, – и глаза мои видели Царя, Господа Саваофа» (Ис. 6:5).

Поскольку мы грешны, Божья чистота нас ошеломляет. Бог говорит: «Человек не может увидеть Меня и остаться в живых» (Исх. 33:20). Божья святость не допускает никакого греха (Авв. 1:13). «Кто взойдет на гору Господню или кто станет на святом месте Его? Тот, у которого руки неповинны и сердце чисто» (Пс. 23:3–4). Только тот, кто чист, может увидеть Божью святость и остаться живым (Мф. 5:8). И это проблема для нас, потому что мы все грешим и мы все неправедны (Пс. 142:2; Рим. 3:23).

Но Иисус спасает нас от этого смертного приговора, делая нас святыми. Чтобы увидеть Господа, нам нужно быть святыми. Бог сделал вас «[освященными] во Христе Иисусе» (1 Кор. 1:2). Взяв на Себя наше наказание, Христос «сделался для нас […] праведностью и освящением и искуплением» (1 Кор. 1:30).

симфонии, вы можете найти ее на разных веб-сайтах, в том числе на Bible Gateway (biblegateway.com), Bible Study Tools (biblestudytools.com), Bible Hub (biblehub.com) и Blue Letter Bible (blueletterbible.org).

«Христос возлюбил Церковь и предал Себя за нее, чтобы освятить ее, очистив банею водною, посредством слова; чтобы представить ее Себе славною Церковью, не имеющею пятна, или порока, или чего-либо подобного, но дабы она была свята и непорочна» (Еф. 5:25–27).

Только Иисус может это сделать, потому что Он один «святой, непричастный злу, непорочный» (Евр. 7:26). Если вы поверили Христу, вы «омылись [...] освятились [...] оправдались» (1 Кор. 6:11). «Ныне примирил в теле Плоти Его, смертью Его, чтобы представить вас святыми и непорочными и неповинными пред Собою» (Кол. 1:22). Только во Христе мы можем исполнить Божье повеление: «Будьте предо Мною святы, ибо Я свят Господь» (Лев. 20:26). Только во Христе мы можем войти в Божье присутствие и жить.

Бог свят, поэтому во Христе вы тоже святы. Святость – это Божья жизнь в нас. После момента спасения в нашей жизни происходит процесс освящения. (Больше об освящении мы узнаем на Неделе 7.) Один христианский учитель сказал: «Наш праведный статус обретается в момент проявления истинной веры, а наша праведность, наше уподобление Христу, возрастает в течение всей нашей жизни».[1] Бог многократно повелевает нам «быть святыми», подчеркивая важность святости.

Но что такое святая жизнь? Наша внутренняя святость проявляется внешне через нашу жизнь (1 Фес. 4:7). Библия часто упоминает об одеянии, как о внешнем символе внутренней жизни. Например, невесты надевают особую одежду, но эта одежда не *делает* их невестами, она просто *показывает*, что они *являются* невестами. То же самое можно сказать относительно святости. Внешние проявления святости не делают нас святыми, они лишь показывают другим, что мы отделены во Христе. «Итак, облекитесь, как избранные Божии, святые и возлюбленные, в милосердие, благость, смиренномудрие, кротость, долготерпение» (Кол. 3:12). Нам нужно ежедневно

---

1 Francis & Lisa Chan, *You and Me Forever: Marriage in Light of Eternity* (San Francisco: Claire Love Publishing, 2014), 34.

«облекаться» в эти добродетели и «отложить прежний образ жизни ветхого человека, истлевающего в обольстительных похотях, а обновиться духом ума вашего и облечься в нового человека, созданного по Богу, в праведности и святости истины» (Еф. 4:22–24).

Когда вы думаете о святой жизни, не кажется ли она вам пугающей? Невозможной или законнической? Многие люди, думая о святости, представляют себе благочестивое поведение и религиозные ритуалы. Но святость – это не правила и ритуалы. Суть святости – в честном исследовании своего сердца и в просьбе к Богу очистить ваше отношение к чему-либо и ваши поступки. Это жизнь в свободе от греха. Когда Бог показывает нам наш грех, мы можем сразу же его признать и раскаяться в нём, отвернувшись от него и направившись к Божьему, верному образу жизни.

Святой Дух будет ежедневно наполнять вашу жизнь святостью. Спустя недели, месяцы и годы доверия Богу и выполнения Его повелений вы увидите, как через ваши отношения и поступки всё больше и больше будет проявляться святость. Например, ваш выбор книг для чтения, музыки для прослушивания и фильмов для просмотра может измениться под влиянием Святого Духа, Который научает вас, как хранить своё сердце (Притч. 4:23). Ваши поступки, слова и мысли будут меняться, когда Он будет учить вас прославлять Бога своей жизнью (Кол. 3:17). Святой Дух влияет на разные аспекты вашей жизни. Грехи, которые раньше порабощали вас, теряют свою силу. И более видным становятся духовные плоды – любовь, радость, мир и так далее (Гал. 5:22–23). Эти изменения происходят со временем благодаря нашему ежедневному «облачению» в святость.

Иногда мы можем сталкиваться с искушениями и трудностями, которые пытаются воспрепятствовать нашему стремлению к святости. Когда это время наступит (а оно наступит обязательно), мы всё равно можем сохранить верность Иисусу и следовать Его водительству. Но наступит день, когда нам уже не нужно будет облачаться в святость, потому что Бог

Сам облачит нас в постоянную и совершенную святость. На небесах Бог даст нам «облечься в виссон чистый и светлый; виссон же есть праведность святых» (Откр. 19:8).

Да, мой друг, *во Христе* вы святы. Вы не обретаете святость своими силами. Бог избрал вас еще до создания мира и отделил для Своих целей (Еф. 1:4). Облекитесь в святость, чтобы стать «сосудом в чести, освященным и благопотребным Владыке, годным на всякое доброе дело» (2 Тим. 2:21). Бог хочет, чтобы вы были святы и таким образом имели отношения с Ним, чтобы вы были наполненными Им и отделёнными для всех добрых дел, которые Он предназначил вам исполнять. На следующей неделе мы больше узнаем об этих планах.

Пусть Библия говорит:

1 Петра 1:13–25 (дополнительно – 1 Петра 2:1–11)

Пусть ваш разум мыслит:

1. Как размышление о Божьей святости влияет на ваше поклонение?

2. Что в вашей жизни не отделено для Бога?

3. Как вам ежедневно облекаться в святость?

Пусть ваша душа молится:

Боже, Ты свят. Благодарю Тебя, что через Христа Ты сделал меня святым. В Твоём Слове сказано, что Ты нас спас и призвал к святой жизни не потому, что мы это заслужили, а потому, что Ты планировал проявить к нам Свою благодать через Иисуса (2 Тим. 1:9). Я так благодарен, что Ты призвал и меня. Пожалуйста, помоги мне ежедневно облекаться в святость. Во имя Иисуса я молюсь, аминь.

Пусть ваше сердце повинуется:

(Что Бог хочет, что бы вы познавали, ценили или делали?)

ДЕНЬ
14

Вы принадлежите Богу

«Пленяем всякое помышление в послушание Христу».
2 Коринфянам 10:5

Кто вы?

Возможно, что до начала этой недели вы отвечали на этот вопрос в контексте вашей семьи, профессии, национальности и так далее. Все эти описания могут быть верными, однако они не определяют вашу новую идентичность. Когда вы стали последователем Иисуса, всё это стало лишь примечаниями к вашей новой истории.

Ваша настоящая история сосредоточена теперь на том, кто вы в Иисусе Христе, а потому тщательно оберегайте свою идентичность. Помните, что вас теперь определяет:

- Вы созданы для поклонения Богу.
- Вы прощены и рождены свыше.
- Вы избраны и приняты в Божью вечную семью.
- Вы никогда не одиноки.
- Вы святы и отделены для Божьих целей.

Ваша новая жизнь имеет значение и предназначение, из-за чего становится мишенью для врага. Сатана знает, что вы принадлежите Богу, и он не может похитить вас из Божьей руки (Ин. 10:28–29). Но он будет делать всё возможное, чтобы помешать вашей радости в отношениях с Богом и вашему свидетельству о Боге другим людям. Сатана (он также назван «клеветником» в Писании) будет подвергать сомнению вашу идентичность в Иисусе, внушая вам негативные мысли или провоцируя конфликты с другими людьми. Вам это знакомо?

- Мы созданы для поклонения Богу, но враг призывает нас поклоняться самим себе или идолам.
- Мы прощены, но враг говорит нам, что мы виновны.
- Мы избраны и приняты, но враг говорит, что мы нежеланны.
- Мы никогда не одиноки, но враг внушает, что мы брошены.
- Мы святы, но враг убеждает, что мы ничтожны.

Если вы уже слышали эту ложь, противоречащую Божьему Слову, вам нужно прекратить это слушать и просто помнить о том, кто вы. Напоминая себе истины из Божьего Слова, смело пресекайте попытки врага увести вас от Божьих лучших планов для вас. Выучите наизусть простой стих в начале сегодняшнего урока: «Пленяем всякое помышление в послушание Христу» (2 Кор. 10:5). **Враг хочет, чтобы мы усомнились в Божьей любви, потому что тогда наши отношения с Богом будут казаться безжизненными, а послушание Ему – обременительным.** Не позволяйте врагу обмануть нас! Ничто не сможет отлучить нас от Божьей любви (Рим. 8:38–39). Позже мы больше узнаем о духовной битве. А пока будьте бдительны к попыткам врага заставить вас сомневаться в том, что вы возлюбленные Божьи дети. «Противостаньте диаволу, и убежит от вас» (Иак. 4:7).

Если вы чувствуете себя неуверенно, прочитайте восьмую главу Послания к Римлянам. В этой главе вы узнаете, что *нет осуждения* тем, кто во Христе. **Воспринимайте ощущения неуверенности, как призыв Бога к вам обрести мир в *том, Кто Он, и в том, что Он для вас сделал.*** Наши мысли влияют на наши поступки. Будем же внимательно следить за своими мыслями. Помните, что Бог спас нас не только *от* греха, но и *для* осуществления Его целей. «Ибо мы – Его творение, созданы во Христе Иисусе на добрые дела, которые Бог предназначил нам исполнять» (Еф. 2:10). **Да, вы Его творение, Его шедевр.**

Бог избрал вас и написал чудесную историю для вашей жизни, которую никто другой не сможет прожить. Помните, кто вы во Христе.

Ободряйте ваших братьев и сестёр во Христе. **Мы все носители Божьего образа.** В Божьей семье нет места для предубеждений или разделений. «Нет уже Иудея, ни язычника; нет раба, ни свободного; нет мужеского пола, ни женского: ибо все вы одно во Христе Иисусе» (Гал. 3:28). Не допускайте, чтобы национальность, культура, возраст, образование, пол или социальный статус влияли на ваше отношение к другим людям. «Ибо нет лицеприятия у Бога» (Рим. 2:11), не должно его быть и у нас. **Любите своих братьев и сестер по вере так, как их любит Бог. Относитесь к ним так же, как к ним относится Бог, ведь мы все – шедевры Божьего творения.**

Нам ещё много предстоит узнать относительно нашей новой идентичности в Иисусе. Ещё много сокровищ нужно обнаружить. Но всё это можно выразить одной фразой: **«Я существую благодаря Сущему».**

Бог, описывая Себя Моисею, сказал: «Я есмь Сущий... так скажи сынам Израилевым: Сущий послал меня к вам» (Исх. 3:14). В Евангелии от Иоанна Иисус сказал: «Истинно, истинно говорю вам: прежде нежели был Авраам, Я есмь» (Ин. 8:58).

«Я есмь» – это окончательное утверждение о Божьем вседостаточном, всевышнем и всемогущем присутствии. Бог есть, был и вечно будет. Он Первопричина всего.[1] Он всеведущий, вездесущий и всемогущий. Он великий Сущий! **Его сущность служит первопричиной нашей сущности!**

- Вы избраны благодаря Божьей великой любви, создавшей вас для Его радости.
- Вы истинный поклонник, потому что Бог достоин поклонения и потому что Он послал Свой Дух, чтобы научить истине.

---

1 Norman L. Geisler, *Systematic Theology: In One Volume* (Minneapolis, MN: Bethany House Publishers, 2011), 25.

- Вы прощены и рождены свыше, потому что Бог простил вас и дал вам новую и вечную жизнь.
- Вы приняты, потому что Бог – Отец, и Он избрал вас быть Его дитём.
- Вы никогда не одиноки, потому что Бог всегда с вами.
- Вы святы, потому что Бог свят.

Подумайте о том, что вы на этой неделе узнали о своей ценности, значимости и сущности. Все это вы имеете благодаря Божьей сущности. Напоминайте себе каждый день:

«Я существую благодаря Сущему!»

На этой неделе мы узнали, *кто мы*. На следующей неделе мы узнаем, *что нам нужно делать*.

ДЕНЬ 14

Пусть Библия говорит:

Римлянам 8 (дополнительно – Ефесянам 2:1–10)

Пусть ваш разум мыслит:

1. В чем состоит разница между фразами «кто я» и «кто я во Христе»?

2. Ответьте на «Вопросы для обсуждения за Неделю 2».

Пусть ваша душа молится:

Отче, благодарю Тебя за мою новую идентичность во Христе. Помоги мне её беречь. Если клеветник подвергает сомнению мою идентичность в Тебе, напоминай мне, что я избранное, истинно поклоняющееся, прощённое, принятое и святое Божье дитя. Благодарю Тебя, что Ты возлюбил меня навеки. Во имя Иисуса, аминь.

Пусть ваше сердце повинуется:

(Что Бог хочет, что бы вы познавали, ценили или делали?)

ВОПРОСЫ ДЛЯ ОБСУЖДЕНИЯ ЗА НЕДЕЛЮ 2

Просмотрите уроки за эту неделю и ответьте на следующие вопросы. Поделитесь вашими ответами со своими друзьями во время вашей встречи на этой неделе.

1. На этой неделе мы изучили разные аспекты вашей идентичности во Христе. Вы (1) избраны, (2) созданы для поклонения, (3) прощены и рождены свыше, (4) приняты, (5) никогда не одиноки и (6) святы. Какая из этих характеристик ободряет вас больше всего? Почему?

2. Какую из этих характеристик вам труднее всего принять? Почему? Как Божье Слово или друзья могут помочь вам принять этот аспект вашей идентичности во Христе?

3. Мы созданы для поклонения. Как на наше поклонение Богу влияет прощение, принятие и святость во Христе?

4. Поклоняющиеся на небесах восклицают, что Бог «свят, свят, свят». Только это Божье качество повторяется в Библии таким троекратным способом. Как вы думаете, почему Божья святость настолько важна?

5. Сатана, он же клеветник, подвергает сомнению каждый аспект нашей идентичности во Христе. Как ложь врага лишала вас свободы и мира, которые Христос хочет вам дать? Какие библейские истины помогают вам нейтрализовать безосновательные обвинения врага?

НЕДЕЛЯ 3

ВАША ИСТОРИЯ,
ВАШЕ ПРЕДНАЗНАЧЕНИЕ

ДЕНЬ 15

Примите ваше новое предназначение

«Ибо мы – Его творение, созданы во Христе Иисусе на добрые дела, которые Бог предназначил нам исполнять».
Ефесянам 2:10

Бог знал о вас задолго до вашего рождения (Иер. 1:5). Он уникальным образом создал вас для выполнения определенного предназначения в *любой* период вашей жизни. На прошлой неделе вы узнали, кем Бог создал вас быть. На этой неделе вы узнаете, что Бог предназначил вам делать. Бог дал вам особое предназначение, и оно вовсе не заключается в том, чтобы просто сидеть и ожидать небес. У Бога есть для вас труд, который вам нужно выполнять *вместе с Ним*. Ваше предназначение оказывает вечное влияние и приносит истинную радость и настоящий успех.

Иногда мы склонны ошибочно принимать мирской взгляд на успех за своё предназначение.[1] Да, мы можем добиться успеха в карьере или в каком-то хобби, но при этом не выполнить своё предназначение. Успех не связан с реализацией нашего потенциала. Иисус, пребывая на земле, не реализовал Свой потенциал. Наоборот, Он, Царь небес, стал бедным и смиренным человеком (Флп. 2:5–8). Но при этом Он исполнил

---

1 Научитесь у царя Соломона, самого мудрого человека, который когда-либо жил. В ветхозаветной книге «Екклесиаст» он описал свой опыт и свои глубокие размышления относительно успеха.

Своё предназначение (Ин. 17:4). Наша цель состоит в том, чтобы исполнить Божье предназначение для нашей жизни. Пусть в конце вашей жизни о вас будет сказано то же, что было сказано о царе Давиде: «Давид, в свое время послужив изволению Божию, почил» (Деян. 13:36).

Вы можете спросить: «*В чём мое предназначение, и как мне его исполнить?*» Остальная часть этого путешествия веры призвана помочь вам найти ответы на эти вопросы. А пока просто запомните, что **наше основное предназначение состоит в том, чтобы прославлять Бога и вечно пребывать в отношениях с Ним**.[1] Каждый день мы можем выполнять это предназначение тремя способами:

1. **Любить Бога и быть Ему послушными.**
2. **Любить каждого человека.**
3. **Приводить к вере новых учеников Христа.**

Это наше общее предназначение, но каждый из нас выполняет его по-своему. Бог каждому из нас дал разные отношения, навыки, ресурсы и места проживания. Поэтому выполнение этого предназначения будет осуществляться в жизни каждого из нас по-разному, как и в жизнях **патриархов** от Авраама до Моисея.

На первой неделе мы рассмотрели общую Божью Историю. Сегодня мы более детально рассмотрим самое начало Божьего плана спасения человечества. События, описанные в Бытие 1–11, происходили в течение многих лет и на протяжении многих поколений, но в Бытие 12 история резко замедляется и сосредотачивается внимание на

> **Патриарх:** Духовный отец или глава семьи.

отцах веры: на Аврааме, Исааке и Иакове. Это «замедление» помогает нам понять важность Божьих уникальных отношений с каждым человеком. Изучая истории патриархов, мы узнаем, как Бог относится к Своему народу:

---

1 Westminster Assembly (1643–1652). *The Assembly's Shorter Catechism, with the Scripture Proofs in Reference: with an Appendix on the Systematic Attention of the Young to Scriptural Knowledge* by Hervey Wilbur (Newburyport, MA: Wm. B. Allen & Co., 1816).

- Бог любит нас и даёт нам предназначение.
- Выполняя Его предназначение для нас, мы проявляем свою любовь к Богу.
- Если мы выполняем наше предназначение, Бог через нас благословляет других людей.

Итак, приступим. А начнём мы с момента, на котором мы закончили День 3, когда Бог изгнал Адама и Еву из Эдемского сада...

После изгнания из Эдема люди размножились. Вместе с ними умножился и грех. Когда чаша людского беззакония и нечестия переполнилась, Бог послал на землю потоп, чтобы уничтожить грешное человечество и сделать возможным его новое начало. Спаслась лишь одна семья – семья Ноя. Бог поместил Ноя, его семью и по паре из каждого вида животных в ковчег (огромный плавучий дом), который Он повелел Ною построить (Быт. 5–9). Но как только потомки Ноя начали распространяться на суше, снова начал распространяться и грех. Бог смешал язык людей, чтобы они не смогли объединиться для восстания против Него (Быт. 10–11).

Чтобы начать воплощение плана спасения, Бог избрал одного человека, Авраама[1] (Быт. 12:1–3). У нас может возникнуть мысль, что Авраам был праведным человеком, которому было дано такое призвание. Но это, на удивление, было не так. Он жил в идолопоклоннической среде (Нав. 24:2) и так же, как и мы, не заслуживал быть избранным. Но Бог сказал Аврааму:

«Пойди из земли твоей, от родства твоего и из дома отца твоего в землю, которую Я укажу тебе; и Я произведу от тебя великий народ, и благословлю тебя... и благословятся в тебе все племена земные» (Быт. 12:1–3).

---

1 На то время Авраам (как мы обычно его называем) был еще Аврамом. Позже Бог изменил его имя на «Авраам», провозгласив призвание для его жизни: «Не будешь ты больше называться Аврамом, но будет тебе имя: Авраам, ибо Я сделаю тебя отцом множества народов» (Быт. 17:5).

Авраам знал, что ему нужно направляться в Ханаан, но ему не было точно сказано, где именно в Ханаане он должен поселиться с совей семьей. Просто Бог шаг за шагом побуждал Авраама доверять Ему. У Авраама не было ответов на все вопросы, но он смело проявлял послушание Богу. Благодаря этим доверительным отношениям Бог благословил Авраама и всех нас. Послушание Авраама привело к рождению Избавителя (Мф. 1:1).

Бог обещал послать Избавителя через род Авраама, хотя его престарелая жена Сарра была бесплодна. Но несмотря на этот факт, Авраам поверил, что Бог исполнит Своё обещание. Ему не всегда было легко, но он продолжал доверять, и Сарра, в конце концов, забеременела и родила мальчика, которого назвали Исааком (Быт. 21).

Затем семья Авраама, как Бог и обещал, начала увеличиваться. Исаак вырос, и у него родились сыновья-двойняшки – Иаков и Исав (Быт. 25). Между этими братьями были сложные отношения. Каждый член их семьи сталкивался с греховностью и с проявлением слабости. Но Библия не скрывает их недостатки. Помните, что это Божья Истинная История о Его верности и для Его славы. Бог исполняет Свои обещания даже вопреки нашему непостоянству.

Теперь мы уже на несколько поколений ближе к приходу Избавителя, но в семье снова возникают проблемы. У внука Авраама Иакова, позже названного Израилем, было двенадцать сыновей, которые стали основателями двенадцати израильских родов. Но греховный фаворитизм Иакова по отношению к своему сыну Иосифу породил зависть со стороны других сыновей Иакова. Движимые обидой и гневом, они продали своего брата Иосифа в египетское рабство. В Египте Иосиф много пострадал и был заключен в темницу за преступление, которого не совершал (Быт. 37; 39–40). Но Бог не прекратил воплощать Свой план. Он наделил Иосифа великой мудростью, которая спасла весь Египет от большого голода (Быт. 41). Фараон, царь Египта, увидев отношения Иосифа с Богом, освободил его из темницы и сделал его своим премьер-министром.

Бог изменил обстоятельства Иосифа, чтобы изменить его сердце. Спустя годы в Египет в поисках пищи пришли братья Иосифа. Это предоставило ему возможность отомстить, однако Иосиф решил их *простить*. Проявив к ним прощение, Иосиф мудро сказал: «Вот, вы умышляли против меня зло; но Бог обратил это в добро, чтобы сделать то, что теперь есть: сохранить жизнь великому числу людей» (Быт. 50:20). Вера Иосифа стала благословением не только для его семьи, израильтян, но и для нас. Его пример может нас многому научить. Друг, **Бог всегда благ**, Он действует во всех наших жизненных обстоятельствах, даже в самых сложных, и действует Он ради Своей славы и ради нашего блага (Рим. 8:28–29).

По причине голода и по приглашению Иосифа израильтяне переселились в Египет. Там семья Авраама превратилась в великий народ. Израильтяне стали настолько многочисленны, что другой фараон, который ничего не знал об Иосифе, стал их бояться. Опасаясь восстания, он решил сделать из израильтян рабов. Теперь Божий народ оказался в рабстве. Израильтяне четыреста лет взывали к Богу о помощи.

В надлежащее время **Бог избрал ещё одного человека, Моисея, чтобы продолжить Свой план спасения**. Сначала Моисей уклонялся от Божьего призыва, ссылаясь на свою непригодность для выполнения этого дела. (Моисей не осознавал тогда, что никто из людей не способен самостоятельно выполнить Божий план. Его осуществить может только Бог.) Моисей испытывал страх, однако, он доверился Богу и воззвал к фараону: «Отпусти народ Мой» (Исх. 9:1). Как и в случае с Авраамом, Исааком, Иаковом и Иосифом, Бог изменил сердце Моисея и испытал его.

Фараон неоднократно соглашался отпустить израильтян, но потом снова отказывался. В ответ на это Бог проявил Свою силу и власть, послав ужасные казни, чтобы смирить египтян и обесславить их лжебогов. В конце концов, фараон отпустил Божий народ. Однако через некоторое время он передумал и отправился в погоню за израильтянами. Но Бог спас Свой народ, чудесным образом проложив путь через Красное море, по которому народ перешёл через море к своей окончательной свободе (Исх. 1–15).

Каждому из этих мужей веры (Аврааму, Исааку, Иакову, Иосифу и Моисею) Бог поручил выполнить особое задание. И они с Божьей помощью выполнили своё предназначение. Их послушание проистекало из их доверительных отношений с Богом, и за этим послушанием следовали благословения, как для них самих, так и для многих других людей. Через Иосифа Бог спас от голода весь Египет. Через Моисея Бог спас от рабства Свой народ. Через потомка Авраама, Иисуса Христа, Бог спасает от греха всех нас.

Бог, Который призывал патриархов веры, призывает и вас. Откликнитесь ли вы на Его призыв и на Его план для вашей жизни?

Бог избрал вас и поместил именно туда, где вы сейчас находитесь. Он сделал это для благой цели и для осуществления Его благого предназначения для вас. Патриархи были слабыми и несовершенными людьми, как и мы. Апостол Павел пишет: «Посмотрите, братия, кто вы, призванные: не много из вас мудрых по плоти, не много сильных, не много благородных; но Бог избрал немудрое мира, чтобы посрамить мудрых» (1 Кор. 1:26–27). Для ответа на Божий призыв не требуется больше денег, образования, свободного времени или популярности. Если мы просто доверяем Богу и послушны Ему, Он поможет нам исполнить наше предназначение. Вы можете начать прямо сейчас. **Любите Бога и будьте Ему послушны, любите других людей и приводите к вере новых учеников Христа (начав с изложения Божьей Истории) там, где вы находитесь, и так, как можете только** *вы.*

Пусть Библия говорит:

Исаии 43:1–21 (дополнительно – Бытие 12:1–7)

Пусть ваш разум мыслит:

1. Как вы думаете, к чему вас Бог сегодня направляет? Вы готовы последовать за Богом так, как это сделал Авраам? Возможно, Бог направляет вас совершать миссионерский труд в другой стране или просто поговорить с вашим соседом через дорогу. Вы пойдете?

2. Как вы можете поверить, что Бог абсолютно всё (даже зло) направляет во благо? Обращал ли Бог в вашей жизни зло в добро, как это Он сделал в жизни Иосифа?

3. Готовы ли вы, как Моисей, довериться Богу, несмотря на свою слабость? Как вы думаете, почему Божья сила лучше всего проявляется в немощи (2 Кор. 12:9)?

Пусть ваша душа молится:

Отче, помоги мне исполнить Твоё предназначение в моём поколении (Деян. 13:36). Помоги мне прославить Тебя, выполнив труд, который Ты мне доверил совершить (Ин. 17:4). Удали от меня страх и наполни меня мужеством. Удали сомнения и наполни верой. Удали неуверенность и наполни уверенностью в Тебе. Пусть Твоя воля будет исполнена и Твоё имя будет прославлено в моей жизни. Во имя Иисуса, аминь.

Пусть ваше сердце повинуется:

(Что Бог хочет, что бы вы познавали, ценили или делали?)

Будьте представителем Иисуса Христа

«Итак, мы – посланники от имени Христова, и
как бы Сам Бог увещевает через нас; от имени
Христова просим: примиритесь с Богом».
2 Коринфянам 5:20

В нашем путешествии веры мы можем попасть в ловушку, в опасную яму лжи. Враг может говорить вам, что вас, как личность, определяет то, что́ вы делаете. Либо он будет вам внушать, что вам необходимо заслужить Божью любовь. Это абсолютная неправда. Уверовав во Христа, вы становитесь с Ним единым целым, будучи созданным для исполнения своего предназначения вместе с Ним. Вы действуете с позиции того, кто уже принят Богом, а не стремитесь заработать Его принятие. Ваша идентичность в Иисусе, как прощенного Божьего дитя, незыблема (Ин. 10:28). И когда вы принимаете истину, что Божьей благодати для вас достаточно (2 Кор. 12:9), в вас возникает желание, чтобы Божью безусловную любовь испытали и другие люди. **Ваша новая сущность в Иисусе побуждает вас свидетельствовать миру о Божьей сущности.**

> **Ученик:**
> Уверовавший учащийся или последователь, который придерживается учения и образа жизни своего учителя.

Перед тем как вернуться на небо, Иисус доверил нам, Его **ученикам**, Свою миссию – обращать к Нему новых последователей. Эта миссия, которая называется **Великим поручением**, настолько важна, что о ней пять раз упоминается в пяти разных книгах Библии.[1] Она связана с нашей новой идентичностью:

> «Итак, кто во Христе, тот новая тварь; древнее прошло, теперь все новое. Все же от Бога, Иисусом Христом примирившего нас с Собою и давшего нам служение примирения, потому что Бог во Христе примирил с Собою мир, не вменяя людям преступлений их, и дал нам слово примирения. Итак, мы – посланники от имени Христова, и как бы Сам Бог увещевает через нас; от имени Христова просим: примиритесь с Богом» (2 Кор. 5:17–20).

Независимо от того, что вы сделали, или, что было сделано вам, вы стали новым творением во Христе и были посланы в мир с особой миссией. Вы стали гражданами небес (Флп. 3:20), и вы теперь являетесь представителями Божьего Царства на земле. Вы, как Иосиф и Моисей, представляете Бога в чужеземной стране.

> **Великое поручение:**
> «И, приблизившись, Иисус сказал им: дана Мне всякая власть на небе и на земле. Итак, идите, научите все народы, крестя их во имя Отца и Сына и Святого Духа, уча их соблюдать всё, что Я повелел вам; и се, Я с вами во все дни до скончания века» (Мф. 28:18–20).

Чтобы быть достойными представителями Царства, нам нужно хорошо о нём знать. Можно начать с изучения того, чем Божье Царство не является. Оно не является земным (Ин. 18:36) или политическим царством (Мк. 12:13–17), призванным заменить нынешние государственные системы управления. Нам нужно исполнять государственные законы, если они не нарушают Божий закон (Рим. 13:1). Иисус говорил ученикам о необходимости платить налоги (Мф. 22:21). Он никогда не стремился к захвату политической власти. Наоборот, Он скрылся от толпы, которая хотела насильно сделать Его

---

1 Мф. 28:19–20; Мк. 16:15; Лк. 24:47; Ин. 20:21; Деян. 1:8. Более подробно об этом написано в контексте выполнения великого поручения.

царём (Ин. 6:15). Но Иисус проявлял духовную власть. Будучи представителями Иисуса, **мы являемся сосудами Его силы**, призванными оказывать положительное влияние на духовное состояние общества. С Божьей помощью и при Его водительстве мы можем защищать жизнь и отстаивать справедливость. Мы являемся хорошими представителями Иисуса, если движимы любовью.

Как это делать? Важно помнить, что Бог, Которому мы служим, невероятно добр, благ и мужествен. Много людей умирало ради спасения своих царей, но наш Царь, наоборот, Сам умер ради нашего спасения. Перед тем как призвать нас быть Его представителями, Он стал нашим представителем, претерпев наказание за наши грехи. «Он грехи наши Сам вознёс телом Своим на древо, дабы мы, избавившись от грехов, жили для правды» (1 Пет. 2:24). Мы любим Его и хотим быть достойными Его представителями, потому что Он возлюбил нас. Будучи представителями Иисуса, мы показываем миру, что в Божьем Царстве:

- правит любовь (а не ненависть);
- исцеляет прощение (а не месть);
- благословение приносит смирение (а не гордость);
- царствует благодать (а не внешняя религиозность).

Будучи представителями Иисуса, мы показываем Его мудрость. Божья мудрость может казаться миру странностью и даже глупостью (1 Кор. 1:20–25). Но если мы с верой следуем за Богом, мир увидит результаты: «И оправдана премудрость всеми чадами ее [*в современном анг. переводе Библии этот стих звучит так*: «*Но правота мудрости показывается через жизни тех, кто принимает её*» – *прим.переводчика*]». (Лк. 7:35). Порой даже неверующие люди неосознанно следуют библейским принципам. Истина остается истиной, независимо от того, верят люди в Божье Слово или нет. Божье Слово призывает нас направлять людей к источнику всей мудрости и говорить о Божьей истине с «любовью» (Еф. 4:15). Даже самые высокие умы могут найти в Божьем Слове ответы на свои глубочайшие вопросы.[1]

Мы показываем любовь Иисуса. Проявляя любовь и служа людям практическими способами, мы распространяем Божью любовь в мире, который жаждет любви. Божья любовь через нас изливается на других людей (Ин. 15:12). Мы любим «не словом или языком, но делом и истиною» (1 Ин. 3:18). Мы не просто желаем людям всего хорошего, но и восполняем их физические нужды (Иак. 2:16). Каждое проявление любви касается Самого Иисуса. Когда мы служим другим, мы служим и Ему:

> «Ибо алкал Я, и вы дали Мне есть; жаждал, и вы напоили Меня; был странником, и вы приняли Меня; был наг, и вы одели Меня; был болен, и вы посетили Меня; в темнице был, и вы пришли ко Мне». Тогда праведники скажут Ему в ответ: «Господи! Когда мы видели Тебя алчущим, и накормили? Или жаждущим, и напоили? Когда мы видели Тебя странником, и приняли? Или нагим, и одели? Когда мы видели Тебя больным, или в темнице, и пришли к Тебе?»
>
> И Царь скажет им в ответ: «Истинно говорю вам: так как вы сделали это одному из сих братьев Моих меньших, то сделали Мне» (Мф. 25:35–40).

Наше ощутимое проявление любви делает невидимого Бога видимым. «Бога никто никогда не видел. Если мы любим друг друга, то Бог в нас пребывает, и любовь Его совершенна есть в нас» (1 Ин. 4:12). Суть Божьего Царства – в настоящей любви, не только в чувстве, но и в деле. Божье Царство – это царство такой любви, которая думает о других и затем что-то делает для них.

Все законы Божьего Царства проистекают из Его великой любви к нам. В **Великой заповеди** наш Царь говорит о необходимости любить Бога всем своим сердцем, всей своей душой, всем своим разумом и всей своей силой. Нам также нужно любить других, как самих себя (Мк. 12:29–31). Десять Заповедей

---

1 Ответы на часто задаваемые вопросы относительно Библии вы можете найти на GotQuestions.org.

показывают, как это делать. Первые четыре заповеди учат, как любить Бога (Исх. 20:1–11), а последние шесть – как любить других (Исх. 20:12–17). (Когда Бог говорит: «Не делай то или это», Он тем самым говорит: «Не навреди себе или другим».) Начиная с искренней любви к Богу, мы далее можем проявлять эту любовь в своих отношениях с людьми. Таким образом, мы призываем других людей войти в Божье Царство, чтобы *лично* ощутить Божью

> **Великая заповедь:**
> «Иисус отвечал ему: первая из всех заповедей: «слушай, Израиль! Господь Бог наш есть Господь единый; и возлюби Господа Бога твоего всем сердцем твоим, и всею душою твоею, и всем разумением твоим, и всею крепостью твоею», – вот первая заповедь! Вторая подобная ей: «возлюби ближнего твоего, как самого себя». Иной большей сих заповеди нет»
>
> (Мк. 12:29–31).

любовь. «Итак, мы – посланники от имени Христова, и как бы Сам Бог увещевает через нас; от имени Христова просим: примиритесь с Богом» (2 Кор. 5:20).

Пусть другие через вас ощутят Божью силу, мудрость и любовь.

Пусть Библия говорит:

2 Коринфянам 5 (дополнительно – Исход 20:1–17)

Пусть ваш разум мыслит:

1. Как осознание того, что вы представитель Иисуса, меняет ваш взгляд на свою жизнь?

2. Вновь прочитайте Великое поручение (Мф. 28:18–20). Перечислите повеления Иисуса. Какое обетование Иисус дал ученикам?

3. Как вы можете сегодня проявить Божью любовь к другому человеку? Можете ли вы поделиться своей пищей с больным другом, улыбнуться одинокому ребенку и пообщаться с ним, ободрить измученную душу?

Пусть ваша душа молится:

Иисус, благодарю Тебя за доверенную мне миссию быть Твоим представителем. Насколько же это радостно проявлять к другим любовь, которую Ты изливаешь на меня! Помоги мне показывать Твою любовь миру, который так жаждет любви. В Твоём Слове сказано, что Ты приближаешь нас к Себе вечной любовью (Иер. 31:3). Пожалуйста, привлеки к Себе заблудших людей, проявив через меня Свою любовь к ним. Во имя Иисуса, аминь.

Пусть ваше сердце повинуется:

(Что Бог хочет, что бы вы познавали, ценили или делали?)

Наставляйте следующие поколения

«Род роду будет восхвалять дела Твои
и возвещать о могуществе Твоем».
Псалом 144:4

Вернемся к истории Моисея и израильтян. После великого проявления Божьей силы фараон освободил израильтян от уз египетского рабства. Однако вскоре после их исхода он передумал и вместе с со своим войском погнался за вслед за ними. Оказавшись перед Красным морем, почти двухмиллионный израильский народ запаниковал. Израильтяне думали, что оказались в ловушке и считали так до тех пор, пока Бог удивительным образом не разделил море и не провёл народ по суше. Затем Бог снова сомкнул стены морских вод над воинами и колесницами египетской армии, дабы защитить Свой избранный народ (Исх. 14).

Путь до обещанной Богом земли должен был занять около четырнадцати дней. Однако для израильского народа он длился целых сорок лет. Всего лишь через несколько дней после своего чудесного избавления народ начал роптать: «Мы хотим пить! Мы хотим есть!» Израильтяне даже захотели вернуться в Египет (Исх. 15–16). Бог удовлетворил их потребности внезапным и необычайным появлением небесной пищи (манны), однако израильтяне всё равно продолжали роптать. Они забыли о Божьей сущности. Они забыли о Его любви и доброте. Они поверили древней лжи сатаны, что Бог скрывал от них добро, что Он обманывал их и вёл к падению (Быт. 3:1–5). Сомнения и страх парализовали израильтян, и они отказались идти в Обетованную землю (Числ. 13–14). Итак, они утратили дарованную им привилегию и были вынуждены четыре десятилетия скитаться по пустыне. **Забывчивость опасна.**

Когда настало время их детям войти в Обетованную землю, **Бог уберег израильтян от их забывчивости** (Нав. 3–4). Он снова разделил воды, на этот раз в реке Иордан, которая в тот период вышла из берегов. После того как израильтяне по суше перешли Иордан, Бог повелел соорудить памятник из двенадцати камней, взятых со дна реки. Иисус Навин так объяснил предназначение этого каменного памятника:

> «И сказал сынам Израилевым: когда спросят в последующее время сыны ваши отцов своих: «что значат эти камни?», скажите сынам вашим: «Израиль перешел чрез Иордан сей по суше», ибо Господь, Бог ваш, иссушил воды Иордана для вас, доколе вы не перешли его, так же, как Господь, Бог ваш, сделал с Чермным морем, которое иссушил пред нами, доколе мы не перешли его, дабы все народы земли познали, что рука Господня сильна, и дабы вы боялись Господа, Бога вашего, во все дни» (Нав. 4:21-24).

Бог знал, что впереди израильтян ожидали трудные времена, и что Его народ может терять надежду. Поэтому, Он повелел соорудить памятник не для того, чтобы он осуждал израильтян за недостаток веры, а чтобы он напоминал, почему они могли доверять Богу. Двенадцать сложенных друг на друга камней служили видимым напоминанием о Божьей верности для всех людей во все времена. Больше никакой забывчивости о том, Кем является Бог и что Он сделал. Больше никаких сомнений в Божьей доброте и любви, но лишь твёрдая уверенность в Божьей абсолютной надежности. Этот каменный памятник помогает и нам сегодня выполнять своё предназначение. Изучив этот отрывок более внимательно, мы увидим, что памятник предназначался для трех групп людей:

1. **Все будущие поколения.**

   «*Когда спросят в последующее время сыны ваши отцов своих [...] скажите сынам вашим*» (Нав. 4:21–22). Каждый человек принимает решение – любить Бога или отвергать Его (Нав. 24:15). Вера матери не спасает её детей. Вера – это личный выбор каждого, и любой человек в каждом поколении сталкивается с одним и тем же выбором. Поэтому Бог повелел верующим наставлять в вере последующие поколения (Втор. 6:7). И самым эффективным способом делать это является личный пример искренней веры. Иисус повелел учить соблюдать всё, что Он заповедал, а не только учить тому, что Он заповедал (Мф. 28:20).

2. **Все народы.**

   «*Дабы все народы земли познали, что рука Господня сильна*» (Нав. 4:24). Будучи представителями Бога, мы проявляем Его любовь ко всем людям, независимо от того, где они живут – через дорогу или на другой стороне планеты (Деян. 1:8). Для Божьей любви нет границ. Поэтому и мы не устанавливаем границ того, как, где и кому Бог будет изливать Свою любовь. Завтра мы поговорим о том, как достигать Евангелием наших соседей и народы вокруг нас.

3. **Все верующие.**

   «*Дабы вы боялись Господа, Бога вашего, во все дни*» (Нав. 4:24). Бог желает, чтобы мы искренно Его любили и чтили Его с внутренним благоговением. Имея надлежащие и благоговейные отношения с Богом, мы «боимся» Его огорчить. Мы восхищаемся Им и проявляем послушание Ему из искренней благодарности. Позже (День 19) мы больше поговорим о том, как прославлять Бога.

Таким образом, эти памятные камни древних израильтян даже доныне показывают нам, *как выполнять своё предназначение* любить Бога и быть послушными Ему, любить всех людей и обращать к вере новых учеников. Простой способ запомнить наше изменение в позиции – изменить нашу перспективу: смотреть вниз, смотреть вдаль и смотреть вверх. Мы *смотрим вниз*, чтобы учить следующее поколение, *смотрим вдаль*, чтобы достичь наших соседей и нации, и *смотрим вверх*, чтобы прославить Бога.

Сегодня мы рассмотрим, как нам наставлять последующее поколение. Бог с самого начала сделал это приоритетом, потому что у каждого человека есть выбор – доверять Ему или нет. Бог избрал Авраама, чтобы тот наставил следующее поколение (Быт. 18:19). Даже если у вас нет своих детей, Бог даст вам *духовных* детей для наставления. Наставляйте и любите их, как своих детей. У апостола Павла не было биологических детей, но он многих верующих, таких как Тимофей и Тит, называл своими «детьми». Павел из собственного опыта знал, что у несемейных людей больше возможностей для наставления многих людей (1 Кор. 7:32–34).

Большинство людей считает, что наставлять других – это сложно, но посмотрите на примеры апостолов. Они наставляли верующих, посещая их, составляя письма и молясь за них. Мы можем делать то же самое. Лучший способ наставлять других – это уделять им своё время. Весьма эффективными являются еженедельные встречи для ободрения и доброжелательной подотчетности, что, кстати, полезно и для вашего духовного возрастания также. (В качестве примера рассмотрите «Еженедельные встречи».)

Вам не нужно для этого быть экспертом. Просто прочитайте вместе отрывок из Писания и ответьте на вопросы. Поделитесь с людьми тем, что вы узнали из текста, но делайте это кротко и вежливо (без проявления гордости и властолюбия). Если вы не знаете ответа на вопрос, просто скажите об этом. Исследуйте библейские тексты и просите мудрости у Святого Духа. Важно не только делиться мудростью, но и ободрять друг друга. Поддерживайте других в их хождении с Богом. Одним из лучших способов помочь другому человеку – это рассказать о собственных трудностях. Расскажите, как Бог исцелил ваше сердце и ответил на ваши молитвы.

Чтобы делиться своими историями, важно помнить, как Бог действовал в ваших жизнях. А помнить не всегда просто. Мы склонны забывать о Божьей любви, излитой на нас в Иисусе, и думать лишь о невосполненных потребностях и неотвеченных молитвах. Бог неоднократно призывает нас помнить о Его делах так же, как Он призывал к этому израильтян: «Вспомните прежде бывшее, от начала века, ибо Я Бог, и нет иного Бога» (Ис. 46:9). **Иисус знал о нашей проблеме с памятью. Поэтому, Он повелел нам проводить Причастие (Вечерю Господню).** Когда мы принимаем Причастие, вино (или виноградный сок) напоминает нам о крови Иисуса, которая была пролита за нас. Хлеб напоминает нам о теле Иисуса, которое было распято за нас (Лк. 22:17–20; 1 Кор. 11:23–26). Хотя Причастие предназначено только для верующих (1 Кор. 11:27), неверующие могут спросить о нём, и у нас появляется ещё одна возможность рассказать им о жертве Иисуса.

Еженедельные встречи

Как бы ни проводились еженедельные встречи (по телефону, онлайн или в формате личного участия), они эффективны для духовного возрастания. Рассмотрите простой план для каждой встречи:

1. **Прошлое.** За что вы благодарны из прошлой недели? Что вас, напротив, беспокоит? Пусть каждый вкратце расскажет о себе. Затем один человек молится и просит Бога направлять эту встречу. Далее для сохранения подотчётности друг перед другом проводится анализ достижения целей, поставленных для прошлой недели.

2. **Настоящее.** Чему Бог учит вас сегодня? Прочитайте два раза отрывок из Писания и ответьте на следующие вопросы:

   а. Что мы узнали о Боге?

   б. Что мы узнали о людях?
      Хорошее? Плохое?

   в. Что Бог хочет, чтобы мы познавали, ценили или делали?

3. **Будущее.** Как применить на практике то, что мы изучили сегодня? Каждый участник встречи определяет цели. Встреча заканчивается молитвой.

(Смотрите Приложение «План еженедельных встреч»)

Вы можете создать семейную реликвию для своих детей, создавая собственные «памятные камни». Ведите дневник веры или ставьте на видное место символы, напоминающие вам о Божьей верности в вашей жизни. Эти памятные знаки помогут вам говорить об уроках веры в своих ежедневных беседах с представителями следующего поколения. Эти незапланированные повседневные разговоры, которые вы проводите, «сидя в доме [своем], и идя дорогою, и ложась, и вставая» (Втор. 6:7), часто предоставляют возможности поделиться величайшими духовными истинами. Вера передаётся в постоянном диалоге и ежедневно отображается в наших отношениях друг с другом (1 Фес. 2:8). Следующее поколение нуждается в познании Бога больше, чем в чём-либо другом, что мы можем ему дать.

А наиболее памятным знаком проявления Божьей силы служит ваша измененная жизнь.

Пусть Библия говорит:

Второзаконие 6:1–7 (дополнительно – Псалом 144)

Пусть ваш разум мыслит:

1. Мы призваны учить других людей соблюдать всё, что заповедал Иисус (Мф. 28:20). О чём нам важно помнить, когда мы учим других?

2. Как Бог действовал в вашей жизни? Составьте перечень памятных событий или ответов на молитвы, которые напоминают вам о Божьей верности в вашей жизни.

3. Еженедельные встречи важны для возрастания, ободрения и подотчётности. Если вы не участвуете в таких встречах, молитесь о том, чтобы вам присоединиться к ним, или сами начните проводить такие встречи. Кого вы можете наставлять?

Пусть ваша душа молится:

Отче, Ты обращаешься к каждому поколению (Ис. 41:4).
В Твоем Слове сказано: «Потомство мое [...] будет называться Господним вовек: придут и будут возвещать правду Его людям, которые родятся, что сотворил Господь» (Пс. 21:31–32).
Покажи мне тех, кого из следующего поколения мне нужно наставлять. Помоги мне передавать моё знание о Тебе и своей жизнью проявлять истинную веру. Во имя Иисуса, аминь.

Пусть ваше сердце повинуется:

(Что Бог хочет, что бы вы познавали, ценили или делали?)

Достигайте соседей и народы

«Итак, идите, научите все народы, крестя их во имя Отца и Сына и Святого Духа, уча их соблюдать всё, что Я повелел вам».
Матфея 28:19–20

У тех памятных камней со дня реки Иордан было бо́льшее предназначение, чем просто напоминать о Божьей благости израильтянам и их потомкам. Представители окружающих народов также видели эти камни, которые напоминали им о бессилии их богов. Бог Израиля разделил Красное море и реку Иордан, «дабы все народы земли познали, что рука Господня сильна» (Нав. 4:24). Высушив реку Иордан, когда та выходила из берегов, Бог обесславил бога реки, которому поклонялись местные жители. В тот миг Бог показал народам, что «[Он] Бог, и нет иного Бога, и нет подобного [Ему]» (Ис. 46:9). «Ибо велик Господь и достохвален, страшен Он паче всех богов» (Пс. 95:4). Даровав спасение Своему народу, единый истинный Бог обесславил всех лжебогов.

Будучи представителями Царя Иисуса, мы провозглашаем о ещё более удивительном избавлении – об избавлении от греха (Дни 3 и 4). Проявление Божьей силы в разделении вод несравнимо с проявлением Его силы, «которою Он воздействовал во Христе, воскресив Его из мертвых» (Еф. 1:20). Дарование пути для перехода народа через реку было чудом. Дарование пути для возвращения грешных людей к Богу – ещё более чудесно. Но Бог это сделал не только для одного народа, но для *всех* народов, даже тех, которые поклоняются лжебогам. Поскольку Бог пожертвовал Своим Сыном ради всех народов, мы возвещаем о жертве Его Сына всем народам.

Мы будем говорить миру о Его жертве до тех пор, пока о ней не услышат во всяком месте (Мф. 24:14). «Ибо так возлюбил Бог *мир*, что отдал Сына Своего Единородного» (Ин. 3:16, курсив добавлен). **Иисус пришёл ради всего мира, а не только ради Израиля. Бог сказал Иисусу:** «Мало того, что Ты будешь рабом Моим для восстановления колен Иаковлевых... Я сделаю Тебя светом народов, чтобы спасение Мое простерлось до концов земли» (Ис. 49:6). Иисус пришёл спасти всех людей, поэтому и мы все, мужчины и женщины, должны идти ко всем людям, независимо от их национальности, пола или социального статуса. Все мы носители Божьего образа и грешники, нуждающиеся в благодати. Ни предубеждения, ни стыд, ни социальный дискомфорт не должны отвращать нас от свидетельства о Христе. Подумайте о людях, которых вам труднее всего любить, которые совершенно не похожи на вас. Иисус любит их так же, как Он любит и вас. Он умер за них и желает их спасти. *Скажите им об этом. Как? Слушайте, изучайте и любите.*

СЛУШАЙТЕ

Слушайте голос *Святого Духа*. Молитесь:

- Господи, дай мне возможность рассказать о Твоей любви _____.Открой их сердца. Даруй мне нужные слова (Лк. 12:12).
- Господи, есть ли в моём окружении тот, кто ищет Тебя? Помоги мне поговорить с ними о Тебе.

Слушайте о *нуждах*.

- Перемены в жизни часто являются теми моментами, когда люди ищут водительства и готовы услышать Божью Истинную Историю.

- Во время испытаний люди часто больше осознают свою потребность в Боге. Слушайте рассказы людей об их трудностях, о боли, о стрессе, о переживаниях, о важных решениях и о том, что их тревожит.

ИЗУЧАЙТЕ

Вы услышали, и Святой Дух побудил вас рассказать о любви Иисуса. Что теперь делать? Задавайте вопросы. Ознакомьтесь с историей людей и попросите у них разрешения поделиться вашей историей.

1. Ознакомьтесь с *их историей*, в том числе с их верованиями. Задавайте вопросы. Это лучше всего помогает понять другого человека или начать разговор на духовные темы. Выслушайте ответы на ваши вопросы. Не пытайтесь исправлять людей, когда они вам отвечают. Умение слушать – это проявление любви. Задайте один или несколько из нижеперечисленных вопросов:

- Во что вы верите?
- Вы верите в Бога?
  - Если да, то спросите: «Кем для вас является Бог?»
  - Если нет, тогда спросите: «Вы когда-нибудь думали о Боге?» (Даже если они ответят «нет», вы все равно можете задать следующий вопрос, чтобы продолжить разговор на духовную тему.)
- Кем, по вашему мнению, является Иисус? Ответы на этот вопрос могут раскрыть духовное состояние человека (ответ «Иисус – Божий Сын» отличается от ответа «Иисус – *мой Бог*»).
- Кто-нибудь уже рассказывал вам об Иисусе?
- Возникало ли у вас желание оказаться на небесах после вашего ухода с этого мира? Вы знаете, как туда попасть?

2. Слушайте внимательно и попросите разрешения поделиться *вашей историей*.

Слушайте, чтобы понять, как вам объединить вашу историю с историей тех, с кем вы общаетесь. Помните, что ваша цель не состоит в том, чтобы вести разговор о себе. Ваша цель в том, чтобы найти способ сказать: «Я понимаю», или: «Мое мнение такое же». Затем расскажите, как изменилась ваша жизнь, когда кто-то поделился с вами Божьей Историей.

Вы можете задать один из следующих вопросов, чтобы понять, продолжать разговор далее или нет:

- Могу ли я поделиться с вами доброй вестью, изменившей мою жизнь?
- Могу ли вам рассказать, как я обрёл личные отношения с Богом?
- Если ваш собеседник испытывает трудности, спросите: «Могу ли я рассказать, что мне помогло прожить трудное время в моей жизни?»

Если вы не получили позволения продолжить разговор, не продолжайте. Просто ободрите их и скажите, что вы всегда готовы продолжить этот разговор, если они этого захотят. Вы не потерпели неудачу: вы сделали то, к чему вас призвал Бог. Молитесь за этих людей и ждите, когда они будут готовы принять ваши слова. Вдохните глубже и помните, что это Бог приближает их к Себе (Ин. 6:44). Ваша же ответственность – быть Его свидетелем.

Как быстро поделиться своей историей

Вы знаете, как поделиться своей историей отношений с Богом (или своим свидетельством)?

Кратко опишите свою жизнь до и после встречи с Иисусом. Например:

«В моей жизни был период, когда мне было [страшно], и жизнь казалась [безнадежной].

Но потом я был прощен Иисусом, и решил следовать за Ним. И моя жизнь изменилась.

Теперь в моем сердце царит [мир], и моя жизнь имеет [цель]. Но самое главное – это мои отношения с Богом».

У вас есть похожая история?

Источник: #NoPlaceLeft

ЛЮБИТЕ

Изложение вашей истории ведёт к изложению Божьей Истории, самой прекрасной истории любви. И наиболее естественным будет *совместное* изложение вашей истории и Божьей Истории. Бог даровал вам уникальную историю, которая может помочь другим, поэтому, не бойтесь о ней рассказывать. Ваша история может повествовать об исцелении от насилия, о радости во время страданий или об осознании Божьего предназначения для вас. Рассказывая о своей истории и об истории спасения, дарованного Иисусом, не забудьте о четырех важных компонентах. Евангельское послание похоже на четыре части Божьей Истории, о которых мы говорили на первой неделе. Чтобы вам было легче запомнить составляющие евангельского послания, проведем аналогию с рецептом. **Хлеб Евангелия** должен содержать четыре ингредиента, чтобы люди могли всецело понять его значение. Рассмотрим каждый из ингредиентов.

1. **Бог любит нас.** Расскажите, как мы были созданы Богом для того, чтобы прославлять Его и испытывать Его совершенную любовь. Бог желает, чтобы мы познавали Его и имели с Ним близкие отношения – сейчас и всегда. «Ибо так возлюбил Бог мир, что отдал Сына Своего Единородного, дабы всякий, верующий в Него, не погиб, но имел жизнь вечную» (Ин. 3:16).

2. **Грех разделяет нас.** Расскажите, как грех разрушил наши любящие отношения с Богом. Грех означает невыполнение Божьей воли в своем отношении или в своих поступках. Жизнь в непокорности Божьей воле разделяет нас с Ним и приводит к нашей смерти (Ис. 59:2; Рим. 6:23). Безгрешных людей нет. «Все согрешили и лишены славы Божией» (Рим. 3:23).

3. **Иисус спасает нас.** Расскажите, что Бог настолько сильно нас любит, что не захотел, чтобы мы оставались отделенными от Его любви. Бог послал Своего Единственного Сына Иисуса, чтобы спасти нас от

наказания за грех и даровать нам новую вечную жизнь. «Бог Свою любовь к нам доказывает тем, что Христос умер за нас, когда мы были еще грешниками» (Рим. 5:8). Спасение даётся по Божьей благодати через Иисуса Христа, а не по нашим стараниям или добрым делам (Еф. 2:8–9).

4. **Покаяние и вера меняют нас.** Расскажите, что, если мы оставляем свои грехи и возлагаем надежду только на Иисуса, Он делает нас новым творением (2 Кор. 5:17). Бог восстанавливает наши отношения с Ним, и однажды мы будем вместе с Ним на небесах, в нашей совершенной обители. «Ибо если устами твоими будешь исповедовать Иисуса Господом и сердцем твоим веровать, что Бог воскресил Его из мертвых, то спасешься, потому что сердцем веруют к праведности, а устами исповедуют ко спасению» (Рим. 10:9–10). Вера и покаяние идут рука об руку.

Это похоже на четыре составляющие Божьей Истории (Неделя 1). Однако четвертая часть содержит самое значительное различие. Покаяние и вера – это выбор принять дар спасения, которое дарует людям Христос, и этот шаг ведёт к новой жизни (восстановлению). Как невозможно сделать хлеб без муки, так и Евангелие теряет свою суть без всех четырех частей. (Подумайте, как исключение хотя бы одного элемента повлияет на всё послание.) Святой Дух может побуждать вас возвещать послание Иисуса разными способами разным людям в разных местах. Но во всём этом важно наличие всех четырех компонентов. (Запомните ключевые слова: *любовь, грех, Иисус, покаяние и вера*.)

Свидетельство об Иисусе требует от вас проявления смелости. Вначале вам может быть немного некомфортно в проведении бесед на евангельскую тему, однако с каждым разом вам будет легче это делать. Если вы боитесь рассказывать о своей вере, вспомните израильтян. Они вошли в бурлящие речные воды *до того*, как Бог осушил для них путь. Бог принял их шаг веры, и Он то же сделает для вас. Поэтому не верьте лжи, что люди не хотят слышать об Иисусе. Движущей силой большинства мировых религий является страх, а движущая сила послания Иисуса – любовь, и это и Благая весть, лучшая весть, которой вы можете поделиться со страдающим миром.

Инструменты для свидетельства о вере
В приложении вы найдете инструменты под названием «**3 круга**» и «**Слушайте, изучайте, любите, Господь**», которые помогут вам свидетельствовать. Похожие инструменты используются во всём мире. (Загрузить цифровые копии можно на allinmin.org.)

На небесах мы увидим «великое множество людей, которого никто не мог перечесть, из всех племен, и колен, и народов, и языков, [и которое] стояло пред престолом и пред Агнцем [...] И восклицали громким голосом, говоря: спасение Богу нашему, сидящему на престоле, и Агнцу!» (Откр. 7:9–10). Будем приглашать как можно больше людей быть вместе с нами в тот день.

Пусть Библия говорит:

Римлянам 10:9–17 (дополнительно – 1 Петра 3:15)

Пусть ваш разум мыслит:

1. Иисус пришёл ради всех людей. Какого человека или какую группу людей вам сложно любить? Сознайтесь в этом предубеждении и раскайтесь в нём. Как сейчас вы можете проявить к этим людям Божью любовь?

2. Пройдите раздел «Слушайте, изучайте, любите, Господь» в Приложении, чтобы подготовиться и научиться свидетельствовать другим об Иисусе. На еженедельных встречах анализируйте использование этого инструмента.

3. Несколько раз попрактикуйтесь с другом в изложении своей истории и Божьей Истории.

Пусть ваша душа молится:

Отче, Ты Творец всей земли, и Ты хочешь спасти все народы. В Твоем Слове сказано: «Жатвы много, а делателей мало; итак, молите Господина жатвы, чтобы выслал делателей на жатву Свою» (Мф. 9:37–38). Пожалуйста, пошли больше тех, кто будет проявлять к людям Твою любовь, в том числе и меня. Покажи мне, куда идти и что говорить. Во имя Иисуса, аминь.

Пусть ваше сердце повинуется:

(Что Бог хочет, что бы вы познавали, ценили или делали?)

Прославляйте Бога

«Буду восхвалять Тебя, Господи, Боже мой, всем
сердцем моим и славить имя Твое вечно».
Псалом 85:12

Сегодня мы поговорим о величайшей цели, о самом главном предназначении памятных камней израильтян, о предназначении, которое побуждает нас достигать поколения, соседей и народы,

о предназначении для всего творения,

о предназначении для всех существ и

о предназначении для Самого Иисуса Христа:

прославлять Бога.

Как мы говорили в начале этого путешествия веры, **и Божья История, и ваша история – о Божьей славе**. Божий акцент на Его славе может показаться надменным, эгоистичным и даже тираничным, но это не так. Бог – не один из нас. Его пути выше наших путей, и Его мысли выше наших мыслей (Ис. 55:9). Когда мы прославляем себя, мы проявляем свою надменность, но, когда Бог прославляет Себя, Он прав. Он и тирания – совершенно противоположные понятия:

- Тиран берёт, Бог даёт (Деян. 17:25).
- Тиран заставляет работать, Бог предлагает покой (Мф. 11:28).
- Тиран держится за власть, Бог отказался от власти (Флп. 2:5–11).

- Тиран убивает своих врагов, Бог (в человеческом облике Иисуса) умер, чтобы спасти Своих врагов (Рим. 5:10).

Бог не тиран. Это обман врага, который с самого начала говорил ложь о Боге. Подобную ложь враг говорит и нам сегодня. Пожалуйста, не верьте этой лжи. Бог не обманывает нас, не манипулирует нами, не скрывает от нас добро и не пользуется нами (Числ. 23:19).

Когда мы прославляем Бога, мы не поклоняемся тирану, мы восхищаемся добрым Отцом. Мы прославляем Его любовь, благоговеем перед Его силой и покоимся в Его мире. Он благ и достоин нашей хвалы. Давайте сделаем небольшую паузу и подумаем о том, Кем является единый истинный Бог. **Прочитайте вслух следующие стихи**, чтобы направить ваши мысли в нужном направлении. Под этими стихами вы можете добавить ваши любимые библейские описания Бога.

Мой Бог...

- *Альфа и Омега, начало и конец, Первый и Последний* (Откр. 22:13).

- *Человеколюбивый и милосердый, долготерпеливый и многомилостивый и истинный* (Исх. 34:6).

- *Бог богов и Владыка владык, Бог великий, сильный и страшный* (Втор. 10:17).

- *Чудный, Советник, Бог крепкий, Отец вечности, Князь мира* (Ис. 9:6).

-

-

Что вы чувствуете? Смирение? Благодарность? Изумление? Посидите в тишине и прославьте Бога. Только Он достоин всей нашей хвалы (Втор. 10:21). Он добрый, милостивый, мудрый, чистый, прекрасный, героичный и истинный. Псалмопевец написал: «Ты – Господь мой; блага мои Тебе не нужны» (Пс. 15:2).

Почему мы прославляем Бога? Бог создал нас для Своей славы (Ис. 43:7). И только Он достоин нашей хвалы (Пс. 144:3).

Как мы прославляем Бога? Мы прославляем Бога, любя Его, воздавая Ему нашу хвалу, повинуясь Его Слову и *боясь* Его.

Мы можем недоумевать, как страх перед Богом прославляет Его. В Библии слово **страх** имеет много значений, но в этом контексте *страх* означает почтение и благоговение перед Божьей Личностью, перед Его силой и статусом. Как можно любить того, кого мы боимся, и как можно бояться того, кого мы любим? Однако в отношении Бога любовь к Нему и страх перед Ним – вполне совместимые понятия.

Представьте, что мы делаем одно без другого. Подумайте, что может произойти, если мы боимся Бога, но не любим Его. Мы будем далеки от Него. Мы будем выполнять Божьи повеления, но не будем стремиться к отношениям с Ним. Слыша о Божьем величии в святости и о Его чудесности в делах (Исх. 15:11), мы можем чувствовать себя ничтожными. Мы знаем, что Божий статус позволяет Ему судить грех, поэтому мы можем беспокоиться о том, что Он сделает, если мы совершим ошибку.

> **Страх Божий:** Почтение и благоговение перед Божьей Личностью, перед Его силой и положением. Верующие, искренно любя Бога, «боятся» Его огорчить.

В Писании мы читаем, что Бог не прославляется в страхе без любви. Учитель закона спросил у Иисуса: «Какая заповедь самая важная?» В иудейском законе содержалось 613 дополнительных заповедей[1], которые со временем были добавлены к Десяти

---

1 Впервые о числе 613 было упомянуто в третьем столетии после Р.Х. рабби Симлаем, который разделил 631 мицвот на 248 предписаний (что можно делать) и 365 запретов (что нельзя делать). Со времен первого упоминания об этом числе многие составляли перечни из 613 заповедей. Наиболее значимым считается перечень, составленный Маймонидом в 12-ом столетии в его «Книге заповедей». «Mitzvot,» ReligionFacts.com, June 22, 2017, www.religionfacts.com/mitzvot.

Заповедям, и этот учитель закона, вероятно, уже устал стараться их все выполнять. Он боялся Бога, но любил ли он Его? Проанализируйте ответ Иисуса:

«Иисус отвечал ему: первая из всех заповедей: «слушай, Израиль! Господь Бог наш есть Господь единый; и возлюби Господа Бога твоего всем сердцем твоим, и всею душою твоею, и всем разумением твоим, и всею крепостью твоею» (Мк. 12:29–30).

Хотя этот богобоязненный учитель соблюдал закон, Иисус сказал ему, что любить Бога важнее всего. Он это сказал, потому что в страхе без любви нет места настоящим отношениям. **Помните, что любить и бояться Бога нужно не ради того, чтобы попасть на небеса, а ради живых отношений с Небесным Отцом.** Страх провести вечность без Бога может побудить вас следовать за Иисусом. Благодаря последующему познанию Иисуса в вас возрастает любовь и меняется страх. Вы больше не боитесь Бога, потому что совершенная любовь изгоняет страх (1 Ин. 4:18). Вместо этого у вас возникает благоговейный страх перед Богом, побуждающий вас любить Бога и прославлять Его всем своим существом.

Давайте рассмотрим, что происходит, когда мы любим Бога, но не боимся Его. Мы относимся к Богу небрежно, мало обращая внимания на Его положение и на Его заповеди, игнорируя последствия наших греховных решений. Мы относимся к Нему, как к некой данности. Часто мы видим это в контексте человеческих отношений. К тем, кого мы больше всего любим, мы иногда относимся хуже, чем к незнакомым людям.

Это объясняет, почему главное предназначение тех памятных камней для израильтян состояло в том, чтобы они «боялись Господа, Бога вашего, во все дни» (Нав. 4:24). Бог хотел иметь надлежащие отношения со Своим избранным народом и с будущими поколениями. Тем, кто боится Бога, обещаны великие благословения, сокровища (Ис. 33:6):

- **Страх Божий защищает нас от угождения людям.**
  Иисус призывал учеников бояться Бога, а не других
  людей (Мф. 10:28). Страх Божий может спасти вас от
  опасной ловушки поиска одобрения или хвалы от людей,
  вместо стремления к хвале Богу (Притч. 29:25; Ин. 5:44).
- **Страх Божий делает нас смелыми.** Если мы
  действительно боимся Бога, все остальные страхи просто
  исчезают (Мф. 10:28; Евр. 13:6).
- **Страх Божий делает нас мудрыми.** «Начало мудрости –
  страх Господень» (Притч. 9:10).
- **Страх Божий защищает нас от греха.** Если мы боимся
  Бога, мы ненавидим грех, потому что он несовместим
  с Божьей природой и служит препятствием для наших
  отношений с Ним. Если мы боимся Бога, мы убегаем
  от греха (Притч. 16:6). Страх Божий и избегание греха
  защитят нас от опасных последствий греха и могут даже
  продлить наши жизни (Притч. 10:27).

Однако страх Божий, благоговение перед Ним, не всегда
возникает в нас естественным образом. Наша греховная природа
побуждает нас пренебрегать Божьей славой и стремиться
к собственной славе. Итак, что нам нужно делать, чтобы в нас
развивался любящий страх Божий?

- **Просите у Бога помощи.** Просите Его наполнить вас
  благоговением перед Ним, научая вас Его путям (Пс. 85:11).
- **Размышляйте над Божьим Словом**, особенно над
  стихами (как вышеперечисленные), которые описывают
  Божий характер. Божье откровение в Его Слове должно
  наполнять нас благоговением (Пс. 118:120).
- **Наслаждайтесь красотой и силой творения.** Прочитайте
  Псалом 18 и посмотрите, как Божья слава в Его творении
  ведет наши сердца к страху Божьему.[1]

---

1 О Божьем величии во вселенной прочитайте Божий ответ Иову, описывающий
сотворение и управление миром (Иов 38–42).

- **Помните о могущественных делах Бога.** Помните всё, что Бог сделал для вас. Ежедневно размышляйте о Его могущественных делах в творении, в человеческой истории и в вашей жизни (Пс. 76:12–13).

Любовь к Богу и страх перед Ним помогают нам прославлять Его и повиноваться Ему. Иисус сказал: «Кто имеет заповеди Мои и соблюдает их, тот любит Меня; а кто любит Меня, тот возлюблен будет Отцом Моим; и Я возлюблю его и явлюсь ему Сам» (Ин. 14:21). Если мы соблюдаем Божьи заповеди, чтобы с Его любовью достигать поколения, соседей и народы...

Божья слава служит нашей мотивацией,

Божья слава является нашим посланием,

Божья слава – это наша цель, и

Божья слава – наша награда!

Пусть Библия говорит:

Псалом 18 (дополнительно – Псалом 127)

Пусть ваш разум мыслит:

1. Прочитайте Псалом 18 и обратите внимание, где и когда раскрывается Божья слава. Страх Божий чист (стих 10) и является правильным откликом на Его славу. Как вы думаете, почему Бог заслуживает прославления?

2. Почему важно любить Бога и бояться Его?

3. Как любовь к Богу и страх перед Ним побуждает вас выполнять свое предназначение?

Пусть ваша душа молится:

Господь Бог, Иисус воскликнул к Тебе: «Отче! Прославь имя Твое» (Ин. 12:28). Я также хочу прославлять Тебя. Помоги мне любить Тебя с благоговением и выполнять Твой труд в Твоей силе и только для Твоей славы. «Будь превознесён выше небес, Боже; над всею землею да будет слава Твоя» (Пс. 107:6). Во имя Иисуса, аминь.

Пусть ваше сердце повинуется:

(Что Бог хочет, что бы вы познавали, ценили или делали?)

Прославляйте Бога
в поклонении

«Все народы, Тобою сотворенные, придут и поклонятся
пред Тобою, Господи, и прославят имя Твое».
Псалом 85:9

Если вы присутствовали на церковном богослужении, вы, вероятно, слышали призыв к поклонению. В ходе служения кто-то объявляет: «Теперь давайте поклонимся Господу». Звучит музыка, и все встают для общего пения. Хотя музыкальное поклонение связано с игрой на инструментах и пением, само поклонение подразумевает значительно больше. Это не «разогрев» перед проповедью. Это не время развлечения. Во время поклонения мы объединяем свои сердца и голоса, чтобы прославить Бога за Его безмерное величие. Но поклонение – это не только *музыкальное* поклонение. Это не просто пение песен. Когда мы поклоняемся Богу, мы приносим Ему всего себя. Всё, кем мы являемся. Всё, что мы делаем. И всем своим существом мы прославляем Бога.

Вчера мы узнали, как любовь к Богу и страх перед Ним прославляют Его. **Этот любящий страх Божий, проявление нашего благоговения перед Ним и глубокой любви к Нему, переходит в поклонение.** Ранее (День 9) мы уже говорили, что:

• Поклонение – это преклонение перед Тем, Кто управляет нашими сердцами.

- Поклонение – это восхваление Бога, Его природы и Его дел.
- Поклонение – это посвящение себя Богу. Пение, выступление с речью, труд, игра, служение и даже страдание – все становится актом поклонения, если мы это делаем ради прославления Бога.
- Поклонения достоин только Бог.

Дав определение поклонению, опишем теперь, как происходит поклонение (*прославляющее Бога*) на практике. Как прославлять Бога в поклонении?

Поклоняйтесь страстно. Наше поклонение проистекает из наших близких отношений с Богом; оно совершается в Истине, которую мы знаем о Нем, и в Духе, Который помогает нам восхищаться Им (Ин. 4:23–24). Библия призывает нас славить Бога с радостью и благодарением. Но *когда Библия говорит о поклонении*, тон меняется. «Придите, поклонимся и припадем, преклоним колени пред лицом Господа, Творца нашего; ибо Он есть Бог наш» (Пс. 94:6–7). При описании поклонения часто указывается на преклонение колен, на внешнюю позу, отображающую внутреннее смирение и посвящение. Мы смиряем себя, осознавая, Кому мы поклоняемся – Тому, Чью славу провозглашают звезды. Тому, перед Кем трясутся горы. Тому, в Чём присутствии трепещет земля (Наум 1:5). Если вся природа так пылко поклоняется Творцу, ревностно поклоняться можем и мы. Ревностное личное поклонение является искренним признанием Бога Господом всей нашей жизни.

Поклоняйтесь сосредоточенно. Мы можем прославлять Бога, игнорируя или заглушая всё то, что нас отвлекает, и, сосредотачивая всё своё внимание на Том, Кому мы поклоняемся. Закройте глаза. Склоните голову. Делайте всё необходимое для того, чтобы всецело сосредоточиться на Боге. Попросите Святого Духа помочь вам лучше осознавать Божье присутствие. Учитесь познавать Его мысли во время поклонения и чтения Божьего Слова. Позвольте Богу обличать, ободрять и утешать вас в процессе того, как вы возрастаете в своих отношениях с Ним. «[Взирайте] на начальника и совершителя веры Иисуса» (Евр. 12:2), чтобы вам прославлять Бога в поклонении.

Поклоняйтесь щедро. Мы поклоняемся тому, что управляет нашими сердцами, однако через наши ресурсы мы можем влиять на то, что именно будет управлять нашими сердцами. «Ибо где сокровище ваше, там будет и сердце ваше» (Мф. 6:21). Даяние – это привилегия, которой мы пользуемся, потому что мы любим Господа и стремимся к расширению Его Царства. «При сем скажу: кто сеет скупо, тот скупо и пожнет; а кто сеет щедро, тот щедро и пожнет. Каждый уделяй по расположению сердца, не с огорчением и не с принуждением; ибо доброхотно дающего любит Бог» (2 Кор. 9:6–7).

Бог хочет, чтобы мы наслаждались теми благами, которые Он нам даёт, но Он также повелевает нам использовать эти ресурсы для поддержки тех, кто проповедует Его Слово.[1] Как мы узнали в Дне 16, заботясь о нуждах других людей, мы служим Самому Иисусу (Мф. 25:40). Используйте свои деньги для добрых дел и помощи нуждающимся людям (2 Кор. 8–9; 1 Тим. 6:17–19). Но сколько и как часто? «В первый день недели каждый из вас пусть отлагает у себя и сберегает, сколько позволит ему состояние» (1 Кор. 16:2). Давайте лично, регулярно и пропорционально. Помните, что все ваши деньги принадлежат Богу (Пс. 23:1; 49:10).[2] **Нам нужно быть хорошими управителями, ответственными перед Ним за то, как тратятся средства, которые Он нам доверил.** «Даром получили, даром давайте» (Мф. 10:8). Богу

---

1 Мф. 10:10; Лк. 10:7; 1 Кор. 9:6–14; и 1 Тим. 5:17–18.
2 Ron Blue, *Never Enough? Three Keys to Financial Contentment* (Nashville: B&H Publishing Group, 2017), 20.

Даяние – это вопрос между вами и Богом. Ему известны ваши обстоятельства, и в вашем даянии Он смотрит на сердце. Иисус указал на щедрость двух женщин: одна дала мало, другая дала много, но *обе* дали жертвенно. Первая женщина, бедная вдова, дала всего несколько монет, но это было всё её состояние. Иисус это заметил и похвалил её за жертвенный дар (Лк. 21:3–4). Другая женщина излила целый сосуд очень дорогого мира, как акт поклонения своему Избавителю (Ин. 12:3–9). Некоторые посчитали её щедрость расточительством, но Иисус увидел в её поступке жертвенное сердце. **Богу не важен размер вашего дара, Ему важно ваше сердце.**

известны наши обстоятельства, и в нашем даянии Он смотрит на наше сердце.

Деньги – не единственный наш ресурс. **У нас также есть время и таланты.** «Чтобы они [...] богатели добрыми делами, были щедры и общительны» (1 Тим. 6:18). Будучи Божьими представителями, инвестируйте своё время в развитие отношений. Если мы заботимся о больных, ободряем измученные души и свидетельствуем другим об Иисусе, мы совершаем даяния, укрепляющие Божье Царство.

Поклоняйтесь искренно. Бог знает нас лучше, чем мы знаем себя. Он знает, когда вы истощены, апатичны, раздражены. Будьте с Ним честны и выражайте в молитве свои чувства. (Прочитайте в Псалтыре эмоциональные псалмы.) На нашем пути веры будут разные периоды в жизни, которые будут влиять на наше поклонение. Подумайте, как вы будете поклоняться Богу во время трёх разных периодов жизни, перечисленных ниже:[1]

- **Период удовлетворения. Вы радуетесь в Боге?** Вы всем довольны и вас переполняет радость? Возблагодарите Бога и возрадуйтесь в Нем. «Как туком и елеем насыщается душа моя, и радостным гласом восхваляют Тебя уста мои» (Пс. 62:6). «Я буду радоваться о Господе и веселиться о Боге спасения моего» (Авв. 3:18).
- **Период желания. Вы стремитесь к Богу?** Вы стремитесь к Богу, но вам не хватает глубокого ощущения радости в Его присутствии, потому что вас поглощают

---

1 Адаптировано. Dr. Michael Sharp and Dr. Mike Miller, «Worship Leadership» Intensive Class Notes: Three Stages of Worship, New Orleans: New Orleans Baptist Theological Seminary, May 2014.

То, на чем мы сосредотачиваем свое внимание, расширяется (День 9).
Следите за тем, что поглощает ваши мысли, дабы вам не расходовать время, таланты и деньги на совершенно неважные вещи. Ведь вы можете прийти к тому, что будете поклоняться этим вещам, а не Богу. Вы уподобляетесь тому, чему вы поклоняетесь (Пс. 113:16). Если вы поклоняетесь деньгам, вы станете жадными. Если вы поклоняетесь красоте, вы станете тщеславными. Итак, «храните себя от идолов» (1 Ин. 5:21). Не поклоняйтесь лжебогам (вещам и лжеучениям).

обстоятельства? «Как лань желает к потокам воды, так желает душа моя к Тебе, Боже! Жаждет душа моя к Богу крепкому, живому» (Пс. 41:2–3). Молитесь, чтобы Бог наполнил вас радостью в Его присутствии (Пс. 15:11), чтобы вы радовались в поклонении Ему (Пс. 42:4).

- **Период опустошения. Вы чувствуете себя опустошенными?** Вы чувствуете себя духовно опустошенными, хотя и каетесь перед Богом? Признание такого состояния и обращение к Богу за помощью является искренним поклонением: «Когда кипело сердце мое и терзалась внутренность моя, тогда я был невежда и не разумел; как скот был я пред Тобою» (Пс. 72:21–22). Просите Бога возродить вашу любовь к Нему, обновить ваши отношения с Ним и помочь вам проявлять послушание Ему: «Возврати мне радость спасения Твоего и Духом владычественным утверди меня» (Пс. 50:14).

Поклоняйтесь вместе. Когда переживаем период внутреннего опустошения, мы склонны отдаляться от других. Уединение и тишина – хорошие формы поклонения. Но длительная изоляция делает нас более уязвимыми к нападкам врага. Решением проблемы является нечто противоположное – наше совместное поклонение Богу вместе с другими верующими. Бог даёт нам поместные церкви для того, чтобы мы вместе собирались для поклонения Ему и для помощи друг другу. Бог призывает нас быть «внимательными друг ко другу, поощряя к любви и добрым делам», и «не [...] оставлять собрания своего, как есть у некоторых обычай; но [...] увещевать друг друга» (Евр. 10:24–25). Собираясь вместе для поклонения Богу, мы посвящаем себя Ему и друг другу. Ранняя церковь служила прекрасным примером совместного поклонения, и Господь увеличивал её численность (Деян. 2:42–47). Активное участие в жизни поместной церкви имеет важное значение для нашего духовного здоровья.[1] «Христос возлюбил Церковь и предал Себя

---

1 Прочитайте «Как найти хорошую церковь» (День 12).

за нее» (Еф. 5:25). Будучи частью Божьей семьи, мы призваны поклоняться вместе – здесь и на небе.

Друг, независимо от того, в каком периоде жизни вы находитесь сегодня –

- поклоняйтесь Богу страстно, не удерживая себя;
- поклоняйтесь Богу сосредоточенно, взирая на Иисуса;
- поклоняйтесь Богу щедро, посвящая для служения Ему все, что у нас есть;
- поклоняйтесь Богу искренно, выражая настоящее состояние вашего сердца;
- поклоняйтесь Богу вместе, побуждая друг друга любить Бога, любить всех людей и приводить их к Нему.

Именно такое поклонение прославляет Бога.

Пусть Библия говорит:

Псалом 102 (дополнительно – Псалом 99)

Пусть ваш разум мыслит:

1. Поклоняетесь ли вы страстно, сосредоточенно, щедро и искренно? Что из этого для вас проще? Что сложнее? Подумайте, чем это объясняется.

2. Опишите, в каком периоде поклонения вы сейчас находитесь: удовлетворения, желания или опустошения?

3. Поклоняетесь ли вы вместе с другими верующими, будучи членом своей поместной церкви? Если нет, молитесь, чтобы Бог направил вас в ту церковь, которая придерживается библейского учения (День 12), или сами начните проводить еженедельные встречи (День 17).

Пусть ваша душа молится:

Отче, пусть во время моего поклонения Тебе всё остальное отойдет в сторону – все люди, которые меня окружают, и все проблемы, с которыми я сталкиваюсь. Пусть мои глаза будут обращены к Тебе, моё сердце будет верно Тебе и мои ресурсы будут посвящены Тебе ради Твоей славы. Во имя Иисуса, аминь.

Пусть ваше сердце повинуется:

(Что Бог хочет, что бы вы познавали, ценили или делали?)

Поклоняйтесь Богу через боль

«Что унываешь ты, душа моя, и что смущаешься? Уповай на Бога, ибо я буду еще славить Его, Спасителя моего и Бога моего».

Псалом 41:6

Когда в жизни всё спокойно и благополучно, поклоняться очень легко, но когда в жизни возникают трудности, поклоняться также может быть трудно. Если мы страдаем, мы можем не ощущать Божьей благости. Порой всё, что мы чувствуем – это боль. Но именно эта боль делает хвалу страдающих сердец по-настоящему чистой, потому что она отображает горячую преданность Богу и только Ему одному. Чаще всего поклонение вопреки трудностям свободно от эгоистичных мотивов, и оно обращает врага в бегство.

Сатана ведёт войну против поклонения. Он был изгнан из небес, потому что он вознамерился присвоить себе Божью славу, хотя это было совершенно невозможно. С тех пор он всё время пытается мстить (День 3). Он продолжает вести войну против Божьей славы, стремясь лишить нас нашего поклонения Богу. Страдания помещают нас на передовую линию этой битвы за славу, а враг пытается воспользоваться нашей слабостью (1 Пет. 5:8). Он внушает нам ложь о Боге, чтобы удержать нас от поклонения (Ин. 8:44). Он ставит под сомнение Божью благость, искажает Божьи мотивы и игнорирует Божью славу (2 Кор. 4:4). «[Сатана] знает, как сильно Бог любит все человечество, поэтому он и хочет помешать выполнению Божьей цели – сделать людей радостными и добрыми Божьими поклонниками. Сатана хочет не допустить исполнение великого желания Божьего сердца».[1]

Поклонение побеждает тьму. Когда тьма охватывает вас и зло разбивает вам сердце, меньше всего вам хочется поклоняться. Но поклонение Богу – это именно то, что вам нужно делать.

Вы говорите Богу о вашей твёрдой вере в то, что Он говорит о Себе, а именно что Он:

Ваш Защитник (Пс. 90).
Ваш Утешитель (2 Кор. 1:3–4).
Ваш Обеспечитель (Флп. 4:19).
Ваш Целитель (Пс. 102:2–4).
Ваш Верный и Истинный Судья (Откр. 19:11).
Ваш Добрый Пастырь (Ин. 10:11).
Ваш Господь и ваш Бог (Ин. 20:28).

Если враг пытается подавить вас тревогой, поклоняйтесь Богу с благодарением, прося Его о помощи и доверяя Ему результат. Молитесь: «Иисус, Ты знаешь, какое решение лучше». И доверьте Ему все свои тяготы, потому что Он заботится о вас (1 Пет. 5:7). «Не заботьтесь ни о чём, но *всегда в молитве и прошении с благодарением* открывайте свои желания пред Богом» (Флп. 4:6, курсив добавлен). **Этот стих содержит ключ к преодолению тревоги, беспокойства и стресса – благодарственные молитвы.** Благодарность напоминает нам, Кем является Бог и что Он сделал. В следующем стихе сказано: «И мир Божий, который превыше всякого ума, соблюдёт сердца ваши» (стих 7). Если нашей реакцией является поклонение и благодарность за Божье величие, наши проблемы покажутся гораздо меньшими.

Если враг подавляет вас депрессией, поклоняйтесь Богу, возвышая свой голос к Нему. Ваше внимание будет сосредоточено

---

1 Tim Keller, *Walking with God through Pain and Suffering* (New York: Dutton, Published by the Penguin Group, 2013), 273.

не на вас, а на всемогущем и вселюбящем Боге. Верьте, что Бог выведет вас из темноты, и что вместо «унылого духа» вам будет дана «славная одежда» (Ис. 61:3). «[Он] извлек меня из страшного рва, из тинистого болота, и поставил на камне ноги мои, и утвердил стопы мои» (Пс. 39:3). Если вы чувствуете себя подавленными, читайте Псалтырь. Выделяйте каждый стих, который словами надежды утешает вашу душу. Эти стихи отображают нашу печаль и утверждают нас в Божьей любви и верности. **Поклонение провозглашает неизменную Божью благость и уже одержанную Им победу** (1 Кор. 15:57).

Прославление Бога через боль вовсе не означает игнорирование вашей боли. Прославление через боль означает, что вы справляетесь с ней, изливая её Тому, Кто вас знает, вас любит и Кто может близко подойти к вам. Псалмы часто отображают эмоциональные всплески. Эти эмоции могут быть как негативными, так и положительными, но они всегда направлены к Богу.

Честность с Богом относительно своей боли помогает нам не допускать возникновения горечи, которая может попытаться укорениться в наших сердцах (Евр. 12:15). Есть большая разница между горечью, которая проклинает Бога и тех, кого мы считаем виновниками нашей боли, и благочестивой печалью, которая, наоборот, прославляет Бога. Горечь *отдаляет* нас от Бога, а благочестивая печаль *приближает* нас к Богу. Гораздо лучше воззвать к Богу и излить Ему всю свою душу, чем отдаляться от Него. Отдаление от Бога обычно ведёт к эгоистичному мышлению и негативному поведению: мы пытаемся всё решить самостоятельно и тем самым только усугубляем свою горечь. Если вы в замешательстве и вам больно, это нормально задать Богу вопрос: «Почему?» Иисус тоже задавал этот вопрос. Вися на кресте, Он возопил: «Боже Мой, Боже Мой! Для чего Ты Меня оставил?» (Мф. 27:46).

Иисус задавал вопросы, но Он никогда не сомневался в Божьей благости. Он знал, что воля Отца была благой, даже если это означало временное страдание, и Его вера никогда не колебалась. Иисус до самого последнего вздоха доверял Свою боль Богу (Лк. 23:46).

Если Бог молчит, это не означает, что Он отсутствует. Поклонение через боль направит ваше внимание к Богу и поможет вам лучше осознать Его присутствие. В страдании человек ощущает близость с Богом. «Близок Господь к сокрушенным сердцем и смиренных духом спасет» (Пс. 33:19). Прославление Бога через боль приближает нас к Нему и приносит благословения, которые можно получить только во времена испытания нашей веры. Грех и страдания, к которым он приводит, никогда не были частью изначального Божьего плана. Однако в Своей совершенной любви Он был готов прийти на землю и лично испытать боль, пострадав вместо нас, чтобы навсегда положить конец страданиям. Когда Христос вернётся на землю, Его победа над грехом и страданием проявится полностью. А пока этот миг ещё не настал, Бог даёт нам силы переносить страдания и даже обретать радость в эти периоды (Иак. 1:2), ожидая день, кода Он навсегда избавит нас от боли (Откр. 21:4).

Вы испытывали потерю? В самой первой (как принято считать) по времени написания книге Библии, в книге Иова рассказывается о человеке по имени Иов, который потерял всё свое имущество, своих детей и свое здоровье, но он всё равно выразил свою скорбь словами преклонения перед Богом и хвалы Ему: «Тогда Иов... пал на землю, и поклонился и сказал: наг я вышел из чрева матери моей, наг и возвращусь. Господь дал, Господь и взял; да будет имя Господне благословенно!» (Иов 1:20–21). Поклонение вопреки боли доказало верность Иова Богу.

Вас предали? Иуда, один из двенадцати учеников, предал Иисуса, выдав Его людям, которые Его потом распяли. Иисус знал, что Его предадут, но всё равно прославил Бога (Мф. 26:14–30). Когда царя Давида предал его близкий друг, он молился и рассказал Богу о своих чувствах. Он написал: «Ибо не враг поносит меня, – это я перенёс бы; не ненавистник мой величается надо мною, – от него я укрылся бы; но ты, который был для меня то же, что я, друг мой и близкий мой... Я же воззову к Богу, и Господь спасет меня» (Пс. 54:13–14,17). Поклонение вопреки предательству показывает веру Давида в Бога.

Вас преследуют? Апостола Павла преследовали, но он всё равно прославлял Бога. Даже находясь в заключении, он писал: «Радуйтесь всегда в Господе; и еще говорю: радуйтесь» (Флп. 4:4). Поклонение вопреки преследованию подтвердило его уверенность в Боге.

Вы бедны? Бог сказал Аввакуму о надвигающемся периоде нищеты в его народе, но Аввакум всё равно прославил Бога: «Хотя бы не расцвела смоковница, и не было плода на виноградных лозах, и маслина изменила, и нива не дала пищи, хотя бы не стало овец в загоне и рогатого скота в стойлах, – но и тогда я буду радоваться о Господе и веселиться о Боге спасения моего» (Авв. 3:17–18). Поклонение вопреки бедности подтвердило его веру в Бога.

Вы не одиноки в своей боли и в страдании. Многие представители прошлых поколений славили Бога через боль (Евр. 11). Многие представители нынешнего поколения также поклоняются Богу через страдание. Будьте вместе с теми, кто следует за Иисусом. Не изолируйте себя – одиночество лишь открывает дверь для искушения и уныния. Если вы переносите страдания, поддерживайте общение с верующими друзьями из церкви (Евр. 10:25). Когда Бог восстанавливает вас, утешайте других тем утешением, которое вы сами получили от Бога (2 Кор. 1:3–7).

Поклоняйтесь Богу через боль и верьте, что Он проведёт вас через самые тяжёлые дни. Он действует, даже если мы не видим или не чувствуем этого. Бог всегда достоин вашего поклонения.

Пусть Библия говорит:

Псалом 41 (дополнительно – Римлянам 8:18–39)

Пусть ваш разум мыслит:

1. Вы переносите сейчас боль или страдание? Если да, то, что для вас значит поклоняться Богу через вашу боль? Если нет, то, насколько ваш прошлый период страданий мог бы быть другим, если бы вы поклонялись Богу?

2. Ответьте на «Вопросы для обсуждения за Неделю 3».

Пусть ваша душа молится:

Отче, Ты видишь мои страдания. Ты собираешь мои слезы в сосуд (Пс. 55:9). Я приношу Тебе свою боль. Помоги мне поклоняться Тебе через страдание, зная, что Ты мой Целитель, Утешитель и Избавитель. Укрепи мою дружбу с другими верующими, чтобы мы могли утешать друг друга тем утешением, которым Ты утешаешь нас самих. Во имя Иисуса, аминь.

Пусть ваше сердце повинуется:

(Что Бог хочет, что бы вы познавали, ценили или делали?)

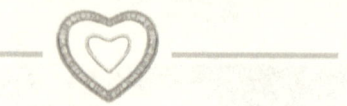

ВОПРОСЫ ДЛЯ ОБСУЖДЕНИЯ ЗА НЕДЕЛЮ 3

Просмотрите уроки за эту неделю и ответьте на следующие вопросы. Поделитесь вашими ответами со своими друзьями во время вашей встречи на этой неделе.

1. Являетесь ли вы представителем Иисуса? Что для вас это значит?

2. У библейских патриархов было то же предназначение, что и у нас, но каждый из них выполнял его по-разному. Какими дарами, навыками или талантами вас наделил Бог? Призывает ли вас Бог к выполнению определенного труда или к достижению определенной группы людей? Каковы ваши следующие шаги в выполнении вашего особого предназначения?

3. Иисус повелевает нам приводить к Нему новых учеников. Изучите и выполните каждый шаг в приложении «Слушайте, изучайте, любите, Господь». (Если вы его ещё не прошли этот материал, пожалуйста, сделайте это сейчас.) Когда вы сможете рассказать об Иисусе тем, кого вы знаете? Молитесь о возможностях. Практикуйтесь в повествовании о Божьей Истории.

4. Прочитайте Матфея 6:19–21. Как вы думаете, почему Бог говорит нам собирать сокровища на небесах? Как вам отказаться от земных наград и трудиться ради небесных наград?

ЧАСТЬ 2

ПРОЖИВАЯ ВАШУ ИСТОРИЮ С БОГОМ

Изучая Божью Историю, мы узнаём о настоящих историях библейских героев, которые нас вдохновляют. Мы видим Божий план спасения, который осуществлялся через отцов веры. Мы читаем, как Бог разделил море для Моисея (Исх. 14) и как Он иссушил реку Иордан для Иисуса Навина (Нав. 3). Мы узнаём, как Бог видел Агарь и обратился к ней по имени (Быт. 16), и как Он спас Даниила от львиного рва (Дан. 6). Это всего лишь некоторые из многочисленных удивительных историй, которые мы с изумлением читаем в Библии, размышляя о могущественном Боге, Которому мы служим.

Хотя эти древние истории и вдохновляют нас, мы склонны забывать о происходящем сегодня, в наши обычные дни. Людям часто кажется, что если Бог не проявляет Себя особым образом каждый день или каждую неделю или, по крайней мере, каждый месяц, то у нас что-то происходит не так, как должно.

Итак, что же нам делать с этими *обычными* днями, которые превращаются в обычные месяцы, которые, в свою очередь, превращаются в обычные годы? Что делали мужчины и женщины, живущие в библейские времена? Вы когда-нибудь думали, какой была повседневная жизнь Моисея в течение долгих сорока лет, проведенных им в Мадиамской земле, прежде чем Бог призвал его возвратиться в Египет?[1] Какой была повседневная жизнь для Мариам, сестры Моисея, которая десятилетиями молилась Богу об избавлении её народа от рабства? Моисей и Мариам проживали свои истории с Богом, день за днём. Большую часть

---

1 Деян. 7:23–30.

своей жизни они провели в ожидании и в доверии Богу. То же самое относится и к нам. Да, наша жизнь не наполнена лишь горящими кустами и разделёнными морями, но **мы можем ежедневно прославлять нашего необычайного Бога, доверяя Ему**. Примером для нас служит царь Давид.

Давид был юным пастухом, когда Бог избрал его быть будущим царём Израиля. Представьте свой разговор с этим молодым человеком, который был помазан на царство задолго до того, как он пришёл к власти. Ваша беседа могла бы быть такой:[1]

– Чем ты занимаешься, Давид?

– Пасу овец.

– Да, я вижу.

– Мои родители поручили мне это делать. Это худшая работа в доме. Обычно овец пасут рабы, но я самый младший сын в семье, и, наверно, поэтому я здесь, день за днём стерегу овец.

– И чем ты занимаешься, чтобы скоротать время?

– Я много общаюсь с Богом. Здесь больше не с кем поговорить. Мне также нравится играть на арфе, я уже сочинил несколько молитвенных псалмов.

– Молитвенные псалмы?

– Да, свои разговоры с Богом я перекладываю на музыку. Я их записывал, потому что они мне кажутся особенными. У меня складывается ощущение, что Бог Сам даёт мне нужные слова, которыми я Ему отвечаю.

– Серьезно?

– Да, но это не всё, чем я занимаюсь. Мне нужно быть бдительным, потому что здесь вокруг много диких животных, которые бы с удовольствием съедят одну из этих овец. Поэтому, я тренируюсь в метании из пращи. И я с каждым днем все лучше попадаю в цель.

– Получается, ты тут и поешь, и метаешь из пращи вокруг овец?

---

1 Адаптировано из иллюстрации к проповеди Джеймса Макдональда (James MacDonald on Walk in the Word Radio, AM 550, Jacksonville, FL, 2009).

– Да, это моя жизнь. Достаточно обыкновенная жизнь. Но я не всегда буду пастухом, потому что я – царь.

– Ты царь? В самом деле?

– Да, я помазан стать будущем царём над Израилем.

– Где же твоя царская одежда? Где твои слуги? Твой трон?

– У меня пока нет царских привилегий.

– Когда и где ты собираешься их получить?

– Я не знаю.

– Ты не знаешь?

– Нет.

– Чем же ты будешь заниматься до того момента, как станешь царем?

– Думаю, что буду петь молитвы, практиковаться в метании из пращи и пасти овец.

Разве Давид знал, что его навыки в метании из пращи однажды помогут ему победить великана Голиафа (1 Цар. 17)? Разве он знал, что его молитвенные псалмы (многие из которых содержатся в Псалтири) не одно тысячелетие будут служить утешением для миллионов людей? Даже у царя Давида, который назван «мужем по сердцу [Божьему]» (1 Цар. 13:14), было много самых обычных дней.

Вы можете не быть земным царем, но в Иисусе, Царе, вы член Божьей царской семьи. **Он хочет совершать через вас необычайные дела, если вы посвятите ему свои обычные дни.**

Но как нам ежедневно прославлять Бога?

Мы начинаем с развития повседневных привычек, которые помогают нам укреплять наши взаимоотношения с Богом и оставаться сосредоточенными на Его целях. Нам нужно научиться, как Давид, быть внимательными к Богу в течение дня и доверять Святому Духу и Его помощи в этом. Ежедневное послушание Богу за годы приводит к необычайным результатам.

В течение Недель 4–7 вы узнаете о ежедневных духовных дисциплинах, которые помогут вам поддерживать связь с Автором вашей настоящей истории. В течение следующих нескольких недель вы поймете, что значит ежедневно проживать свою историю с Богом в Его силе и ради Его славы.

Недостаточно только знать о Боге. Важно *лично* знать Бога. В последующие недели вы узнаете, как приближаться к Богу через пребывание в Нем и общение с Ним. Вы научитесь применять то, что сказано в Библии, и общаться с Богом через молитву. Вы также узнаете о взаимоотношениях со Святым Духом и о том, как Он помогает вам служить другим и проявлять любовь Иисуса. Окончанием этого путешествия станет началом нового, в то время как вы пойдете в мир, в вашу общину и, возможно, даже за её пределы, чтобы призвать других стать участниками Божьей Истинной Истории.

> *Духовные дисциплины:* Личностная и межличностная деятельность, к которой призывает Бог в Библии и которая способствуют близости с Иисусом, посвящению и уподоблению Ему.

Будучи последователем Иисуса, вы не должны практиковать эти дисциплины с целью достижения праведности. Помните, что ваша праведность перед Богом является *исключительно* результатом спасения через Иисуса Христа. Вы ничего не можете добавить к труду Иисуса, свершенному на кресте.

Вы также не должны практиковать духовные дисциплины с целью заработать Божью любовь. Он уже любит вас. Бог любит вас прямо сейчас и не может полюбить вас ещё больше, чем уже полюбил.

Воспринимайте духовные дисциплины, как средства, помогающие вам в вашем хождении с Богом, в то время как Он действует в вас и через вас. **Суть дисциплины не в усилиях, а в постоянстве.** Практикуйте их для укрепления ваших отношений с Богом. Используйте духовные дисциплины, чтобы распознавать Божий голос, следовать Его водительству, доверять Ему во время испытаний и наслаждаться Им, учась с Его помощью проживать свою историю.

Сделаем ещё один шаг вместе по пути веры...

НЕДЕЛЯ 4

ПРЕБЫВАНИЕ С БОГОМ

Познайте Бога, как своего друга

«Нет больше той любви, как если кто положит душу свою за друзей своих. Вы – друзья Мои, если исполняете то, что Я заповедую вам. Я уже не называю вас рабами, ибо раб не знает, что делает господин его; но Я назвал вас друзьями, потому что сказал вам все, что слышал от Отца Моего».

Иоанна 15:13–15

Иисус знал, что у Него осталось совсем немного времени для общения с учениками, прежде чем Его арестуют. В Его жизни исполнялись ужасающие пророчества о том, как Его предадут и жестоко казнят. Иисус знал, что вскоре Его самые близкие последователи и друзья увидят, как Его будут обвинять, избивать и пригвождать к кресту. И что Он не будет этому препятствовать. Он старался подготовить учеников (Лк. 22:31-37). Он напомнил им о том, что они избраны для миссии, и что Бог Отец ответит на их молитвы о выполнении этой миссии (Ин. 15:7-8). Но это еще не всё. В их отношениях с Ним должна произойти внутренняя перемена – от последователей к друзьям. От простого выполнения заповедей к пониманию Его истинной миссии и своего участия в ней. Иисус объяснил, как этот близкий союз с Ним станет *единственным эффективным подходом к служению и к жизни.* Когда время, которое Иисусу осталось провести со Своими учениками, из часов сократилось до минут, Он вновь призвал их **пребывать в Нем**.

На этой неделе мы изучим, что означает пребывать во Христе. Подумайте о пребывании, как о единстве с Иисусом. Суть в том, что в течение всей своей жизни мы живём в Нем и обитаем с Ним. Мы разделяем Его мысли, эмоции, намерения и власть.[1]

Ваши отношения с Иисусом должны измениться, подобно тому, как они изменились у Его первых учеников. На Неделе 1 мы рассмотрели Божью Историю и узнали, что мы также можем стать её частью. На Неделях 2 и 3 мы узнали о нашей идентичности и о нашем предназначении во Христе. Теперь, когда мы уже знаем, *почему* Бог нас создал, пришло время узнать, как жить, чтобы *исполнить* своё предназначение. Всё начинается с укрепления *близких отношений* с Богом.

Ваша история с Богом – это история дружбы. Сделайте паузу и немного подумайте об этом. Бог создал вас для дружбы с Ним. Когда Иисус назвал учеников «друзьями» (Ин. 15:15), их это, возможно, удивило.[2] Единственным человеком, который до этого назван в Писании другом Божьим, был Авраам.[3] Но Иисус знал, что должно было произойти на следующий день, и в предстоящие недели и годы, поэтому, Он призвал учеников, как Он призывает и нас, приблизиться к Нему.

Да, Бог вселенной, Который Своим словом создал галактики, хочет быть вашим другом. Ни в одной другой религии не сказано об отношениях с Богом, как о дружбе.

Дружба с Богом – это необычная дружба. Мы не относимся к Иисусу так, будто Он равен нам. В остальной части Нового Завета об Иисусе говорится, как о Господе, Боге, Спасителе и Царе. Мы повинуемся Иисусу. По-другому и быть не может. Иисус призывает нас к близости через познание Его Самого, Его сердца, Его миссии и Его общения. От рабов ожидается повиновение без каких-либо объяснений. Однако Иисус называет нас друзьями. Он говорит: «Я [...] сказал вам все, что слышал от Отца Моего» (Ин. 15:15).

---

1 Rodney A. Whitacre, *John*, vol. 4, The IVP New Testament Commentary Series (Westmont, IL: IVP Academic, 1999), 376.

2 Kenneth O. Gangel, *John*, vol. 4, *Holman New Testament Commentary* (Nashville, TN: Broadman & Holman Publishers, 2000), 285.

3 2 Пар. 20:7; Ис. 41:8; Иак. 2:23.

Иисус не только открыл нам Свои намерения и Свою волю, но и пожертвовал Своей жизнью. Он говорит: «Нет больше той любви, как если кто положит душу свою за друзей своих. Вы – друзья Мои, если исполняете то, что Я заповедую вам» (Ин. 15:13–14). Исполнение Его заповедей подтверждает нашу дружбу с Богом, и это начинается с пребывания в Нем.

Ключ к этой близости состоит в том, как мы проводим своё время: чем больше времени мы проводим с Иисусом, тем больше мы познаём Его, Его пути и Его мысли. Как совместно проведенное время укрепляет человеческие отношения, так и время, проведенное с Богом, укрепит ваши отношения с Ним. Ежедневно выделяйте время, чтобы находиться в тишине перед Ним, как это делал Иисус.

Иисус часто уединялся, чтобы провести время со Своим Отцом, обычно рано утром (Мк. 1:35). Мы можем последовать примеру Иисуса. Подобно музыкантам, которые настраивают свои инструменты перед концертом, нам нужно «настроить» себя (сердце, душу, разум и силу) перед началом повседневных дел, чтобы быть водимыми Духом и сосредоточенными на Иисусе.

Вы обнаружите, что, чем больше времени вы проводите с Иисусом, тем ещё больше времени вы захотите с Ним провести. **Чтобы это ежедневное совместное время стало реальностью, хорошо иметь план.** Определите время (раннее, если возможно) и место (тихое, если возможно). Если вам сложно рано вставать, попробуйте раньше ложиться спать, или найдите время до или после утренних дел. Начните с пятнадцати минут и продолжайте увеличивать время. Напоминаем, как проводить свое время с Богом:

1. **Успокойтесь.** В Библии об этом сказано, как об ожидании Господа в надежде и покое (Пс. 61:2,6). Попросите Бога прийти к вам и провести ваше совместное время так, как Он хочет. «Открой очи мои, и увижу чудеса закона Твоего» (Пс. 118:18). Пребывая с Ним, просите Его помочь вам лучше слышать Его голос.

2. **Слушайте Божье Слово.** Неспешно прочитайте отрывки из Библии, вникая в то, что вы читаете. Попробуйте метод 10-1-1. Прочтите *десять стихов* и сосредоточьтесь на том, что Бог говорит вам через них. Затем медленно читайте до тех пор, пока ваше внимание не привлечет *один стих или одна фраза*. Сосредоточьтесь на *одном слове* в этом стихе и размышляйте о нем в течение дня. Так начинается ваше общение с Богом. Через Свое Слово Он откроет вам Свою волю. (Бог редко говорит напрямую вербально, однако Он часто говорит в сердце человека, обращаясь к нему через Свое Слово.) То, что вы читаете, может напомнить вам о ваших жизненных обстоятельствах или о ваших отношениях. Вы можете ощутить в себе побуждение исполнить библейское повеление. Если Бог говорит – слушайте и отвечайте. Пусть ключевой стих или ключевое слово послужит вам духовной пищей на текущий день. Размышляйте об одном стихе или об одном слове в течение дня. Каждое слово в Библии вдохновлено Богом, то есть «боговдохновенно» (2 Тим. 3:16). Даже приведённые в ней родословия и летописи имеют значение: мы можем их изучать и на их основе мы можем познавать Бога, Его волю и намерения.

3. **Молитесь.** Ответьте Богу через молитву. Говорите Ему о том, чтó вы читаете в Его Слове, и слушайте Его мысли в ваших мыслях. Спрашивайте Бога в контексте того, что вы прочитали:

- Что Ты хочешь, чтобы я сегодня о *Тебе* узнал?
- Что Ты хочешь, чтобы мы сегодня вместе с Тобой *сделали*?

Есть ли у вас учебная Библия?

Если в вашей Библии есть симфония (смотрите стр. 70–71) или тематический указатель, найдите качество Бога, которое соотносится с вашей нуждой, или ключевое слово, которое соотносится с проблемой в вашей жизни. Медленно прочитайте отрывок. Если слово или фраза кажутся важными, запишите в ваш дневник весь стих. Если в вашей Библии есть параллельные ссылки, прочтите рекомендованные отрывки. Запишите всё, что вы узнали. Следуйте параллельным ссылкам, раскрывающим изучаемую вами тему. Молитесь о том, что вы изучаете, и слушайте Божьи побуждения. Имейте в виду, что Святой Дух никогда не будет побуждать вас к тому, что противоречит уже написанному в Божьем Слове.

Эти вопросы помогут вам усвоить и применить то, что вы читаете. Размышляя над своими ответами, вы можете молиться Богу, цитируя Его Слово (ключевое слово или ключевую фразу). Если вы произносите в молитве Божье Слово, ваш разум обновляется. Благодарите Его в молитве и просите о помощи.

4. **Ведите дневник.** Записывайте ключевые библейские стихи, молитвы и любые мысли, которые вам даёт Бог. Письменное изложение изученного поможет вам запомнить то, что вам сказал Бог, чтобы вы могли применять это в своей жизни и делиться этим с другими. Если вас отвлекают посторонние мысли (например, вы думаете о том, что нужно сегодня позже сделать), запишите их и отложите в сторону, чтобы вы могли вновь сосредоточиться на разговоре с Богом.

Ваше ежедневное время с Богом (тихое время) укрепляет вашу дружбу с Ним. Бог, как ваш самый верный Друг, всегда рядом с вами. Если вы радуетесь, Он радуется вместе с вами, если вы опечалены, Он вас утешает. Иисус ходил по земле, как «муж скорбей и изведавший болезни», поэтому, Он понимает вашу боль (Ис. 53:3). Вы испытываете Божью радость, даже если жизнь трудна, потому что вы никогда не одиноки.

Пусть Библия говорит:

Иоанна 10:11–18 и Псалом 22 (дополнительно – Псалом 26)

Пусть ваш разум мыслит:

1. Построение всех отношений требует времени, и мы уделяем время для развития тех отношений, которые ценим больше всего. Что вам нужно сделать, чтобы ежедневно выделять время для общения с Богом?

2. Иисус называет Себя Добрым Пастырем, а нас – Его овцами, которые слушают Его голос (Ин. 10). Помня об этом, **неспешно прочитайте Псалом 22**. Как вы будете полагаться на Божье водительство?

3. Как ваше исполнение повелений Иисуса показывает вашу дружбу с Ним (Ин. 14:21)?

Пусть ваша душа молится:

Боже, благодарю Тебя за то, что называешь меня Своим другом. Укрепляй мои взаимоотношения с Тобой, в то время как я учусь пребывать в Тебе. Помоги мне различать Твои мысли, чтобы я мог выполнять Твои заповеди. Пожалуйста, помоги мне ежедневно проводить время с Тобой для восстановления моей души. Во имя Иисуса, аминь.

Пусть ваше сердце повинуется:

(Что Бог хочет, что бы вы познавали, ценили или делали?)

Покойтесь в Боге, полагайтесь на Него и все доверьте Ему

«Я есмь лоза, а вы – ветви; кто пребывает во Мне, и Я в нем, тот приносит много плода; ибо без Меня не можете делать ничего».
Иоанна 15:5

Представьте, что вы садитесь в пустой автобус с Иисусом в роли водителя. Вы можете выбрать, где вам сесть. Вы можете сесть впереди рядом с Иисусом и наслаждаться близкими отношениями с Ним, в то время как Он будет вести вас по жизни. Вы также можете отдалиться от Него и сесть на заднее сиденье в автобусе. Сзади вам будет плохо видно, куда вы направляетесь. Если вы сидите на заднем сиденье, вам будет трудно видеть действия Иисуса и чётко слышать Его голос. Если вы сели в автобус (независимо от того, какое сиденье вы выбрали), Иисус приведёт вас туда, где Он хочет, чтобы вы были. Вам нужно лишь выбрать, какие отношения вы хотите поддерживать с Ним в пути. Каким будет ваш выбор – пребывать в Нём или сидеть на заднем сиденье, не имея близкой связи с Водителем?

Вчера мы говорили о том, как развивать нашу дружбу с Иисусом, ежедневно проводя с Ним тихое время. Но как нам пребывать в Нём в течение всего дня?

Пребывать в Иисусе – это больше, чем просто проводить с Ним время. **Пребывать в Иисусе значит доверить Ему контроль над**

своей жизнью и оставаться с Ним на связи для обретения покоя и помощи. Мы, как пассажиры автобуса, не властны над своей жизнью. Пребывание с Иисусом также означает, что мы больше не одиноки, что мы вместе с Ним. Слово «*пребывать*» можно перевести, как «оставаться», «находиться», «жить» или «обитать».[1] Пребывание в Иисусе объединяет в себе веру, послушание, доверие, покой, благодать и водительство Святого Духа.

> Слово «*пребывать*» можно перевести, как «оставаться» или «обитать». В контексте нашего изучения пребывание в Иисусе означает:
>
> • покоиться в Боге;
> • полагаться на Бога;
> • доверять все Богу;
> • получать от Бога все необходимое.

Это единство и общение с Иисусом является непостижимым единством с Богом и единственным путем к жизни «с избытком» (Ин. 10:10).

Иисус говорит: «Пребудьте во Мне, и Я в вас» (Ин. 15:4). Он приводит в пример виноградную лозу: «Я есмь лоза, а вы – ветви» (Ин. 15:5). Иисус является Лозой, источником жизни с избытком: Он – это Лоза, которая укоренена в земле и обеспечивает питательными веществами всё растение. Мы – слабые зависимые ветви, неспособные самостоятельно приносить плод. Но когда мы получаем от Лозы благодатное питание, Он производит через нас плод, который полностью меняет нашу жизнь.

Подумайте, насколько маленькая веточка во всем зависит от лозы, чтобы она могла выжить и процветать. Иисус сказал: «Сила Моя совершается в немощи» (2 Кор. 12:9). **Наша слабость может помочь нам осознать свою зависимость от Бога.** В этом и состоит цель. Вот почему апостол Павел написал: «И потому я гораздо охотнее буду хвалиться своими немощами, чтобы обитала во мне сила Христова» (2 Кор. 12:9). Итак, вот каким образом мы соединены с Лозой: когда мы верим в Иисуса, когда доверяем Ему и знаем, что всё, что мы имеем, и всё, в чём мы нуждаемся, исходит от Него. Если мы соединены с Ним, Святой Дух будет течь в нас подобно соку, и Бог принесёт много плода

---

1 William Arndt et al., *A Greek-English Lexicon of the New Testament and Other Early Christian Literature* (Chicago: University of Chicago Press, 2000), 630.

в нашей жизни.[1] Иисус говорит: «Кто пребывает во Мне, и Я в нем, тот приносит много плода» (Ин. 15:5). Это хорошая новость. Однако, во второй части стиха сказано и о последствиях потери такой связи: «Ибо без Меня не можете делать ничего».

Если «пребывать» в Иисусе означает приносить добрый плод, тогда «не пребывать» в Иисусе значит обратное – **отсутствие чего-либо**: никакого плода, значимого для вечности. Дело в том, что никакие добрые дела, сделанные без Бога, не могут считаться добрым «плодом», о котором говорит Иисус в этом отрывке. Иисус призывает нас с любовью выполнять труд, который Он для нас предназначил (Ин. 15:9; Еф. 2:10). Добрые дела, совершенные без любви, совершенные ради личного удовольствия, получения признания и самовосхваления, не имеют вечной ценности (1 Кор. 13:1–3).

Мы призваны быть сильными ветвями, через которые течёт Божья жизнь. Жизнь исходит от Бога, не от нас. Поэтому **Иисус не повелевает нам приносить плод – Он повелевает нам *пребывать* в Нём. Принесение плода – это труд Святого Духа.** Если мы полагаемся на Иисуса, на Лозу, на источник нашего питания, в нас *будет* формироваться Божий плод, которым мы прославим Бога (Ин. 15:8). Но если мы обратимся за поисками жизни к мирским вещам, мы станем пустыми и безжизненными, как засохшие ветви (Ин. 15:6).

Мирское христианство

Пребывание в Боге отделяет мирских христиан от христиан, водимых Духом и всецело посвященных Иисусу. Мирские христиане думают и поступают, как мир. Апостол Павел назвал коринфских верующих «плотскими» (1 Кор. 3:1–4).

Мирские христиане постоянно огорчают Святого Духа, не делая то, к чему призывает Библия. Они обидчивы, беспокойны, раздражительны, они не прощают, не молятся, быстро гневаются, проявляют эгоизм и чрезмерно беспокоятся о том, что о них думают другие. Они не противятся греху: наоборот, они позволяют старой греховной природе влиять на их жизни больше, чем Святому Духу (Рим. 8:5–8,13). По причине своей слабой веры и духовной незрелости они водимы собственными помыслами и мирским мышлением, а не Божьими желаниями и библейской истиной.

Если это касается вас, исповедуйте свою слабость и позвольте Иисусу занять первое место в вашей жизни.

---

1 R. Kent Hughes, *John: That You May Believe*, Preaching the Word (Wheaton, IL: Crossway Books, 1999), 357.

Бог не хочет, чтобы мы высыхали и увядали, становились бесплодными и безжизненными, отторгнутыми от Иисуса, от источника жизни. Он Садовник, Который заботится о нас (Ин. 15:1). Во-первых, Бог очищает нас и присоединяет к Лозе. Во Христе мы чисты и получаем потенциал для принесения плода (Ин. 15:3). Но иногда мы нуждаемся в обрезке, как любое хорошее плодоносное дерево. Например, грехи сплетен, непрощения, беспокойства, эгоизма и зависимости – это всё сухие ветки. Они препятствуют получению жизненно важного питания от Иисуса. Они истощают нашу энергию и не допускают развитие плода. Поэтому Садовник отсекает их (Ин. 15:2). Он хочет видеть нас здоровыми, плодоносными и пребывающими на Лозе, но нам нужно взаимодействовать с Ним. **Каким образом мы пребываем в Боге? Мы *покоимся* в Боге. Мы *полагаемся* на Бога. Мы *доверяем* все Богу. И тогда мы *получаем* от Бога все необходимое.**

1. **Покоиться в Боге.** Верьте в Бога и *верьте* Богу, чтобы успокоиться в Нем (Евр. 4:9–11). Верьте истине о Его природе, о Его делах и о вашей идентичности в Нем.

- Покойтесь в любви Иисуса к вам. Иисус говорит: «Как возлюбил Меня Отец, и Я возлюбил вас; пребудьте в любви Моей» (Ин. 15:9).
- Покойтесь в заботе Иисуса о вас. Бог полностью осведомлен о ваших нуждах, заботах и тревогах. «Бог мой да восполнит всякую нужду вашу, по богатству Своему в славе, Христом Иисусом» (Флп. 4:19).
- Покойтесь в том, что Бог сделал для вас через Христа. Не беспокойтесь о том, что вам сделать для Бога. Просто служите Ему из любви к Нему, а не из чувства долга. Не стремитесь заслужить Божью милость. Не формируйте свою самооценку на основе ваших текущих обстоятельств. Не стремитесь к контролю. Просто примите Божье утешение. Будете ли вы покоиться в Иисусе?

2. **Полагаться на Бога.** Верьте, что Бог говорит истину. Полагайтесь на Его Слово и на Святого Духа. Вопрос не в том, обеспечит ли Лоза нас всем необходимым, а в том, примем ли мы это от Него. Будете ли вы искать другие источники питания, препятствующие получению Божьего обеспечения? Не отдаляйтесь от Бога. Примите всё, что Лоза даёт вам каждый день. Имейте веру и предоставьте Богу полный доступ к вашей жизни, чтобы Он мог действовать через вас. Он всегда достоин нашего доверия и всегда готов помочь. Будете ли вы полагаться на Иисуса?

3. **Доверять всё Богу.** Верьте, что Бог контролирует результаты и последствия. Доверьте Ему своё прошлое, настоящее и будущее. Отказываясь от стремления всё контролировать, вы обретаете свободу, исцеление и целостность. Это объясняется тем, что сердца и жизни меняет Бог, а *не мы*. Отложите в сторону свою волю, свои эмоции и свои обстоятельства, и позвольте благодати наполнить вашу жизнь. Посвятите свою жизнь другим, как это делал Иисус (Ин. 15:12–13), и отложите свои планы. Бог никогда не попросит вас идти за Ним, не дав вам Свою благодать для каждого вашего шага. Иисус обещает: «Если заповеди Мои соблюдете, пребудете в любви Моей» (Ин. 15:10). Чтобы пребывать в Иисусе, вам нужно довериться и покориться Ему. Доверите ли вы все Иисусу?

Покоиться в Иисусе, полагаться на Него и доверять всё Ему. Всё это может казаться рискованным шагом веры. Но посмотрите на обещанные благословения, которые мы получим, если будем пребывать в Иисусе. В Иоанна 15 Иисус сказал, что если вы пребудете в Нём, и если Его слова пребудут в вас, то…

- вы принесёте много плода (стих 5);
- вы получите ответы на свои молитвы (стихи 7,16);
- вы будете послушны Ему (стихи 10,14);
- вы ощутите Его любовь (стихи 9–10);
- вы ощутите Его радость (стих 11);

- вы покажете, что являетесь Его учеником (стих 8);
- вы будете Его другом (стих 14).

Всё это кажется слишком невероятным, чтобы быть правдой, однако это действительно является правдой. И вам нужно делать свой выбор каждый день, каждый миг. Друг, будете ли вы жить, полагаясь на Иисуса?

Пусть Библия говорит:

Иоанна 15:1–17 (дополнительно – 1 Иоанна 3:11–24)

Пусть ваш разум мыслит:

1. Как примеры автобуса и лозы изменили ваш взгляд на ваши
    отношения с Богом?

2. Прочитайте снова определение мирского христианина.
    В каких сферах жизни вы полагаетесь больше на мирские
    вещи, а не на Бога? Попросите Бога помочь вам в этих
    сферах.

3. Что вам нужно сделать, чтобы покоиться в Боге, полагаться
    на Него и доверять всё Ему? Начните сегодня с первого
    шага.

Пусть ваша душа молится:

*Господь Иисус, Ты – Источник жизни. Я хочу пребывать в Тебе.
Помоги мне покоиться в Тебе, полагаться на Тебя, доверять
всё Тебе и получать от Тебя всё необходимое. Пусть в моей
жизни будет много плода ради Твоей славы. Во имя Иисуса,
аминь.*

Пусть ваше сердце повинуется:

(Что Бог хочет, что бы вы познавали, ценили или делали?)

Глубоко укореняйтесь – получайте Божью помощь

«Благословен человек, который надеется на Господа
и которого упование – Господь. Ибо он будет, как дерево,
посаженное при водах и пускающее корни свои у потока; не
знает оно, когда приходит зной; лист его зелен, и во время
засухи оно не боится и не перестает приносить плод».
Иеремии 17:7–8

Двигаясь по пути веры, вы сможете найти для себя определённые
библейские тексты, которые станут для вас по-особенному
дороги. Во времена уныния вы обнаружите отрывки, которые
будут постоянно обновлять вашу душу, а во времена радостного
поклонения вы найдёте стихи, которые будут провозглашать
для вас Божье величие. Для верующих привычно возвращаться
к любимым отрывкам в поисках надежды и ободрения. Но
возьмём, к примеру, текст 55 главы книги пророка Исаии. Мы
часто цитируем стих 11, чтобы запомнить, что Божье Слово «не
возвращается к [Богу] тщетным» (Ис. 55:11). Однако мы забываем
читать дальше. Мы выделяем любимые нами части этой главы,
но упускаем контекст. Если внимательно изучить отрывок, то мы
увидим, что в нём описано удивительное изменение: «Вместо
терновника вырастет кипарис; вместо крапивы возрастет мирт»
(Ис. 55:13). Божье Слово достигнет своей цели – оно возьмет

терновник и крапиву, последствия греха (День 3), и превратит их в пышные деревья, даровав новую жизнь. Этот отрывок не только отображает четвертую часть Божьей Истории, но и сравнивает нас с терновниками и деревьями.

Божий труд спасения полностью нас меняет. Мы не становимся просто лучшим терновником. Нет, принимая Иисуса, мы становимся совершенно другими.[1] Наша новая жизнь в Иисусе делает нас могучими деревьями, сильными и плодоносными, «насаждением Господа во славу Его» (Ис. 61:3). Однако деревья растут медленно. Так и мы. Требуется время, чтобы нам глубоко укорениться в Боге и быть готовыми черпать Его силу, ежедневно проживая наши истории с Ним. **Сила и плодовитость наших жизней зависит от наших корней.**

Корни играют важнейшую роль. Сломанные ветви могут вырасти заново, а поврежденные корни могут привести к гибели всего дерева. Поэтому, «корень... праведников неподвижен» (Притч. 12:3). **Невидимые корни питают видимый плод.** Мы пускаем «корень внизу и [приносим] плод вверху» (4 Цар. 19:30). Наше тихое время с Богом также невидимо, но оно укрепляет нашу веру и способствует ее внешнему проявлению. Как корни постоянно впитывают в себя воду и питательные вещества, так и нам нужно постоянно черпать у Бога силу, мудрость, благодать и любовь. Мы не можем заработать эти дары. Их может дать лишь Бог. Нам же нужно их принимать.

Пребывание в Иисусе – это глубокое укоренение в Нём, которое позволяет нам черпать живую воду Святого Духа (Ин. 4:10; 7:38–39). Благодаря ежедневному проведению тихого времени с Богом мы укореняемся в Божьем Слове, в молитве, в благодати и в любви. Для получения от Бога всего необходимого требуется вера и развитие духовных корней, готовых впитать в себя Божье обеспечение.

Какое подкрепление вам нужно получить сегодня от Бога?

Укореняйтесь в Божьем Слове, чтобы получить Его МУДРОСТЬ.

---

1 Paul Tripp, «Why Do I Need the Bible?» Paul Tripp Ministries, Inc., May 13, 2019. https://www.paultripp.com/app-read-bible-study/posts/001-why-do-i-need-the-bible.

Мудрость – это Божий дар, щедро дарованный тем, кто его просит (Иак. 1:5). Часто мы не просим о нём и, соответственно, не получаем его (Иак. 4:2). Проводя время с Богом, читая или слушая Его Слово, мы обретаем возможность получить Его мудрость и силу. Бог направляет наш жизненный путь, наше общение и наши отношения.

«Блажен муж [...если] в законе Господа воля его, и о законе Его размышляет он день и ночь! И будет он как дерево, посаженное при потоках вод, которое приносит плод свой во время свое и лист которого не вянет; и во всём, что он ни делает, успеет» (Пс. 1:1–3).

Укореняйтесь в Божьем Слове подобно дереву, непоколебимо растущему на земле благодаря своим корням. Начните читать по стиху в день из книги Притчей, одной из книг мудрости в Ветхом Завете. Проводя время в изучении Божьего Слова, мы познаём Божью волю и делаем наше основание непоколебимым перед лицом жизненных бурь (Мф. 7:24–25). Пребывайте в Божьем Слове.

Укореняйтесь в молитве, чтобы получить Его МИР.

Молитва, особенно личная, формирует глубокие духовные корни. Как корни растения постоянно потребляют воду, так и мы, «непрестанно молясь», впитываем подкрепление и силу Святого Духа (1 Фес. 5:17). Независимо от того, что происходит в мире вокруг нас, Бог даст нам Свой сверхъестественный мир, когда мы возносим молитвы с *благодарностью* (Флп. 4:6–7). Его мир превосходит любое наше понимание. **Наш мир поддерживается нашей молитвенной жизнью.** Имея Божий мир, верующие, несмотря на потери или хронические болезни, могут сказать: «Я в порядке. Бог со мной». Мир, который они обретают через молитву, становится сильным свидетельством Божьего обеспечения и Его заботы. Выражая через молитву свое доверие Богу, верующие получают от Него всё, в чём они нуждаются.

«Твердого духом Ты хранишь в совершенном мире, ибо на Тебя уповает он» (Ис. 26:3).

Иисус знал, насколько ценно жить в постоянном мире и в полном доверии Отцу, и Он предоставил нам пример того, каким должно быть время личной молитвы: «Он уходил в пустынные места и молился» (Лк. 5:16). Он также наставлял нас относительно молитвы: «Ты же, когда молишься, войди в комнату твою и, затворив дверь твою, помолись Отцу твоему, Который втайне; и Отец твой, видящий тайное, воздаст тебе явно» (Мф. 6:6). Возможно, Молитва Господня является наиболее детальным образцом для молитвы[1], которую часто заучивают наизусть. Независимо от того, как выглядит наша молитвенная жизнь, помните, что чем больше времени мы проводим в общении с Богом, тем глубже мы укореняемся в Его терпении и мире. Пребывайте в молитве.

Укореняйтесь в Божьей благодати, чтобы получить Его ЛЮБОВЬ. Трудно проявить к кому-нибудь любовь, если сам её не получал. Пребывание во Христе – это ежедневное принятие Божьей безусловной любви. Если мы помним, что мы никак не можем ни заслужить, ни потерять Божью любовь, мы укореняемся в Божьей благодати. Вместо того чтобы искать в других что-то плохое, мы ищем в них что-то хорошее. Мы меньше осуждаем и больше проявляем любовь. Верой мы становимся «укорененными и утвержденными в любви» (Еф. 3:18). Апостол Павел познал силу Божьей любви. И он молился:

> «Чтобы вы, укорененные и утвержденные в любви, могли постигнуть со всеми святыми, что широта и долгота, и глубина и высота, и уразуметь превосходящую разумение любовь Христову, дабы вам исполниться всею полнотою Божиею» (Еф. 3:18–19).

Получая Божью безмерную любовь, мы становимся более утвержденными в том, кем мы являемся во Христе. Этот опыт меняет нас, и Бог через нас проявляет любовь к другим.

---

1 Молитва Господня основана на тексте Матфея 6:9–13: «Отче наш, сущий на небесах! Да святится имя Твое; да приидет Царствие Твое; да будет воля Твоя и на земле, как на небе; хлеб наш насущный дай нам на сей день; и прости нам долги наши, как и мы прощаем должникам нашим; и не введи нас в искушение, но избавь нас от лукавого. Ибо Твое есть Царство и сила и слава вовеки. Аминь».

Благодаря укоренению в Христовой любви мы выполняем наше предназначение – любить других (День 16). Познавая *Бога*, вы познаете *себя*. Пребывайте в Его любви (Ин. 15:9).

Бог безграничен. Если мы пребываем во Христе, Он в надлежащее время и надлежащим способом даст нам всё, в чём мы нуждаемся. «Посему, как вы приняли Христа Иисуса Господа, так и ходите в Нем, будучи укоренены и утверждены в Нем и укреплены в вере, как вы научены, преуспевая в ней с благодарением» (Кол. 2:6–7). Наше совместное время с Богом укореняет нас в Нём, делая нас способными впитывать Его силу, несмотря на жизненные трудности. **Чем глубже мы укоренимся, тем выше мы прорастём.** Наши ветви станут широкими и крепкими, они смогут укрывать других, выдерживать бури и приносить много плода. О плоде мы поговорим завтра, а сейчас запомните, что ваша ежедневная задача состоит в том, чтобы укореняться в Боге, что является ключевым фактором для вашего пребывания в Нем.

Пусть Библия говорит:

Псалом 1 (дополнительно – Исаии 55)

Пусть ваш разум мыслит:

1. Как вера в то, что Бог позаботится обо всех ваших нуждах помогает вам переносить трудности?

2. Что вам мешает ежедневно проводить время с Богом? Что вам нужно изменить для укоренения в Боге и в Его Слове?

3. Что вам нужно получить от Бога сегодня? Радость? Утешение? Разумение? Попросите Бога помочь вам, и Он вам поможет.

Пусть ваша душа молится:

Отче, я хочу укореняться в Тебе. Помоги мне через наше совместное тихое время возрастать в Твоём Слове, в молитве и в Твоей любви. Укорени меня в Тебе, чтобы я мог получить всё потребное для меня и быть сильным во времена трудностей. Во имя Иисуса, аминь.

Пусть ваше сердце повинуется:

(Что Бог хочет, что бы вы познавали, ценили или делали?)

Приносить плод, пребывая во Христе

«Плод же духа: любовь, радость, мир, долготерпение, благость, милосердие, вера, кротость, воздержание».
Галатам 5:22–23

Если было необходимо одним словом описать то, что происходит в жизни верующего до его прихода на небеса, этим словом стало бы *изменение*. Вера в Иисуса помещает нас в процесс изменения на протяжении всей нашей жизни. Мы полностью обновляемся духовно, но результат этого обновления может проявиться немного позже. Это похоже на семя, для возрастания которого требуется время, прежде чем оно принесёт плод. С течением времени наши жизни меняются и в итоге приносят духовный плод. И это возрастание дарует Бог. Апостол Павел сказал: «Я насадил, Аполлос поливал, но возрастил Бог» (1 Кор. 3:6).

Кто-то посеял в вашей жизни семя Евангелия, но рост этого семени производит Бог (Мк. 4:26–28). Он хочет, чтобы вы ощутили настоящую любовь, свободу от зависимостей, спокойную уверенность, радостное предвкушение будущего и так далее. Независимо от того, что сделали вы, или, что сделали вам, Бог завершит тот труд, который Он начал в вашей жизни (Флп. 1:6). Он изменит *каждую часть в вас*:[1]

---

1 Zane Pratt, «Making Disciples in Another Culture.» Breakout, Send Conference, Orlando, FL, July 26, 2017.

1. Ваш **разум**, в то время как вы читаете Божье Слово.
2. Ваши **чувства** к Богу, в то время как вы получаете Его безусловную любовь.
3. Вашу **волю**, в то время как вы учитесь пребывать в Боге, доверять и быть послушными Ему.
4. Ваши **отношения**, в то время как вы проявляете любовь к другим, даже к тем, кого сложно любить, или, кто отличается от вас.
5. Ваше **предназначение**, в то время как вы учитесь жить для Божьей славы, а не для своей.

Видите ли вы уже эти изменения? Будьте благодарны за Божий добрый труд в вашей жизни, и пусть это будет постоянным ободрением для вас. Помните, важно не то, как далеко вам нужно идти, а то, сколько вы уже прошли. Принесение плода – это свидетельство изменений и результат пребывания в вере. Больше об этом процессе изменений (об освящении) мы поговорим на Неделе 7.

Принесения плода – это драгоценный дар от Бога, чтобы показать, что мы принадлежим Ему. Нам не нужно ждать встречи с Иисусом, чтобы осознать искренность наших отношений с Ним. Помните, что спасение даётся лишь по вере, но нужна не только вера.[1] Иисус сказал Своим ученикам:

> «Я есмь лоза, а вы – ветви; кто пребывает во Мне, и Я в нем, тот приносит много плода; ибо без Меня не можете делать ничего. Кто не пребудет во Мне, извергнется вон, как ветвь, и засохнет; а такие ветви собирают и бросают в огонь, и они сгорают. Если пребудете во Мне и слова Мои в вас пребудут, то, чего ни пожелаете, просите, и будет вам. Тем прославится Отец Мой, если вы принесёте много плода и будете Моими учениками» (Иоанна 15:5–8).

Вы и я можем читать этот отрывок и думать, что здесь речь идёт о повелении приносить плод. Но читая этот отрывок

---

1 Norman L. Geisler, *Systematic Theology: In One Volume* (Minneapolis, MN: Bethany House Publishers, 2011), 890.

в оригинальном греческом языке, на котором был написан Новый Завет, мы видим, что этот текст содержит повеление пребывать в Иисусе. Принесение плода служит доказательством близкой дружбы с Богом. Мы ответственны за *качество* наших отношений с Богом, а не за *количество* плодов.

Все верующие могут приносить много плода. Бедная вдова может принести столько плода, сколько и пастор, если она пребывает во Христе и использует то, что Он ей дал, для Его славы (Лк. 16:10). Бог изменяет нас, приводя нас в соответствие со Своей природой (День 5): «Отложить прежний образ жизни ветхого человека, истлевающего в обольстительных похотях, а обновиться духом ума вашего и облечься в нового человека, созданного по Богу, в праведности и святости истины» (Еф. 4:22–24). Здесь речь идёт не о самосовершенствовании или о **законничестве**. Здесь говорится о необходимости облечься в новую сущность. Неважно, где мы живем или сколько лет мы уже прожили, Бог может принести через нас много плода, если мы пребываем в Иисусе.

Законничество: Навязчивое следование правилам. Люди впадают в законничество, когда стремятся заработать Божье расположение или впечатлить других своим внешним хорошим поведением или добрыми делами. Иисус осуждает законничество. Мы не можем служить Иисусу, если мы всё ещё пытаемся впечатлить чем-либо других людей (Гал. 1:10). Мы также ничем не можем заслужить Божье расположение. Мы обретаем Божью милость благодаря тому, что сделал для нас Иисус (Еф. 2:8–9). Источником благочестивого послушания является не законничество, а благодарность и любовь к Богу, и всё то, что Он для нас сделал.

Теперь, поговорив о важности плода, пришло время дать ему определение. Библия описывает плод по-разному: характер Христа (Гал. 5:22–23), праведное поведение (Флп. 1:11), хвала (Евр. 13:15) и призыв к другим поверить в Христа (Рим. 1:13–16). Иисус говорил о принесении плода через *нашу любовь* к Богу и друг к другу (Ин. 15:9–17).

Давайте поговорим сегодня о плоде характера Христа, который сначала зарождается в наших сердцах,

а затем процветает в наших поступках. Любовь, радость, мир, долготерпение, благость, милосердие, вера, кротость и воздержание. Всё это разные и связанные между собой аспекты одного и того же плода, которые Дух в нас взращивает. Если у нас есть любовь, у нас будет и радость. Если у нас есть радость, у нас будет и мир. Та же самая взаимосвязь действует и при отсутствии плода. Без мира у нас не будет терпения. Без терпения у нас не будет воздержания и так далее. Плод Духа будет увеличиваться или уменьшаться так же, как и наши отношения с Богом будут улучшаться или ухудшаться.

Иногда мы склонны думать, что мы можем развивать одни аспекты плода, а другие – нет. Кто-то может сказать: «Я никогда не был терпеливым человеком, но я могу возрастать в других сферах». Или: «Мой отец был грубым, поэтому я не научился тому, как быть нежным». Но мы не можем отказаться от возрастания в некоторых аспектах благочестивого характера только потому, что их сложно развивать. Мы также не хотим ограничивать Божий труд в наших жизнях из-за особенностей наших личностей, нашего прошлого или наших культур. *Важны все* аспекты духовного плода. Если мы действительно возрастаем в одном из этих аспектов, мы будем возрастать и в других.

Если вы хотите понять, насколько искренна ваша вера, посмотрите на плод. Иисус говорит: «Всякое дерево доброе приносит и плоды добрые, а худое дерево приносит и плоды худые... Итак, по плодам их узнаете их» (Мф. 7:17,20). Просите Иисуса помочь вам избавиться от плохого плода. Он может помочь вам взращивать добрый плод, подтверждающий, что вы принадлежите Ему. «Всякое раздражение и ярость, и гнев, и крик, и злоречие со всякою злобою да будут удалены от вас; но будьте друг ко другу добры, сострадательны, прощайте друг друга, как и Бог во Христе простил вас» (Еф. 4:31–32). Да, прощайте друг друга.

Прощение – это часть доброго плода. Получив Божье прощение, мы можем простить и других, которые нас обижают (День 10). Это важный шаг в нашем путешествии веры, и мы хотим вновь о нём упомянуть. Божье прощение к нам и наше прощение к другим смягчает наши сердца и способствует возрастанию в нас плода Духа. Прощение не оправдывает злодеяния, но освобождает от обиды, которая разрушает добрый плод. Если мы помним, что *мы* прощены, мы больше не будем сразу обижаться. Прощающие сердца терпеливы, добры и верны.

В то же время сорняк непрощения заглушает добрый плод. Он препятствует проявлению любви, убивает радость и лишает мира. Он ведет к горечи, делающей нас нетерпеливыми, недобрыми и даже ненавистными. Мы можем проявлять безразличие к людям, становясь грубыми и беспечными в своих словах и поступках. Если мы не прощаем других, это обычно означает, что мы не понимаем Божьего прощения или забываем о Его прощении к нам (Лк. 7:47). Если мы отказываемся прощать, мы остаемся в рабстве и предаём Божью благодать. (Прочитайте Матфея 18:21–35, притчу о должнике, который отказался прощать.) Дорогой друг, **прощение не освобождает обидчика, оно освобождает нас самих на пути избавления от нашей боли**. Этот непростой шаг приносит исцеление и здоровье для развития доброго плода.

Добрый плод отображает настоящую веру. Наличие плода не только подтверждает внутреннюю перемену сердца, но и проявляется во внешних поступках. Иаков говорит, что настоящая вера приводит к добрым делам, к доброму плоду (Иак. 2:26). «Вы спасены *через* веру [...] *на* добрые дела» (Еф. 2:8–10; Тит. 3:3–8).[1] Бог также трудится в вашей жизни, изменяя вас для получения духовного плода. Не огорчайтесь, если изменения не происходят быстро – это часть процесса укоренения, необходимого для вашей настоящей истории (День 24). Итак, «делая добро, да не унываем, ибо в свое время пожнем, если не ослабеем» (Гал. 6:9). Продолжайте питаться от Лозы. Не сдавайтесь. В своё время Бог произведёт через вас урожай, и он будет восхитительным.

---

1 Ibid., 1041.

Пусть Библия говорит:

Галатам 5:13–6:10 (дополнительно – Иакова 2:14–26)

Пусть ваш разум мыслит:

1. Что ваш плод говорит вам о вашей вере?

2. Вспомните, кто посеял в вашей жизни семена Евангелия,
   и поблагодарите Бога за этих людей. Кто из ваших знакомых
   далёк от Бога, в чью жизнь вы могли бы посеять семена
   Евангелия?

3. Есть ли тот человек, кого вам нужно простить? Перечислите
   людей или обиды, ожидающие вашего прощения. Просите
   Святого Духа помочь вам простить и отпустить все обиды
   и всех обидчиков, о которых вы вспоминаете. **Прощение –
   необходимый шаг в вашем путешествии веры.** Если вам
   сложно простить, обратитесь за помощью к доверенному
   пастору или к мудрому другу-христианину.

Пусть ваша душа молится:

*Отче, произведи в моей жизни добрый плод во славу Тебе.
Я молюсь, чтобы другие люди, которые проводят со мной
время, смогли ощутить Твою благость. Покажи мне все
плоды в моей жизни, которые Тебе неугодны, удали их от
меня и очисти моё сердце, чтобы во мне возрастал добрый
плод – плод любви, радости, мира, долготерпения, благости,
милосердия, веры, кротости и воздержания. Помоги мне
прощать других так, как Ты простил меня. Благодарю Тебя за
всё, что Ты делаешь во мне и через меня. Во имя Иисуса, аминь.*

Пусть ваше сердце повинуется:

(Что Бог хочет, что бы вы познавали, ценили или делали?)

Противостаньте искушению

«Ищите добра, а не зла, чтобы вам остаться в живых».
Амоса 5:14

Противостоять искушению гораздо сложнее, чем мы думаем. Большинство людей не осознают силу побуждений и тем самым делают себя уязвимыми перед искушением. Вчера мы говорили о важном, но непростом шаге прощения. Сегодня мы поговорим о необходимости остерегаться греха, потому что грех – это серьезная проблема.

Мы никогда в полной мере не осозна́ем всю степень разрушительных последствий греха для Божьего творения. Но мы можем осознать всю его опасность, если понимаем полное невосприятие греха со стороны Бога. Из-за нашего греха Его Единственный Сын Иисус был пригвожден к кресту. Раздетый, истекающий кровью, осмеянный и покинутый... и всё для того, чтобы мы получили прощение, исцеление, милость и усыновление. Иисус не только заплатил цену за наш грех, но и разрушил его *власть* над нами. Когда-то мы были рабами греху, но теперь мы свободны (Рим. 6:22). Мы можем жить *для* Бога, *с* Богом и *в* Боге. **Ничто больше не сможет отлучить нас от Божьей любви** (Рим. 8:38). Даже грех.

Но грех всё ещё причиняет вред. Он причиняет вред нам и всем нашим отношениям, особенно нашим отношениям с Богом. **Грех блокирует нашу связь с Лозой.** Без нашего

Источника Жизни наш мир, сила и радость просто увянут. В нас не сможет произрасти никакой добрый плод. Бог будет казаться далёким, молитвы – безжизненными, а Его Слово – скучным. Грех нарушает наше пребывание в Иисусе, и мы испытываем последствия этого разделения.

Если мы всё ещё пытаемся обойти стороной последствия греха, мы упускаем важный момент. Грех всегда имеет последствия, ужасные последствия, которые препятствуют вашей жизни с избытком, – жизни в благословении, – то, ради чего умер Иисус, чтобы даровать вам всё это.

Беспокойство лишает покоя. Ревность разрушает мир. Сплетни вредят дружбе. Страх подавляет веру. Ропот убивает радость. Ложь разрушает доверие. Неверность губит отношения.

Мы все хотим покоя, мира, дружбы, веры и радости. Мы все хотим надёжных отношений. Поэтому давайте разберём факты и разработаем план.

Важно понимать, что наши нездоровые желания могут подтолкнуть нас ко греху (Иак. 1:14), и наш враг знает наши слабости, нашу «похоть плоти, похоть очей и гордость житейскую» (1 Ин. 2:16). В каждой из этих сфер сатана искушал Иисуса, но Он остался верен. Рассмотрим образцовый пример поведения Иисуса во время искушения.[1]

Во-первых, сатана применил физическое искушение, чтобы побудить Иисуса сделать то, что казалось правильным (Лк. 4:3-4). Когда Иисус постился в течение сорока дней, сатана искушал Его превратить камни в хлеб. «Иисус сказал ему в ответ: написано, что не хлебом одним будет жить человек» (Лк. 4:4). Иисус верил, что в *надлежащее время* Бог удовлетворит Его нужды. Друг, враг вам шепчет: «Ты упускаешь момент. Никто не узнает. Это будет всего лишь один раз». Или: «Все грешат, и все грехи одинаковы; кроме того, Бог хочет, чтобы ты был счастлив». Не слушайте эту ложь. Без Бога мы не можем имеем

---

1 Прочитайте отрывок Луки 4:1-13, в котором описано, как сатана искушал Иисуса в пустыне. Обратите внимание, что Иисус, несмотря на Свою безгрешность, всё равно подвергался искушению. Это показывает, что искушение совершить грех – это ещё не сам грех.

никакого блага (Пс. 15:2). Верьте, что Бог позаботится о вас. «Тот, Который Сына Своего не пощадил, но предал Его за всех нас, как с Ним не дарует нам и всего?» (Рим. 8:32). Бог позаботится о вас надлежащим способом.

Затем сатана применил эмоциональное искушение, чтобы Иисус засомневался в Божьей любви (Лк. 4:5-8). Сатана показал Иисусу все царства мира и предложил их Ему. От Иисуса лишь требовалось поклониться сатане, но Иисус отказался. Иисус верил, что в *надлежащее время* Бог даст Ему все необходимое. Друг, враг покажет вам мирские богатства, красоту и власть. Он скажет: «Ты несовершенен. Ты недостаточно умный. Тебе многого не хватает. Ты не привлекательный». Он попытается вас убедить, что вы получите полное удовлетворение, если только всецело сосредоточитесь на этих вещах. Не слушайте его, противостаньте ему. Он пытается отвлечь вас от поклонения Богу и ввести вас в состояние постоянного безрассудства. Если у нас не было удовлетворения без этих вещей, то мы не будем иметь его и с этими вещами. Враг не выполняет обещания и крадёт благословения. Бог, наоборот, выполняет Свои обещания и даёт настоящие благословения: не всегда мимолетные земные богатства, но всегда вечные небесные богатства; не увядающую физическую красоту, а нетленную внутреннюю красоту; не мирскую власть, а благочестивое влияние.[1] Будьте верны в малом, и Бог доверит вам многое (Мф. 25:23).

Наконец, сатана применил искушение гордостью, чтобы подвергнуть сомнению сущность Иисуса (Лк. 4:9-12). Сатана хотел, чтобы Иисус прыгнул с крыши храма и доказал, что Он Мессия, зная, что ангелы Его поймают. Но Иисус отказался. Иисусу не нужно было ничего доказывать. Он верил, что Бог *в надлежащее время* откроет Его настоящую сущность. Сатана будет подвергать сомнению вашу сущность во Христе, и будет побуждать вас искать самоутверждения через других людей. Он будет шептать: «Действительно ли ты Божье дитя? Действительно ли Он тебя любит? Тогда докажи это. Трудись.

---

1 Мф. 5:13-14; 6:19-20; 1 Пет. 3:3-4.

Выступай. Добивайся». Не слушайте его, противостаньте ему. Вы, несомненно, Божье дитя. И вам не нужно доказывать это себе или другим.

Сатана искушает нас точно так же, как он искушал Иисуса. Он отец всякой лжи, и у него одна цель – украсть, убить и погубить (Ин. 8:44; 10:10). Он ненавидит Бога и ненавидит наше пребывание в Боге. Он хочет, чтобы мы поддались искушению и тем самым нарушили нашу связь с Богом. **Искушение – это ещё не сам грех, это призыв к битве.** Вот как нужно сражаться и побеждать:

1. **Полагайтесь на Святого Духа, а не на свою силу воли.**[1] Вы никогда не одиноки. Бог с вами и в вас, и Он может «соблюсти вас от падения» (Иуд. 24). «Верен Бог, Который не попустит вам быть искушаемыми сверх сил, но при искушении даст и облегчение, так чтобы вы могли перенести» (1 Кор. 10:13). В силе Святого Духа мы *всегда* сможем делать правильный выбор. Мы больше не рабы греха, и теперь у нас есть сила и власть принимать лучшие решения. Полагайтесь на Святого Духа и следуйте обещанию: «Противостаньте диаволу, и убежит от вас» (Иак. 4:7).

2. **Провозглашайте Божье Слово.** Слова имеют силу (Притч. 18:21; Мф. 12:37). На каждое искушение сатаны Иисус отвечал словами из Писания. Иисус знал, что́ сказать на каждое искушение. Он был подготовлен ещё до атаки. Мы также можем быть подготовленными. Иисус уже даровал вам победу, поэтому провозглашайте эту истину: «Я дитя Божье и имею победу над _____» (смотрите 1 Кор. 15:57). Возьмите власть над искушением. Возможно, мы не можем проконтролировать первую грешную мысль, но с помощью Святого Духа мы можем проконтролировать вторую мысль и потенциально неправильный поступок.

---

1 На Неделе 7 мы больше узнаем о Святом Духе и о том, как с Ним взаимодействовать.

3. **Удалите искушения.** Иисус молился: «Не введи нас в искушение» (Мф. 6:13). Он также учил, что нам нужно избавиться от глаз, рук и ног, если они побуждают нас к греху (Мк. 9:43-48). Иисус не говорил о буквальной ампутации, Он просто хотел показать, насколько серьезно нам нужно стремиться к тому, чтобы избежать искушения. Что вас искушает? Не смотрите на это, не прикасайтесь к этому, не идите туда. «Попечения о плоти не превращайте в похоти» (Рим. 13:14). Мимолетные греховные удовольствия не стоят тех последствий, которые за ними идут.

4. **Обращайтесь за помощью.** Сатана охотится на тех, кто одинок, словно хищник, который преследует одинокую жертву. Найдите друзей, общайтесь с верующими в поместной церкви. Помогайте друг другу быть внимательными к Божьему голосу, и будьте подотчётными друг перед другом в противостоянии искушениям, с которыми мы все сталкиваемся. Расскажите о своем противостоянии греху. Вместе заучивайте ободряющие отрывки из Писания. Поддерживайте друг друга и регулярно встречайтесь. «Признавайтесь друг пред другом в проступках и молитесь друг за друга, чтобы исцелиться» (Иак. 5:16).

Грех опасен. Не позволяйте сатане говорить вам об этом иначе. Никакое физическое удовольствие, имущество или достижение в жизни не стоит того, чтобы нарушать отношения с Богом.

Но если вы всё-таки согрешили (что мы все делаем), исповедуйте свой грех и покайтесь в нем. «Если говорим, что не имеем греха, – обманываем самих себя, и истины нет в нас. Если исповедуем грехи наши, то Он, будучи верен и праведен, простит нам грехи наши и очистит нас от всякой неправды» (1 Ин. 1:8-9).

> Когда вы **ИСПОВЕДУЕТЕ** грех, вы признаете его и соглашаетесь с Богом, что это зло. Когда вы **КАЕТЕСЬ** в нём, вы оставляете свой грех и слушаетесь Бога, делая то, что правильно.

Иисус избавляет нас не только от наказания за грех, но и от искушения. Пребывайте в Нем.

Пусть Библия говорит:

Колосянам 3:1-17 (дополнительно – Иакова 4)

Пусть ваш разум мыслит:

1. Какие люди, места или вещи вас искушают? Как вы можете их избежать?

2. Определите, выпишите и запомните тексты Писания, которые помогут вам противостоять искушениям, с которыми вы чаще всего сталкиваетесь.

Пусть ваша душа молится:

Господи, благодарю Тебя, что Ты заплатил наивысшую цену ради моего спасения от греха. Боже, помоги мне никогда не использовать Твою благодать, как оправдание для греха. Избавь меня от грешных привычек и от искушений, чтобы я мог наслаждаться близкой дружбой с Тобой. Во имя Иисуса, аминь.

Пусть ваше сердце повинуется:

(Что Бог хочет, что бы вы познавали, ценили или делали?)

Сражайтесь в Божьем всеоружии

«Господи! Путеводи меня в правде Твоей, ради врагов моих;
уровняй предо мною путь Твой».
Псалом 5:9

Представьте себе путь, ведущий к Богу через холмы, долины и реки. Следуя за Иисусом, нам нужно оставаться на этом пути, несмотря даже на то, что он узкий и трудный. (Мф. 7:14) Этот путь узкий, потому что Иисус – единственный Путь к Отцу (Ин. 14:6), и он трудный, потому что наша греховная природа пытаемся нам воспрепятствовать. Мы живём в мире, полном искушений, раздражителей, ложных религий и греха. С помощью всего этого враг пытается увести нас с Божьего пути. Слава Богу, у нас есть добрый путь, по которому нам нужно идти.

Непоколебимая вера.

Пребывание в Иисусе связывает нас с Иисусом, единственным Путем к Отцу. Если мы пребываем в Нём, мы находимся на Его пути, потому что мы едины с Ним. Сатана знает о невероятной силе пребывания в Иисусе, и он делает всё возможное, чтобы нарушить наше единство с Богом. Но нам известно о его старой стратегии и о том, как противостоять его искушениям. Сегодня мы поговорим о его стратегии и о том, как нам оставаться непоколебимыми в вере.

«Потому что наша брань не против крови и плоти, но против
начальств, против властей, против мироправителей тьмы века
сего, против духов злобы поднебесных» (Еф. 6:12).

Наш враг – сатана, а не люди. Поскольку мы находимся
во Христе, сатана не может нас контролировать, но он может
рыскать вдоль Божьего пути, по которому вы следуете. Иногда он
шепчет ложь. Иногда он выкрикивает оскорбления и обвинения.
Иногда он действует через запретные оккультные практики
или колдовство (Гал. 5:19-21). Он пытается нарушить наше
общение с Богом и увести нас от Него. Сатана посылает людей,
чтобы разделить нас, или насаждает в наш разум сомнения.
Сатана – это автор замешательства и разделения. Будьте
бдительны. Его деятельность не всегда кажется очевидным
злом (2 Кор. 11:14). Иисус назвал его «отцом лжи» (Ин. 8:44). Но
не бойтесь его, потому что сатана не может сравниться с Богом:
«Тот, Кто в вас, больше того, кто в мире» (1 Ин. 4:4). Сатана
не вездесущ (не может находиться одновременно везде), не
всеведущ (он не всезнающий) и не всемогущ (он не всесильный).
Он не знает наши мысли и не имеет власти над нами. Мы можем
идти в полном спокойствии, наслаждаясь Богом, потому что Он
не только *с* нами, но и *даёт* нам особое оружие для победы:

«Для сего примите всеоружие Божие, дабы вы могли противостать
в день злой и, все преодолев, устоять. Итак, станьте, препоясав
чресла ваши истиною и облекшись в броню праведности, и обув
ноги в готовность благовествовать мир; а паче всего возьмите
щит веры, которым возможете угасить все раскаленные стрелы
лукавого; и шлем спасения возьмите, и меч духовный, который есть
Слово Божие. Всякою молитвою и прошением молитесь во всякое
время духом, и старайтесь о сем самом со всяким постоянством
и молением о всех святых» (Еф. 6:13-18).

**Бог идёт впереди, чтобы сражаться за Свой народ, и даёт
нам Свое всеоружие (Ис. 59:17). Каждый аспект всеоружия
символизирует важную действительность Божьей защиты**

над нами. В послании Ефесянам главе 6 апостол Павел использовал образ вооружения римского солдата, чтобы проиллюстрировать наше духовное оружие. Давайте посмотрим, как каждый аспект всеоружия защищает нас, пребывающих во Христе.

1. **Пояс истины.** Этот пояс придаёт вам устойчивость, когда вы идёте Божьим путём. Древние римляне верили, что место в области талии было центром эмоций. В некоторых культурах до сих пор так считают. Опоясывание этой области символизирует контроль над эмоциями и приведение их в соответствие с истиной. Когда мы надеваем пояс истины, мы приводим наши мысли, подходы и действия в соответствие с истиной Божьего Слова (Ин. 17:17). Сатана лжёт обо всем. Он искажает Божье Слово и вызывает в нас волнение. Он посылает лжеучителей, чтобы увести нас с Божьего пути. С помощью страха и жалости к самим себе он пытается привести нас к падению. Но чем туже мы затягиваем Божий пояс истины, тем менее вероятно, что мы поддадимся обману врага. «И познаете истину, и истина сделает вас свободными» (Ин. 8:32). Наденьте свой пояс истины.

2. **Броня праведности.** Броня закрывает вашу грудь, которую римляне считали местом обитания души, и броня покрывает её праведностью Иисуса, Его совершенным послушанием и добродетелью. Она также защищает вас от двух злейших врагов вашей души – самоправедности *и* самоосуждения:

- *Самоправедность отвергает праведность Христа, как ненужную,* говоря: «Мне не нужен Спаситель. Я достаточно хорош. Бог в долгу передо мной».
- *Самоосуждение, другая крайность, приуменьшает ценность праведности Христа,* говоря: «Крестной смерти Христа недостаточно. Я слишком грешен. Мне нужно ещё больше стараться, чтобы заслужить Божью милость».

И самоправедность, и самоосуждение являются опасными проявлениями гордости, отображающей веру в самодостаточность, в способность заработать Божью милость. Обе формы гордости пренебрегают Божьей благодатью (Гал. 2:21). **Бог по Своей благодати возложил наши грехи на Иисуса, а Его праведность даровал нам (2 Кор. 5:21; 1 Пет. 2:24). Какой великий обмен!** Теперь мы покрыты праведностью Христа, которая необходима и достаточна. Верьте лишь в праведность Иисуса. Будьте уверены, что в Нём вы *уже* праведны, и *живите так,* чтобы ваша жизнь отображала ваше призвание. Грех даёт врагу возможность увести вас с Божьего пути (Еф. 4:27). Оберегайте своё сердце постоянным ношением брони праведности.

3. **Обувь мира.** В первом столетии после Рождества Христова римские солдаты носили шипованные сандалии, которые зашнуровывались толстыми полосками кожи. Эти сандалии служили хорошей опорой во время ожесточенных сражений. Обувь придаёт вам устойчивость. Сатана пытается выбить вас из равновесия, провоцируя разделения, особенно в церкви. Не позволяйте ему это делать. Бог дал нам основание для мира (Лк. 21:26; Ин. 16:33). Будьте миротворцами. Иисус говорил, что единство между Его последователями покажет миру, что Он послан Богом (Ин. 17:21). Живите в мире с Богом и с другими людьми, и когда другие спросят вас о внутреннем мире, который они видят в вашей жизни, «будьте всегда готовы всякому [...] дать ответ» (1 Пет. 3:15). «Как прекрасны ноги благовествующих мир» (Рим. 10:15). Наденьте обувь мира.

4. **Щит веры.** Римские солдаты смачивали свои щиты водой, чтобы защититься от огненных стрел своих врагов. Щит веры отражает вражеские раскаленные стрелы сомнения, стыда, страха и вины. Враг может кричать: «Ты не можешь доверять Богу! Бог не любит тебя! Ты ничтожество!» Но вы можете остановить эти стрелы верой в Божью благость, верой в Божью любовь, верой в Иисуса. «Сия есть победа, победившая мир, вера наша» (1 Ин. 5:4). Вера приходит от слушания Божьего Слова, поэтому слушайте Бога (Рим. 10:17). Следуя за Господом, размышляйте над Его Словом. «Ибо мы ходим верою, а не видением» (2 Кор. 5:7).

5. **Шлем спасения.** Этот шлем защищает ваши мысли. Это уверенность в спасении, которая защищает ваш разум от обмана сатаны. Уверенность в том, что вы спасены, является прочной защитой от сомнения, страха, замешательства и ощущения уязвимости (1 Ин. 5:11-13). Враг не может украсть ваше спасение (Ин. 10:28). Бог избавил вас от греха и принял вас, как Своё дитя. Вы Его навеки. Вы прощены навеки. Вы возлюблены навеки. Он вас покрывает и защищает. «Господи, Господи, сила спасения моего! Ты покрыл голову мою в день брани» (Пс. 139:8). Вам нечего бояться.

6. **Меч Духа.** Меч Духа – это Слово Божье (Еф. 6:17).[1] Нам нужно верить в Божьи слова, сказанные в Библии, и использовать их в битве с врагом. Божье Слово пребывает в вас, если вы пребываете в Боге (Ин. 15:7). **Писание помогает отличать почти правду от правды. Почти правда – это всё ещё обман.** Она опасна. Сатана иногда выглядит привлекательно (2 Кор. 11:14), но не обманывайтесь. Если враг предлагает хорошие, на первый взгляд, обходные пути, Божье Слово освещает истинный путь, чтобы мы по нему шли (Пс. 118:105). Меч Духа является единственным оружием нападения в нашем вооружении. «Слово Божие живо и действенно и острее всякого меча обоюдоострого: оно проникает до разделения души и духа, составов и мозгов, и судит помышления и намерения сердечные» (Евр. 4:12). Используйте его, чтобы уничтожать ложь врага, как это делал Иисус.

Меч Духа всегда острый и весьма эффективен в сражении. Но насколько крепко мы его держим? Вступим ли мы в битву, держа это мощное оружие лишь двумя пальцами? Безусловно, нет. Сделав так, мы быстро потерпим поражение. Если мы, ежедневно идя в этот мир, едва держим меч Духа, оставляем Библию неоткрытой и непрочитанной, то мы делаем опасный выбор. Почему мы вступаем в битву, не зная о нашем самом эффективном оружии? Друг, нам нужно научиться эффективному

---

1 *Vine's Complete Expository Dictionary of Old and New Testament Words* (Nashville: Thomas Nelson, 1984), 683.

пользованию этим оружием (2 Тим. 2:15). Крепко держите Божье Слово в своей руке.

7. **Постоянная молитва.** Ни один солдат не вступит в бой, не посоветовавшись со своими командирами, и мы в этом плане не исключение. Нам необходимо находиться в постоянном общении со своим Руководителем, прося у Него водительства. «Вразумлю тебя, наставлю тебя на путь, по которому тебе идти; буду руководить тебя, око Мое над тобою» (Пс. 31:8). Всегда молитесь за себя и за других людей, молитесь, чтобы вы были непоколебимы в вере и смело провозглашали послание Иисуса (Еф. 6:19). Говорите с Богом и слушайте Его наставления.

Размышления о жизни, как о постоянной битве, могут показаться вам тяжёлыми, изнуряющими и даже пугающими. Но это не так. Речь не идёт о том, чтобы истекать кровью или капитулировать перед врагом. Суть нашей духовной битвы – в пребывании в Иисусе. Он уже пролил за нас кровь и уже одержал победу (1 Ин. 5:4). Полагайтесь на Его способность сражаться за вас (Исх. 14:14). **Это Божья война** (2 Пар. 20:15).

Пусть Библия говорит:

Псалом 90 (дополнительно – Исаии 59:17-19)

Пусть ваш разум мыслит:

1. Как осознание того, что Бог с вами, меняет ваш взгляд на свой путь веры?

2. Что из Божьего всеоружия является наиболее эффективными для вас в вашем противостоянии врагу?

3. Как нам быть уверенными в том, что победа за нами? (Пс. 90; Еф. 1:19-23)

Пусть ваша душа молится:

Господи, помоги мне пребывать в Тебе и доверять Твоему водительству. Напоминай мне о необходимости облачаться в Твое всеоружие, чтобы я мог с Твоей помощью противостоять врагу и ободрять других верующих, идущих со мной. Помоги мне радоваться совместному путешествию с Тобой и с каждым шагом становиться ближе к Тебе. Во имя Иисуса, аминь.

Пусть ваше сердце повинуется:

(Что Бог хочет, что бы вы познавали, ценили или делали?)

Войдите в Божий покой через Божье слово

«Посему для народа Божия еще остается субботство. Ибо кто вошел в покой Его, тот и сам успокоился от дел своих, как и Бог от Своих. Итак, постараемся войти в покой оный».

Евреям 4:9-11

В начале Бог сотворил небо и землю (Быт. 1). Словом Своих уст Он произвёл всё существующее и вдохнул жизнь в сотворённое Им же тело Адама. Когда всё было сказано и сделано, Бог вновь начал творить – Он создал день покоя. Уже на самых первых страницах Библии мы видим определённый ритм труда и отдыха, который продолжается во всей Божьей Истории:

- «Шесть дней делай дела твои, а в седьмой день покойся» (Исх. 23:12).
- «Шесть дней работай, а в седьмой день покойся; покойся и во время посева и жатвы» (Исх. 34:21).
- «Остановитесь и познайте, что Я – Бог» (Пс. 45:11).
- «Пойдите вы одни в пустынное место и отдохните немного» (Мк. 6:31).

Может показаться странным, что Бог повелевает нам отдыхать, однако у человечества долгая история сопротивления покою. Почему же мы этому так противимся? Возможно, из-за нашего непонимания самой сути покоя. Как сказано в книге

Бытие, Бог был первым, кто отдыхал. «И совершил Бог к седьмому дню дела Свои, которые Он делал, и почил в день седьмой от всех дел Своих, которые делал. И благословил Бог седьмой день, и освятил его, ибо в оный почил от всех дел Своих, которые Бог творил и созидал» (Быт. 2:2-3). Первое, что Бог освятил, был не человек или предмет, а день. Бог отдыхал после того, как совершил труд, и Он освятил или, иначе скажем, отделил день покоя. На основе этих стихов мы можем назвать отдых временем, отделённым для наслаждения завершённым трудом Бога.

Но в понятие покоя входит не только перерыв в работе. В другом стихе сказано: «Оставаясь на месте и в покое, вы спаслись бы; в тишине и уповании крепость ваша» (Ис. 30:15). Покой – это возвращение к Богу, успокоение наших сердец в Его присутствии и упование на Него. **Покой отображает наше доверие Богу.** Хотя Бог повелел израильтянам делать перерыв от физического труда, чтобы в субботний день покоя вспоминать о Его избавлении (Втор. 5:15), мы видим, что Божий покой – это не только отсутствие физической активности.

Во времена Иисуса религиозные лидеры неправильно понимали идею покоя. Когда они обвинили учеников Иисуса

День покоя

Для людей верующих духовный покой в Иисусе – это образ жизни. Но в дополнение к духовному покою, Бог создал наши тела таким образом, что они имеют потребность в физическом отдыхе. Это на самом деле мудро: при возможности отделять каждый субботний день как день покоя. Опустошив себя в служении, нам нужно уделять время нашему наполнению.

После того, как Бог через Илию показал на горе Кармил Свою силу, Илия почувствовал себя истощённым и впал в депрессию (смотрите День 12). Бог знал, что духовный упадок Илии был связан с его физическим истощением, поэтому Он восполнил его физические потребности. После того, как Бог дал Илии отдых и пищу, тот смог вернуться к выполнению Божьего труда (3 Цар.18–19).

Что помогает вам восстановиться? Если ваша работа связана с физическим трудом, вам, возможно, нужно отдохнуть физически, уделив время чтению книги или просто посидев в общении с друзьями. Если ваша работа не связана с физической активностью, вам для отдыха, возможно, потребуется выйти на улицу и насладиться Божьим творением. Иисус говорил: «Суббота для человека, а не человек для субботы» (Мк. 2:27). Не нужно проявлять законничество относительно еженедельного выходного дня. Просто помните, что Бог дал вам физическое тело с физическими ограничениями. Отдыхайте.

в нарушении субботы, Он ответил им, говоря: «Суббота для человека, а не человек для субботы» (Мк. 2:27). Позже эти религиозные лидеры обвинили Иисуса в нарушении созданных ими правил соблюдения субботы. Но цель субботнего покоя состояла в том, чтобы помогать людям, а не отягощать их. По причине своей зацикленности на соблюдении правил отдыха они упустили саму суть покоя, не узнали единственного настоящего источника покоя – Иисуса, Господина субботы (Мф. 12:8).

Благодаря Иисусу мы наслаждаемся настоящим покоем – миром с Богом. Мы можем полагаться на Него и доверять Ему всё, обретая в Нем покой. Бог призывает нас войти в Его покой, который может дать только Он:

> «Придите ко Мне, все труждающиеся и обремененные, и Я успокою вас; возьмите **иго** Мое на себя и научитесь от Меня, ибо Я кроток и смирен сердцем, и найдете покой душам вашим; ибо иго Мое благо, и бремя Мое легко» (Мф. 11:28-30, выделение добавлено).

Иго (ярмо): Деревянное приспособление, которое возлогалась на плечи, чтобы помочь человеку или животному нести груз, разделенный на две равные части.

Покой, в полном значении этого слова, проистекает из наших отношений с Богом, а отношения с Ним возможны только благодаря Христу. **Следовательно, покой как образ жизни, означает не только однодневный выходной день от работы каждую неделю, но и пребывание в Иисусе.** Физический, умственный, эмоциональный и духовный отдых – это бесценный дар от Бога.

Мы отдыхаем физически от труда.
Мы отдыхаем от волнений, страха и беспокойства.
Мы покоимся в Божьем спасении.

Божья благодать даёт нам возможность трудиться и отдыхать. Но если мы ищем свою ценность в работе, отдыхать может быть трудно. Если мы обретаем свою ценность в Иисусе, наша уверенность зависит уже не от того, что *мы* делаем, а от того, что сделал Он. Мы покоимся в Нём. Когда мы работаем, то делаем это не для того, чтобы заслужить Божью любовь, а как ответ на Его любовь. Если мы пребываем в Нем, работа и отдых находятся в балансе.

Так почему же мы противимся отдыху? На примере израильтян мы видим, что они отказались войти в Божий покой, не желая войти в Обетованную землю (Евр. 3:17-19). Они не поверили, что Бог позаботится о них, и в итоге они переживали и беспокойно блуждали по пустыне. По большому счёту, то же самое происходит в отношении любого греха. Мы сомневаемся, что Бог удовлетворит наши потребности, и ищем удовлетворения в другом месте. Мы сомневаемся, что Бог всё контролирует, и пытаемся самостоятельно решить свои проблемы. Затем мы начинаем переживать и беспокойно блуждать, отдаляясь от Бога. Мы изнуряем себя и движемся в никуда. Мы остаёмся в пустыне.

Сегодня Бог призывает нас войти в Его покой не через Обетованную землю, а через Обетованного нам Иисуса. Если люди не доверяют Христу, они отвергают Его дар покоя. Они сомневаются в Нём, противятся Ему и *беспокойно блуждают* по жизни. То же самое можем делать и мы, верующие. Если мы сомневаемся в Божьих обетованиях и нарушаем Его повеления, мы препятствуем своему пребыванию в Нём и не можем войти в Его покой.

Вы *испытываете беспокойство*? Если вы никогда ранее не доверяли Иисусу свою жизнь или приходили к Нему, но затем отдалились, решение одно – вернуться к Богу и обрести в Нём покой. «Оставаясь [...] в покое, вы спаслись бы» (Ис. 30:15). Попросите Бога очистить вас от всякой засохшей ветви, которая мешает вам пребывать в Нём. Верьте Богу и верьте Его словам. В Евреям 4:3 сказано: «А входим в покой мы уверовавшие». Вы можете успокоиться и расслабиться в Божьих теплых объятьях, зная, что Он всегда с вами, всегда вас любит и вы всегда ценны в Его глазах. Итак, если вам кажется, что жизнь раздавливает вас, а беспокойство пытается вас поглотить, просто сделайте глубокий вдох. Вдохните Божью любовь и выдохните своё беспокойство. Взирайте на Бога (Кол. 3) и снова войдите в Его покой.

Пусть Библия говорит:

Евреям 3:7–4:12 (дополнительно – Матфея 12:1-14)

Пусть ваш разум мыслит:

1. Какое определение вы дадите Божьему покою? Каким образом вам нужно войти в Его покой?

2. Ответьте на «Вопросы для обсуждения за Неделю 4».

Пусть ваша душа молится:

Отче, Ты моё прибежище. Ты говоришь: «Придите ко Мне, все труждающиеся и обремененные, и Я успокою вас» (Мф. 11:28). Я измучен и обременён. Даруй мне Свой покой. Успокой мое сердце и избавь меня от всего, что мешает моей связи с Тобой. Во имя Иисуса, аминь.

Пусть ваше сердце повинуется:

(Что Бог хочет, что бы вы познавали, ценили или делали?)

ВОПРОСЫ ДЛЯ ОБСУЖДЕНИЯ ЗА НЕДЕЛЮ 4

Просмотрите уроки за эту неделю и ответьте на следующие вопросы. Поделитесь вашими ответами со своими друзьями во время вашей встречи на этой неделе.

1. Как пребывание в Иисусе углубляет ваши отношения с Богом и помогает вам в Его силе проживать вашу историю?

2. Какую «обрезку ветвей» Бог применял к вам в прошлом? От каких препятствий к пребыванию во Христе Бог хочет вас освободить?

3. «Плод же духа: любовь, радость, мир, долготерпение, благость, милосердие, вера, кротость, воздержание» (Гал. 5:22-23). Что из этого вы видите в изобилии в своей жизни? Какие из этих аспектов вы хотели бы развить ещё больше?

4. Как грех причиняет страдание? Почему грех нарушает вашу связь с Иисусом? Какие практические шаги вы можете сделать, чтобы противостать искушению?

5. Как вы можете ежедневно облекаться в Божье всеоружие? Какая часть этого всеоружия особым образом вам помогает? Чем из этого вы ранее пренебрегали?

БОЖЬЕ СЛОВО.
СЛУШАЯ АВТОРА ЖИЗНИ

ДЕНЬ
29

Цените Божье слово

«Ибо это не пустое для вас, но это жизнь ваша».
Второзаконие 32:47

Если мы действительно хотим познать Бога, если мы действительно хотим понять, как изменить свою жизнь и изменить мир, тогда Библия должна быть для нас важным приоритетом. Но недостаточно лишь знать библейские истины. Нам нужно их проживать вместе с Богом. Если мы в любви и в силе Святого Духа применяем эти библейские истины, тогда меняются жизни людей и меняется общество. Эту неделю мы посвящаем Библии – нашему самому ценному земному достоянию. Мы проведём обзор Библии, научимся её изучать и запоминать, узнаем, почему мы можем ей доверять, и так далее. Итак, начнём.

Библия не похожа ни на одну другую книгу во всей истории. Для её написания Бог вдохновил более чем сорок авторов различного происхождения. Среди них были пастухи, религиозные лидеры, цари, чиновники и рыбаки. Совокупно они писали на протяжении более 1600 лет, на трех разных континентах – в Азии, Европе и Африке.[1] Но здесь удивляет следующее: все эти разные авторы указывают на одну и ту же тему. Почему? Потому что *Бог Сам* направлял их в изложении *Своей Истории*. Кто ещё мог создать такое единое послание истины через разных людей, живущих в разное время и в разных

---

1 Howard G. Hendricks and William D. Hendricks, *Living By the Book: The Art and Science of Reading the Bible* (Chicago: Moody Publishers, 2007), 26.

культурах? Кто ещё мог написать такую книгу, способную изменять людские судьбы и при этом настолько согласованную в своём содержании? Никто, кроме Бога. Это Его Книга – Его Истинная История.

Как мы познаём Бога? Божье Слово говорит к нам, и Его жизнь течёт через нас.[1] «Всё Писание боговдохновенно» (2 Тим. 3:16), «ибо никогда пророчество не было произносимо по воле человеческой, но изрекали его святые Божии человеки, будучи движимы Духом Святым» (2 Пет. 1:21). Через Своё Слово Бог обращается к нам, учит нас, исправляет нас и готовит нас к будущему (2 Тим. 3:16-17). На каждой странице Писания Бог открывает Себя нам, и наша любовь к Нему лишь только возрастает. **Чтобы любить Бога ещё больше, мы познаём Его через Его Слово.**

Потому так важно принимать *каждую часть* Библии. И поэтому так опасно что-либо менять в Писании. Когда мы выбираем из Писания то, во что мы хотим верить, и отвергаем то, с чем мы не согласны, то мы тогда начинаем формировать собственную религию и рисовать образ какого-то лжебога. Если лекарство, спасающее жизни, чем-то разбавить, оно потеряет свою эффективность и может стать опасным; то же самое касается и Священного Писания, несущего людям жизнь. Иисус предостерёг от пренебрежения библейскими текстами, которые нам не нравятся:

> «Ни одна иота или ни одна черта не прейдет из закона, пока не исполнится все. Итак, кто нарушит одну из заповедей сих малейших и научит так людей, тот малейшим наречется в Царстве Небесном; а кто сотворит и научит, тот великим наречется в Царстве Небесном» (Мф. 5:18-19).

Не *редактируйте* Божье Слово.

Не добавляйте в Божье Слово какой-то другой материал. «Всякое слово Бога чисто [...] Не прибавляй к словам Его, чтобы Он

---

1 В Дне 31 говорится о достоверности Божьего Слова.

не обличил тебя и ты не оказался лжецом» (Притч. 30:5-6). В книге Откровение мы видим ещё более серьезное предостережение относительно попыток изменить Божье Слово:

«Я […] свидетельствую всякому слышащему слова пророчества книги сей: если кто приложит что к ним, на того наложит Бог язвы, о которых написано в книге сей; и если кто отнимет что от слов книги пророчества сего, у того отнимет Бог участие в книге жизни, и в святом граде, и в том, что написано в книге сей» (Откр. 22:18-19).

Последствия изменения или искажения Божьего Слова будут суровыми, поэтому, «[отвергнем] скрытные, постыдные дела, не прибегая к хитрости и не искажая слова Божия» (2 Кор. 4:2).

Но, несмотря даже на эти предостережения, люди всё еще пытаются добавить что-то к Библии или убрать что-либо из неё, дабы оправдать свои верования или же не оскорбить других. Поэтому так важно лично изучать Библию. Мы можем познавать Бога и Его Слово. Нам не нужно удивляться будущим событиям, о которых описано в Библии, например, о суде (День 6). Нам нужно остерегаться лжеучений и познавать Божью мудрость, изучая Библию.

Время изучения Библии может быть отдельным от вашего тихого времени общения с Богом. Проводя тихое время с Богом (День 22), вы, возможно, захотите поразмышлять над несколькими библейскими стихами, помолиться и послушать голос Святого Духа (Гал. 5:16). **Изучение же Библии более активно: мы её исследуем, запоминаем**

Переводы Библии

Сегодня мы имеем отличные переводы Библии. Оригинальные рукописи Библии тщательно переписывались многими поколениями. Были обнаружены всего лишь небольшие ошибки при копировании (например, неверно написанные слова, пропущенные или повторяющиеся буквы). В менее чем 1 процентe библейских текстов, переписанных неверно, не содержится доктринальных учений или повелений.

Источник: Geisler, Norman L. «Bible, Evidence For,» *Baker Encyclopedia of Christian Apologetics*, Baker Reference Library (Grand Rapids, MI: Baker Books, 1999).

и внимательно изучаем, чтобы больше узнать о Боге. Когда бы вы ни изучали Библию, – в течение тихого времени или в специально отведённое, – главное, чтобы это изучение было сознательным и последовательным.

Иногда нам сложно изучать Библию. Наши рабочие графики меняются. Кто-то из членов семьи заболевает. Жизнь становится трудной. В результате мы отвлекаемся на всё это, и изучение Библии кажется нам обременительным. Давайте же перечислим благословения, которые приходят только благодаря усердному изучению Божьего Слова:

1. **Познание Бога.** Библия на всех своих страницах раскрывает истину о Божьей Личности, и Его положении и силе, чтобы мы познавали Бога, поклонялись Ему и любили Его. Если мы не будем проводить время в изучении Божьего Слова, мы можем начать забывать о Нём. Но, как мы знаем из Дня 17, эта забывчивость опасна.

2. **Познание себя.** Божье Слово, как в зеркале, отражает сущность наших сердец. Мы видим, что Бог хочет, чтобы мы узнали о себе и о том, как Он благословляет нас, если мы следуем Его путями (Иак. 1:22-25).

3. **Познание Божьего плана.** Библия нам раскрывает всю перспективу происхождения и дальнейшей судьбы мира (Неделя 1), и наше место в ней. Нас может охватить разочарование, если мы будем только жить «здесь и сейчас» и не иметь понимания всей Божьей Истинной Истории.

4. **Познание, как правильно жить.** Сегодня вы решили прочитать этот материал. Через несколько минут вы решите применить то, что узнали. Затем вы примите ещё одно решение, и ещё одно. Каждый день вы принимаете тысячи решений, и Божье Слово, как светильник, освещает ваш путь и направляет вас в принятии мудрых решений (Пс. 118:105).

Как ежедневное выполнение физических упражнений и употребление полезной пищи постепенно меняет нас физически, так и регулярное изучение Библии постепенно меняет нас духовно. Независимо от того, осознаете вы эти изменения или нет, но, изучая Писание, вы укрепляете свои духовные «мышцы». Однако в отличие от физической пищи, мы никогда не пересыщаемся Божьим Словом. Наша способность воспринимать Божье Слово только увеличивается, и мы желаем его ещё больше. Божье Слово – это единственная пища, которая по-настоящему может удовлетворить голод наших душ. Узнавая на этой неделе, как изучать Библию, вы обнаружите её невероятную ценность, часто отображенную в разных образах:

- Божье Слово, как **семя**, произрастает в вас (1 Пет. 1:23).
- Божье Слово, как **свет**, направляет вас (Пс. 118:105).
- Божье Слово, как **вода**, омывает вас (Еф. 5:25-26).
- Божье Слово, как **камень**, даёт вам твёрдое основание (Мф. 7:24-25).
- Божье Слово, как **дождь**, изливается на вас, способствуя произрастанию в вас плода (Ис. 55:10-11).
- Божье Слово, как острый **меч**, защищает вас (Еф. 6:17; Евр. 4:12).
- Божье Слово **учит**, **обличает**, **исправляет** и **наставляет** вас (2 Тим. 3:16-17).
- Божье Слово – это ваша **жизнь** (Втор. 32:47).

Божье Слово даёт жизнь и меняет сердце. Не удивительно, что враг неустанно его атакует. Зародить в нас сомнение в Писании – его давняя уловка. Искушая Еву в саду, он спросил: «Подлинно ли сказал Бог?» (Быт. 3:1). Если ему удаётся посеять в нас сомнение, это вызывает цепную реакцию, уводящую нас от Бога:

- Сатана знает, что не доверяя Божьему Слову, мы не будем его читать.

- Если мы не читаем Божье Слово, мы не узнаем о Божьей Истории и об истории, которую Он написал для нас.
- Если мы ничего не знаем о Божьей Истории, мы не поймём, когда враг нас обманывает.
- И, будучи обманутыми, мы не будем противостоять искушению, также и не будем поклоняться Богу.

Да, враг отчаянно хочет, чтобы мы сомневались в Божьем Слове. Но, как мы уже узнали, с помощью щита веры можно отразить все эти раскаленные стрелы. *Верьте* Божьему Слову. Смело возьмите в руки меч Духа, «чтобы разрушить дела диавола» (1 Ин. 3:8). Именно поэтому пришёл Иисус и именно поэтому мы здесь. Мы разрушаем дела дьявола, когда мы истиной Божьего Слова освобождаем поколения, людей рядом с нами и целые народы. Будем умело владеть своими мечами.

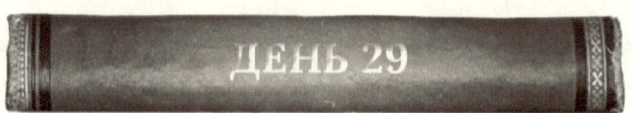

Пусть Библия говорит:

Псалом 18:8-12 (дополнительно – 2 Петра 1)

Пусть ваш разум мыслит:

1.   Какой из образов Библии вам сейчас наиболее ближе? Почему?

2.   В чём разница между тихим временем общения с Богом и изучением Библии? Как вам лучше уделять время и общению с Богом, и изучению Его Слова?

3.   В один из дней мы уже читали Псалом 18 (День 19). Прочитайте снова стихи 8-12 и перечислите разные описания и цели Божьего Слова. Как Божье Слово изменило вас?

Пусть ваша душа молится:

Отче, Ты Автор жизни, Автор Библии и Автор моей истории. Открывайся мне, когда я читаю Твоё Слово. Даруй мне мудрость и понимание. Покажи мне, как применять Твоё Слово в моей повседневной жизни, проживая историю, которую Ты для меня написал. «Открой очи мои, и увижу чудеса закона Твоего» (Пс. 118:18). Во имя Иисуса, аминь.

Пусть ваше сердце повинуется:

(Что Бог хочет, что бы вы познавали, ценили или делали?)

Примите Божье Слово. Притча о семенах и почве

«Вышел сеятель сеять семя свое... семя есть слово Божие».
Луки 8:5,11

Между моментом принятия Иисуса и моментом обретения нового жилища на небесах нас мало что так может питать и удовлетворять, как принятие Божьего Слова. Чем больше мы читаем Божье Слово, тем ещё больше мы хотим его читать. Поэтому мы так сильно меняемся, усваивая и применяя истины Писания в своей жизни (Рим. 12:2). Грех теряет свою силу. Божья благодать проникает в наши сердца. **Но для того, чтобы высвободить силу Божьего Слова в нашей жизни, нам нужно читать Его Слово и *принимать его*.**

В притче о семенах и почве Иисус показывает, как мы принимаем Божье Слово. Читая этот библейский текст, *помните, что семя – это Божье Слово* (Лк. 8:11):

«Вышел сеятель сеять семя свое, и когда он сеял, иное упало при дороге и было потоптано, и птицы небесные поклевали его; а иное упало на камень и, взойдя, засохло, потому что не имело влаги; а иное упало между тернием, и выросло терние и заглушило его; а иное упало на добрую землю и, взойдя, принесло плод сторичный» (Лк. 8:5-8).

Заметьте, что все семена были хорошими. Семя в этой притче совершенно. Именно состояние человеческого сердца и то, как люди принимают Божье Слово, определяет разницу между жизнью плода и жизнью без возрастания веры. Состояние почвы ограничивает рост или, наоборот, способствует ему. Божье Слово истинно и сильно, и готово принести плод, но именно *мы* определяем, насколько плодоносным оно будет в нашей жизни. Читая разъяснение Иисуса относительно четырех видов почвы, подумайте о состоянии своего сердца. Какой «почвой» являетесь вы?

1. **Вы «при дороге», огрубевшие и уязвимые перед врагом?** «Упавшее при пути, это суть слушающие, к которым потом приходит диавол и уносит слово из сердца их, чтобы они не уверовали и не спаслись» (Лк. 8:12).

Является ли ваша жизнь доро́гой, затвердевшей от прошлых обид, сомнений и грешного образа жизни? Если да, то мир может уничтожить семя Божьего Слова, как только оно попадёт к вам. А всё то, что осталось, может похитить враг. Если мы ожесточаем свои сердца, затаивая злобу или потакая греховному поведению, мы делаем себя уязвимыми перед врагом и препятствуем прорастанию в нас Божьего Слова. Ветхозаветный пророк Осия дал следующие наставления израильтянам, чьи жизни огрубели от греха:

«Сейте себе в правду и пожнете милость; *распахивайте у себя новину*, ибо время взыскать Господа, чтобы Он, когда придет, дождем пролил на вас правду» (Ос. 10:12, курсив добавлен).

Жизни израильтян напоминали невспаханную землю, никем незанятую и непригодную для использования. Решением проблемы было открытие сердец или «вспахивание почвы» для принятия Божьей праведности. То же самое касается и нас. Если Бог к вам обращается, не ожесточайте своё сердце (Евр. 4:7). Просите Бога исцелить ваши эмоциональные раны или удалить вредные привычки, от которых огрубевает ваше сердце. Неважно, насколько эти сферы в вашей жизни кажутся вам запущенными или затвердевшими, Бог всё равно может произвести урожай. Он даст нам Свою благодать для каждого шага изменений и для нашего исцеления.

2. **Вы подобны каменистой почве и не имеете глубоких корней?** «Упавшее на камень, это те, которые, когда услышат слово, с радостью принимают, но которые не имеют корня, и временем веруют, а во время искушения отпадают» (Лк. 8:13).

Относится ли это описание к вам? Чувствуете ли вы себя хорошо, когда слышите благую весть об Иисусе, но теряете свою решимость следовать за Ним, когда вера начинает казаться трудной, а другой путь – более легким? Кратковременный энтузиазм относительно веры в Иисуса – это не то же самое, что пребывание в Нем (смотрите Неделю 4). Некоторые люди иногда кажутся внешне духовно ревностными, но внутри они не пребывают в Иисусе. Духовные чувства – это не духовные корни, которые нам необходимы, чтобы выдержать испытание и противостоять искушению. Поверхностная вера со временем увядает.

Мы, люди, часто поверхностны, и руководствуемся своими эмоциями. Поверхностность – это жизнь, водимая нашими чувствами, а не Святым Духом. Нам нужно сказать: «Я верю в это, и никто не сможет похитить это у меня». Если наша почва каменистая, нам нужно избавиться от камней апатии и лени. Они являются грузом, который тянет нас вниз и препятствует нашему духовному возрастанию. Вместо этого глубоко укореняйтесь в Боге. «Да даст вам, по богатству славы Своей, крепко утвердиться Духом Его во внутреннем человеке, верою вселиться Христу в сердца ваши, чтобы вы [были] укорененные и утвержденные в любви» (Еф. 3:16-18). Вернитесь ко Дню 24 и ещё раз почитайте о глубоком укоренении.

3. **Вы подобны тернистой почве, заглушаемой заботами, богатством и наслаждениями?** «Упавшее в терние, это те, которые слушают слово, но, отходя, заботами, богатством

и наслаждениями житейскими подавляются и не приносят плода» (Лк. 8:14).

Вы поглощены беспокойством о жизни, о своём внешнем виде или о своём успехе? Вы часто думаете о деньгах, и вам всегда хочется ещё больше? Вы стремитесь к счастью, к развлечению и к досугу больше, чем к Богу? Если да, тогда эти вещи прорастут в вас, как терние, и заглушат ваш духовный рост. Мы многое упускаем из того, что Бог для нас приготовил, если мы отвлекаемся на наслаждения, роскошь, деньги и другие менее важные вещи.

Иисус призывал нас не беспокоиться: «Потому что всего этого ищут язычники, и потому что Отец ваш Небесный знает, что вы имеете нужду во всем этом. Ищите же прежде Царства Божия и правды Его, и это все приложится вам» (Мф. 6:32-33).

4. Вы – хорошая почва? «А иное упало на добрую землю и, взойдя, принесло плод сторичный […] упавшее на добрую землю, это те, которые, услышав слово, хранят его в добром и чистом сердце и приносят плод в терпении» (Лк. 8:8,15).

Теперь мы подошли к самой желанной почве. Это «добрая земля», из которой произрастает урожай Божьего Слова. Но давайте снова проанализируем свои сердца. Любите ли вы Божье Слово и применяете ли вы его в своей жизни? Ищете ли вы в нем мудрость и силу? Доверяете ли вы Богу больше, чем собственному пониманию (Притч. 3:5)? Если да, тогда Божье Слово будет в вас возрастать и принесёт много плода (День 25).

Иисус призывает нас молиться за плоды: «Если пребудете во Мне, и слова Мои в вас пребудут, то, чего ни пожелаете, просите, и будет вам. Тем прославится Отец Мой, если вы принесете много плода и будете Моими учениками» (Ин. 15:7-8). Обратите внимание на ученический контекст этих стихов. Иисус обещает дать нам всё, о чём мы попросим, *если мы будем пребывать в Нём и в Его Слове*. Если мы пребываем в Нём и в Его Слове, тогда наши желания будут совпадать с Его желаниями, и наши просьбы будут соответствовать Его воле.

Вновь прочитайте притчу о семенах и почве и запомните, что необходимо для того, чтобы стать хорошей почвой: «Услышав слово, хранят его в добром и чистом сердце и приносят плод в терпении» (Лк. 8:15). Если в вашей жизни есть невспаханная почва, то доверьте её Божьей культивации. Бог – великий Садовник (Ин. 15:1), и Его воля в том, чтобы в вашей жизни было много плода.

Пусть эта притча побуждает вас сеять семя Божьего Слова в жизнях других людей. Делясь Божьим Словом, вы сеете доброе семя. Если семя не укореняется и не прорастает в жизни другого человека, значит проблема в почве, в состоянии сердца человека. **Бог оценит наши жизни не по жатве, а по семенам, которые мы посеяли с любовью.** Наша задача – с любовью сеять Божье Слово и поливать его, наставляя новообращенных, а дать рост посеянному может *только*   (1 Кор. 3:6-8).

Пусть Библия говорит:

Луки 8:4-15 (дополнительно – Иеремии 4:1-4)

Пусть ваш разум мыслит:

1. Большинство из нас имеет несколько видов почвы в своем сердце. Какие виды почвы характеризуют ваше сердце?

2. Какая невспаханная почва или какое терние угрожает вашему духовному росту и плодоношению?

3. В каких сферах вашей жизни вы видите, как Бог производит там плоды? Прославьте Бога за Его верность и расположению к вашему возрастанию в Нём. Запишите себе в напоминание, где вы видите плод (сделайте «памятный камень»; смотрите День 17).

Пусть ваша душа молится:

Отче, благодарю Тебя за доброе семя Твоего Слова. Пожалуйста, не допусти, чтобы враг его у меня отнял. Помоги мне глубоко укореняться в Тебе, черпая подкрепление и силу из Твоих безграничных источников. Сделай моё сердце плодородной почвой для Твоего Слова и для возрастания плода. Во имя Иисуса, аминь.

Пусть ваше сердце повинуется:

(Что Бог хочет, что бы вы познавали, ценили или делали?)

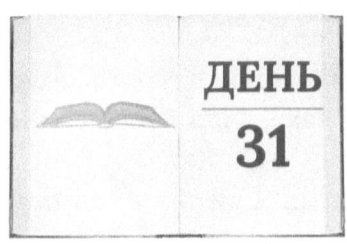

ДЕНЬ
31

Доверяйте Божьему Слову: причины чтобы верить

«Слово Твое есть истина».
Иоанна 17:17

Откуда вы знаете, что Библия – это не придуманная история? Кто-то задавал вам когда-либо такой вопрос? Возможно, вы и сами порой задумывались, действительно ли Божье Слово является Божьей Книгой. Как вы сегодня узнаете, у нас есть уверенность в авторитете Библии.

Не только Библия многократно утверждает о том, что она является Божьим Словом...

Не только Бог говорит о том, что Он вдохновил людей написать библейские книги...

Не только сами авторы приписывают записанные ими слова Богу...

Есть много других причин доверять Библии. Мы рассмотрим только восемь.

1. Иисус доверял Божьему Слову и Лично подтверждал его подлинность. Иисус начал Своё служение с чтения отрывка Исаии 61:1-2, где говорится об Избавителе, Которого Бог обещал послать. Затем Иисус провозгласил: «Ныне исполнилось писание сие, слышанное вами» (Лк. 4:21). Иисус учил Божьему

Слову, Закону, и Сам исполнял его. Он сказал: «Не думайте, что Я пришёл нарушить закон или пророков: не нарушить пришёл Я, но исполнить» (Мф. 5:17). Как мы говорили в Дне 26, Иисус противостоял искушению, цитируя Писание и начиная каждый Свой ответ сатане словом: «Написано...» (Мф. 4:4,7,10). В первый день после Своего воскресения Иисус провёл двух учеников по всему тексту Божьего откровения, объясняя «им сказанное о Нем во всем Писании» (Лк. 24:27). Если Иисус, совершенный Божий Сын, доверял Божьему Слову, то насколько больше этому Слову доверять должны мы?

2. **Библия полна исторических и географических ссылок.** Вымышленная книга вряд ли содержала бы столько исторических подробностей. Исторические книги Ветхого Завета полны конкретных указаний о местах, датах, периодах, людях и о древней культуре Ближнего Востока. Лука в своём повествовании о жизни Иисуса добавил много исторических фактов для более полного освещения истории о рождении Иисуса. Какие подробности содержатся в следующих стихах?

«В те дни вышло от кесаря Августа повеление сделать перепись по всей земле. Эта перепись была первая в правление Квириния Сириею. И пошли все записываться, каждый в свой город. Пошел также и Иосиф из Галилеи, из города Назарета, в Иудею, в город Давидов, называемый Вифлеем, потому что он был из дома и рода Давидова, записаться с Мариею, обрученною ему женою, которая была беременна» (Лк. 2:1-5).

В этих стихах Лука указывает имена двух правителей, конкретное историческое событие, три географических места, факты семейной истории Иосифа и причину, почему Иосиф взял с собой Марию. Лука не боялся проверки фактов. Кроме того, такой уровень подробностей побуждает людей проверять достоверность фактов.

3. **Исторические документы и археология подтверждают достоверность Библии.** Библия не только содержит духовные

истины, но и с удивительной точностью указывает исторические и географические подробности. Например, археологи обнаружили доказательство разрушения Иерихона, которое соответствует библейскому повествованию в книге Иисуса Навина.[1] Арамейские надписи с упоминанием о «Доме Давида» были найдены в Тель Дане.[2] Обнаруженные осадные рампы и места массовых захоронений подтверждают ассирийское вторжение в период правления царя Езекии.[3] Помимо вышеперечисленного было найдено ещё много археологических доказательств.

Существуют также древние исторические документы, содержащие подробности событий, описанных в Писании. Например, Матфей и Марк описывают необычную темноту и землетрясение, возникшие во время распятия Иисуса:

> «От шестого же часа тьма была по всей земле до часа девятого... Иисус же, опять возопив громким голосом, испустил дух. И вот, завеса в храме разодралась надвое, сверху донизу; и земля потряслась; и камни расселись; и гробы отверзлись» (Мф. 27:45,50-52).

Подобное было описано и светскими историками. Греческий историк Флегонт писал, что в период правления императора Тиберия, во время казни Иисуса, посреди дня наступила ночь, и землетрясение потрясло ту местность.[4] Ещё один историк, Таллос, писал, что землю покрыла ужасная тьма, и от землетрясения в Иудее раскалывались скалы.[5] Эти сведения светских историков согласуются с библейским повествованием о темноте и землетрясении в момент смерти Иисуса.

---

1 Walter A. Elwell, *Evangelical Dictionary of Theology: Second Edition* (Grand Rapids, MI: Baker Academic, 2001).

2 Ibid.

3 Nicholas R. Werse, «Hezekiah, King of Judah,» ed. John D. Barry, David Bomar, Derek R. Brown, Rachel Klippenstein, Douglas Mangum, Carrie Sinclair Wolcott, Lazarus Wentz, Elliot Ritzema, and Wendy Widder, *The Lexham Bible Dictionary* (Bellingham, WA: Lexham Press, 2016).

4 Gary R. Habermas, *The Historical Jesus: Ancient Evidence for the Life of Christ* (Joplin, MO: College Press Publishing Company, 1996), 218.

5 Ibid., 196–197.

4. **Библейские пророчества точно предвещали исторические события задолго до их возникновения.** Библия содержит сотни пророчеств, большинство из которых уже исполнилось. (Те пророчества, которые ещё не исполнились, относятся к концу времён, когда вернется Иисус.) События, предсказанные в Ветхом Завете и описанные в Новом Завете, отображают самые конкретные пророчества, которые когда-либо исполнялись. Вот некоторые из них:

- Приблизительно за 700 лет до рождения Иисуса пророк Михей написал, что Мессия родится в Вифлееме (Мих. 5:2; Мф. 2:1-6).
- Захария предсказал, что Иисуса предадут за тридцать сребреников (Зах. 11:12; Мф. 26:14-15).
- Давид пророчествовал, что люди пронзят руки и ноги Иисуса (Пс. 21:17; Ин. 20:24-28).
- Исаия предсказал, что тело Иисуса положат в гробницу богатого человека (Ис. 53:9; Мф. 27:57-60).
- О воскресении Иисуса также было многократно предсказано (Пс. 15:8-11; Деян. 2:24-31).

Никто не может изменить место своего рождения, способ своей смерти и то, что произойдет с телом человека после его смерти. Люди не могут знать и контролировать своё будущее, *но Бог может и делает это.* В Библии точно предсказаны будущие события, потому что её Автор знает «от начала, что будет в конце» (Ис. 46:10).

5. **В Библии содержится и негативная информация о её «героях».** Многие древние историки в своих летописях преувеличивали победы своих лидеров и преуменьшали (или вообще опускали) их неудачи. Однако библейские авторы не вносили подобные корректировки в свои описания. В Библии открыто говорится о том, что Авраам стал отцом сына служанки своей жены, что он лгал относительно своей жены, называя её своей сестрой. Иаков обманул и совершил воровство. Моисей

совершил убийство. Давид совершил убийство и прелюбодеяние. Иона пытался убежать от Бога, а потом с ненавистью отнёсся к покаянию жителей Ниневии. Петр трижды отрёкся от Христа. Павел арестовывал и оправдывал убийство последователей Иисуса. Если бы Библия была придумана людьми, она, вероятно, не стала раскрывать недостатки своих героев. Но, слава Богу, Библия написана по вдохновению Божьему.

6. **Библия содержит многочисленные свидетельства очевидцев.** Четыре разных человека, Матфей, Марк (под руководством Петра), Лука и Иоанн, составили повествования о жизни Иисуса. Если бы их истории полностью отличались, мы бы не могли им доверять. Но их повествования очень похожи, лишь с небольшими различиями, связанными с особенностями их личностей, с подробностями, на которые они обращали внимание, и с кругом людей, с которыми они общались. Эти различия, которые некоторые называют «несоответствиями», служат ещё одной причиной, почему нам нужно верить в достоверность этих историй.[1] Идентичные повествования четырех совершенно разных людей могли б свидетельствовать о копировании или о значительном редактировании. Читая Евангелия от Матфея, Марка, Луки и Иоанна, мы видим, что они похожи, но не идентичны. Именно такими должны быть разные, но правдивые рассказы об одних и тех же событиях.

7. **Библия ценит женщин и содержит их свидетельства.** В культурах, в контексте которых писалась Библия, к женщинам относились неуважительно. Но Библия на своих страницах вновь и вновь хвалит, вознаграждает и прославляет женщин. В ней сказано, что женщины первые обнаружили пустую гробницу Иисуса, в то время как мужчины от страха прятались за закрытыми дверями. Если бы библейские авторы, которые были мужчинами, придумали историю о воскресении, они бы не говорили о своей трусости, и тем более не упоминали

---

1 J. Warner. Wallace, *Cold-Case Christianity: A Homicide Detective Investigates the Claims of the Gospels* (Colorado Springs, CO: David C Cook, 2013).

бы, что свидетелями воскресения Иисуса стали женщины, поскольку в их культуре свидетельство женщин считалось ничего не стоящим. В Евангелиях повествуется о том, что Иисус разговаривал не только с женщинами (в том числе и с блудницами), но и с чужеземцами, детьми, прокаженными и мытарями. Он открыто общался со всеми людьми, которые в той культуре считались «второсортными». Хотя это взаимодействие их изумляло, последователи Иисуса, вдохновленные Богом на написание Его Истории, с предельной точностью, описали и эти события. Библия – это не продукт культуры того времени. Библия – это творение Божие.

8. **Наконец, вы можете лично познавать библейскую истину через собственный опыт.** Ежедневно читая Библию, вы в надлежащее время будете обнаруживать нужные истины. Вы начнёте замечать глубину, ясность и красоту Божьего Слова. Святой Дух поможет вам увидеть взаимосвязи между разными частями Писания, даруя вам более полное понимание духовных истин. Часто чтение Библии может наполнять вас миром, даже если в том, что вы читаете, ничего не сказано об источниках ваших волнений. Это происходит потому, что каждый раз, читая Библию, вы встречаетесь с ее Автором, и эта встреча приносит вам мир.

Но что происходит, если вы не *ощущаете* Божий мир? Что происходит, если вместо мира вы испытываете неопределенность? Вполне нормально, если у вас возникают вопросы и сомнения, особенно в период трудностей. Даже у Иоанна Крестителя возникли сомнения относительно личности Иисуса. Иоанн Креститель был послан Богом, чтобы подготовить путь для Иисуса: он смело выступал против лицемерия, проповедовал покаяние и говорил: «Вот Агнец Божий, Который берет на Себя грех мира» (Ин. 1:29). И он также, находясь в темнице, начал сомневаться в Иисусе. Иоанн Креститель послал своих учеников спросить у Иисуса: «Ты ли Тот, Который должен прийти, или ожидать нам другого?» (Лк. 7:19). Будучи одиноким, голодным и заключенным в темницу злым царём Иродом, Иоанн недоумевал, будет ли Иисус устанавливать Своё Царство – ведь этого ещё не произошло.

В ответ Иисус представил доказательство из *Писания*: «Пойдите, скажите Иоанну, что вы видели и слышали: слепые прозревают, хромые ходят, прокаженные очищаются, глухие слышат, мертвые воскресают, нищие благовествуют» (Лк. 7:22). Иисус говорил, что Он делал все, что в Писании сказано о Мессии (Ис. 35:5-6).

Если вы начинаете сомневаться в истине, вернитесь к доказательствам, как Иисус посоветовал сделать Иоанну Крестителю. Вспомните о вашем опыте с Богом. Пусть творение вновь убедит вас в существовании Бога. Углубитесь в Божье Слово. Молитесь словами человека, который просил Иисуса: «Верую, Господи! Помоги моему неверию» (Мк. 9:24).

> *Сомнения?*
> *Поразмышляйте над текстом Луки 11:9-10:*
> «И Я скажу вам: просите, и дано будет вам; ищите, и найдете; стучите, и отворят вам, ибо всякий просящий получает, и ищущий находит, и стучащему отворят».

Но сомнения не должны быть частью вашей истории. Ещё один Божий человек, Павел, находился в темнице в ожидании своей скорой казни. Однако он не колебался в вере. Что же придавало ему такую стойкость? Вера. Доказательства важны, однако они несравнимы с уверенностью, рождённой из веры, которая возрастает благодаря пребыванию в Боге. Павел написал: «Я... не стыжусь. Ибо я знаю, в Кого уверовал» (2 Тим. 1:12). Его сердце укреплялось *Тем*, в Кого он верил, а не *тем*, во *что́* он верил. Если вы страдаете или если у вас сомнения, вспомните о Том, в Кого вы уверовали. Пребывайте в Нем.

Пусть Библия говорит:
2 Тимофею 3:14–4:8 (дополнительно – Исход 24:4)

Пусть ваш разум мыслит:
1. Какова, по вашему мнению, самая убедительная причина доверять Библии?

2. Как вы думаете, почему люди считают, что Библия недостоверна или неактуальна? Считаете ли вы, что Библия достоверна и актуальна? Почему да или нет? Позвольте Библии помочь вам в любой сфере вашего неверия.

3. Как пребывание в Иисусе укрепляет доверие Божьему Слову?

Пусть ваша душа молится:
Отче, Слово Твоё есть истина. Всё Твоё Слово. Помоги мне верить ему и выполнять его. Я молюсь, чтобы я мог по-настоящему познать истину. Только Твоя истина принесёт мне свободу (Ин. 8:32). Слово Твоё есть истина (Ин. 17:17). Господи, сделай наши отношения настолько реальными, настолько близкими, настолько глубокими, чтобы не оставалось места никаким сомнениям. Во имя Иисуса, аминь.

Пусть ваше сердце повинуется:
(Что Бог хочет, что бы вы познавали, ценили или делали?)

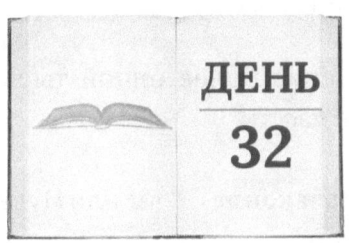

Обзор библии – книга за книгой

«Слово Твое весьма чисто, и раб Твой возлюбил его».
Псалом 118:140

Если бы Библия могла говорить, что бы она вам сказала? Сказала бы она о том, как вам начать путешествие по её страницам? Или бы она приветствовала ваше возвращение после долгого периода отсутствия? Или же она сказала бы, как радуется ежедневно проведенному времени с вами? Если кажется, что ваша Библия вами пренебрегается, то сегодня мы поможем вам ближе познакомиться с ней. Если вы испытываете некое опасение, приступая к изучению Писания, этой библиотеки из шестидесяти шести книг, то вы не одиноки в своих ощущениях. Итак, с чего же начать? Лучший способ почувствовать себя более комфортно на незнакомой территории – это провести её обзор.

Да, сегодня в наше путешествие веры входит обзор Библии. Изучив основной контекст и главное содержание, мы поймем взаимосвязь всех аспектов Божьей Истории. Мы также будем лучше понимать, что нам нужно читать, чтобы получить необходимую помощь. Наш обзор мы окончим предложениями, с каких частей нужно начинать чтение. Итак, приступим.

Начнем мы с того, с чего начинается Библия – с **Ветхого Завета**. Ветхий Завет в основном писался на иврите и составлялся в течение более одной тысячи лет.[1] Его можно разделить на четыре части:

1. **Тора (Бытие – Второзаконие).** Тора или Иудейский Письменный Закон состоит из первых пяти книг Библии. Эти книги были даны Богом Моисею и содержат истории сотворения, потопа, патриархов и блуждание еврейского народа по пустыне до его входа в Обетованную землю. Книги также содержат библейские законы иудаизма, начиная с Десяти заповедей. Тора называется ещё Пятикнижием или Пятью книгами Моисея.

2. **История Божьего народа (Иисуса Навина – Есфирь).** Следующие двенадцать книг Библии продолжают освещать историю Божьего народа в относительно хронологическом порядке. Мы уже изучили историю, начиная с сотворения мира и до перехода израильтян через реку Иордан на пути в Обетованную землю (Бытие – Иисуса Навина). Давайте вернемся к месту, на котором мы окончили.

В книге **Иисуса Навина** мы читаем, как Бог помогал израильтянам завоевывать Обетованную землю. Сначала у израильтян не было царя, у них были судьи. В книге **Судей** мы видим циклы греха и краткосрочного покаяния, потому что «в те дни не было [земного] царя у Израиля; каждый делал то, что ему казалось справедливым» (Суд. 21:25). Грех народа приводил к страданию. Бог оставался верным и постоянно избавлял Свой народ через судей, однако израильтяне, к сожалению, вновь продолжали грешить.[2] Они пренебрегали Богом и поклонялись идолам. На этом фоне греха мы находим книгу **Руфь**. Некоторые богословы считают, что книга Руфь написана с точки зрения женщины. В этой книге показано, как Бог включил в Свой план спасения женщину не из израильского народа, сделав её частью родословия Иисуса.

В итоге израильтяне потребовали царя, чтобы быть похожими на другие народы. Бог дал им просимое, и в книге **1 Царств**

---

1 Ветхозаветные книги изначально были написаны на иврите, за исключением отдельных частей книги Даниила, которые изначально были написаны на арамейском языке.

2 Суд. 2:2-3, 11-13, 17, 19; 3:6, 7, 12; 4:1; 6:1, 10; 8:24-27, 33; 10:6; 13:1; 17:6; 21:25.

мы встречаем первого израильского царя Саула. Этот царь быстро сошёл с Божьего пути и потерял Божье благословение. В 1 Царств глава 13 мы знакомимся с Давидом, о чьём правлении, как израильского царя, записано во книге **2 Царств**. Давид был мужем по сердцу Божьему (1 Цар. 13:14), который написал приблизительно половину псалмов в Псалтири. Он также был воином, и у него было много недостатков. Но в отличие от Саула, Давид, если он согрешал, то каялся и возвращался к Богу. Бог благословил Давида, утвердив его престол навеки и пообещав, что через его род придёт Мессия (2 Цар. 7:8-17). В **3 Царств** мы читаем о Соломоне, сыне царя Давида, который стал править после него. Он был мудрейшим из людей, но при этом недостаточно мудрым, чтобы избежать женитьбы со многими женщинами, которые поклонялись другим богам.

В **4 Царств** мы видим последующее время, когда цари начали грешить пред Богом. Многие из этих царей побуждали народ поклоняться лжебогам, и каждый из них столкнулся с последствиями своих греховных действий. Во-первых, израильский народ разделился на два отдельных царства: на Иудею (Южное царство) и Израиль (Северное царство). Затем Бог отправил жителей этих царств в плен, потому что они отказывались каяться в своём грехе

> *Изгнание:*
> Изгнание народа из его земли. Во время ассирийского и вавилонского вторжения оставили лишь небольшую группу людей, чтобы возделывать опустевшую землю Израиля.

и идолопоклонстве. Израиль был захвачен ассирийцами. Иудею захватили вавилоняне, которые увели многих иудеев в **плен (изгнание)** в Вавилон. Позже Вавилон был захвачен персами. Период царей продолжался приблизительно 345 лет,[1] и в книгах **1 и 2 Паралипоменон** повторно рассматриваются ключевые события того времени: 1 Паралипоменон повторно описывает события из 1 и 2 Царств, а 2 Паралипоменон – из 3 и 4 Царств.

Наконец, после семидесяти лет вавилонского плена Бог возвратил Свой народ на его землю, как и было предсказано

---

1 K. A. Kitchen, *On the Reliability of the Old Testament* (Grand Rapids / Cambridge: William B. Eerdmans Publishing Company, 2006), 30–32.

в Писании.[1] В книге **Ездры** мы читаем о физическом и духовном восстановлении народа. Когда вернувшийся из плена народ отстроил храм в Иерусалиме, священник Ездра помог народу восстановиться духовно, возобновив соблюдение Божьего закона и обновив Божий завет (официальный договор об отношениях между Богом и Его народом). Книга **Неемии** описывает восстановление городской стены вокруг Иерусалима, которая защищала город от врагов. Кроме того, отстроенная стена помогла вернуть народу уверенность в том, что он остался Божьим избранным народом. В книге **Есфирь** мы узнаем о неимоверно смелой еврейской девушке, сироте, которая стала персидской царицей. Благодаря своему царскому положению и своей смелости она, рискуя своей жизнью, спасла Божий народ от геноцида.

3. **Литературные произведения Божьего народа (Иова – Песня Песней).** Следующие пять книг Библии описывают человеческий отклик на Божьи дела, и их написание также было вдохновлено Богом. Эти книги названы книгами мудрости или литературой мудрости. Язык этих книг часто поэтический, наполненный художественными образами. В книге **Иова** рассказана история о человеческой верности Богу вопреки сильным страданиям. **Псалтирь** – это собрание молитвенных псалмов и поэм, посвященных Богу и отображающих искренние человеческие эмоции. Царь Соломон изложил часть своей мудрости в книге **Притчей** и описал пустоту безбожной жизни в книге **Екклесиаста**. Он также написал поэму любви – книгу **Песнь Песней**. Эта поэтическая произведение описывает историю любви между женихом и его невестой. По мнению некоторых богословов, эта песня отображает как Божью любовь к Его народу, так и любовь Иисуса к Его Церкви.

4. **Писания пророков (Исаии – Малахии).** Заключительные семнадцать книг Ветхого Завета являются Божьим обращением

---

1 Ис. 23:15; Иер. 25:11-12.

к Его народу. В этих книгах Бог выражает Свою великую любовь и Свое сострадание, побуждая народ покаяться и вернуться к Нему. Бог также предупреждает, что тех, кто не захочет раскаяться и довериться Ему, ожидает Божий гнев.

Через истории Божьего народа, через его ответы Богу и через Божьи ответы ему Ветхий Завет показывает нам разрушительное влияние греха на наши отношения друг с другом и с Богом. Но в этих историях Бог неоднократно обещает послать Избавителя. В этом смысле Ветхий Завет является историей надежды, а Новый Завет является историей исполнения этой надежды.

Спустя некоторое время после воскресения Иисуса девять авторов по вдохновению Бога написали книги **Нового Завета**; они были написаны на койне, повседневном греческом языке того времени.[1] Новый Завет, подобно Ветхому Завету, можно разделить на четыре части:

1. **История Иисуса (Матфея – Иоанна).** Евангелия от Матфея, Марка, Луки и Иоанна повествуют о жизни Иисуса, о Его учении, смерти и воскресении.

2. **История Церкви (Деяния).** Книга Деяний описывает первые тридцать лет истории ранней церкви и распространения христианства. Книгу иногда называют книгой Деяний Святого Духа. В ней также описано сошествие Святого Духа в день Пятидесятницы.

3. **Новозаветные письма (Римлянам – Иуды).** В этих письмах, написанных лидерами ранней церкви, объясняется христоцентричное богословие. В них также изложено учение о том, как жить в общине с другими христианам и как свидетельствовать об Иисусе неверующим людям.

---

1 James P. Sweeney, «Chronology of the New Testament,» ed. John D. Barry, David Bomar, Derek R. Brown, Rachel Klippenstein, Douglas Mangum, Carrie Sinclair Wolcott, Lazarus Wentz, Elliot Ritzema, and Wendy Widder, *The Lexham Bible Dictionary* (Bellingham, WA: Lexham Press, 2016).

4. **Заключение (Откровение).** Эта книга описывает конец времён, когда Иисус вернётся, чтобы царствовать вечно. Мы видим, как изливается Божий гнев на тех, кто по причине своего греха так и остался отделённым от Бога. Мы также видим полное выражение Божьей любви и Его личное присутствие со Своим народом в контексте нового неба и новой земли. Это книга великой надежды на будущую жизнь и вечность, в которой больше не будет ни печали, ни страданий, потому Иисус творит всё новое (Откр. 21:4-5).

После краткого обзора Библии хотим посоветовать, с чего нужно начинать её чтение:

- Начните с Евангелий. Будучи представителями Иисуса, самое важное, что мы можем делать – это больше познавать Его, изучать Его сущность, слова, дела и цели. Следуйте за Ним, читая о Нём в Евангелиях от Матфея, Марка, Луки и Иоанна в том порядке, какой вы изберёте сами. Вы будете познавать своего Избавителя, и становиться похожими на Него. В процессе чтения вы заметите, что Иисус часто цитировал тексты из Второзакония и Псалтири, и, возможно, вы потом сами захотите прочитать и эти две книги. Прочтите новозаветные письма (послания), чтобы лучше понимать, как нужно жить согласно учению Иисуса. Каждое из этих писем писалось в ответ на конкретную ситуацию, поэтому важно периодически перечитывать все эти книги.

- Начиная читать книгу, постарайтесь за один или два раза прочитать её всю целиком, чтобы иметь общее представление о ней. Затем снова начните читать книгу с самого начала, но теперь не спеша. Сосредотачивайте внимание на ключевых идеях.

- Используйте ежедневный план чтения Библии. Такие планы вы можете найти в интернете. Кроме того, многие Библии содержат планы чтения, расположенные в начале или в конце Библии.

Какой бы подход к чтению вы ни выбрали, **главной целью должно оставаться понимание и принятие библейских истин**. Теперь вы знаете, *где* начинать читать Библию. Завтра вы более подробно узнаете, *как* её читать, чтобы укрепить свои отношения с Богом.

ДЕНЬ 32

Пусть Библия говорит:

Псалом 118:1-56 (дополнительно – 2 Петра 3:18)

Пусть ваш разум мыслит:

1. Что из нашего обзора Библии было новым для вас или удивило вас?

2. Прочитайте первую часть Псалма 118 (стихи 1-56). Как мы становимся благословенными?

3. Обсудите с другом, какую книгу Библии вы начнёте изучать первой. Возможно, вы решите следовать плану чтения. Будьте подотчетны друг другу и обсуждайте то, что вы узнали. Читая каждую книгу, рассматривайте её в контексте всей Божьей Истории.

Пусть ваша душа молится:

Отче, Твоё Слово настолько богато, настолько многогранно. Помоги мне изучать его каждый день. Когда я буду читать Евангелия, помоги мне учиться поступать, думать и говорить так, как это делал Иисус. Сделай открытым мой разум и моё сердце, и «по слову Твоему вразуми меня» (Пс. 118:169). Во имя Иисуса, аминь.

Пусть ваше сердце повинуется:

(Что Бог хочет, что бы вы познавали, ценили или делали?)

Изучайте библию – шаг за шагом

«Открой очи мои, и увижу чудеса закона Твоего».

Псалом 118:18

Этого момента религиозные лидеры ждали всю свою жизнь. Год за годом они проводили время в изучении и выполнении заповедей Писания. Эти люди гордились своей способностью запоминать и толковать еврейские Писания (Ветхий Завет). Они наставляли своих детей так, как их наставляли родители, готовясь к приходу Мессии. И когда этот момент настал, когда Иисус стоял перед ними, многие из этих учителей закона не признали Его Мессией. Не потому, что Иисус не исполнил пророчества – Он их исполнил. И не потому, что они были сбиты с толку от всего происходящего – они не были в замешательстве. Эти религиозные лидеры не признали Его по причине того, что они упустили из вида истинное значение Писания. Иисус сказал им:

«Исследуйте Писания, ибо вы думаете чрез них иметь жизнь вечную; а они свидетельствуют о Мне. Но вы не хотите прийти ко Мне, чтобы иметь жизнь» (Ин. 5:39-40).

Учителя закона хвалились своим пониманием Священного Писания, а ведь это Писание оно указывало на Иисуса (Лк. 24:25-27). Иисус говорил им: «Как вы можете знать

Писание и не знать Меня?» Они поклонялись Божьим словам, вместо того чтобы поклоняться Божьему Слову – Иисусу. Они сосредотачивали своё внимание на правилах, а не на отношениях с Богом, фокусировались на законах, а не на Божьей любви. Их головы были заполнены знаниями, но их сердца оставались неизменёнными.

Сегодня, рассматривая то, как можно изучать Библию, мы будем придерживаться другого подхода. Будем изучать Писание со смирением и с желанием познать Иисуса и следовать за Ним. Будем возрастать в истине и любви. Обретая новое знание, будем возвеличивать Иисуса, а не себя. Потому что, открывая Библию, мы ожидаем увидеть там Бога. Ощущение Божьего присутствия углубит осознание нашей нужды в Его благодати и углубит нашу любовь к Иисусу.

Итак, давайте приступим. Мы уже знаем, что целью изучения Библии должно быть изменение нашего сердца, а не только приобретение знаний. Есть много способов изучать Библию. Ниже предлагается один из подходов с использованием пяти шагов.

1. Молитесь

Прежде чем приступить к чтению, МОЛИТЕСЬ. Святой Дух помогает нам понимать Божье Слово (1 Ин. 2:27). Он направляет нас ко всей истине (Ин. 16:13). Просите Его даровать вам мудрость и открыть ваши духовные глаза, когда вы будете читать Божье Слово (Пс. 118:18). Верьте, что Он исполнит то, о чём вы Его просите (Иак. 1:5-7). Теперь вы готовы читать.

2. Читайте

- Читайте внимательно. Будьте внимательны, когда изучаете Библию. Чтение стихов вслух может помочь вам не торопиться и вслушиваться в каждое слово. Выписывание стихов может помочь вам не спешить и лучше сосредоточиться. Можно разделить лист бумаги на две колонки. В левой колонке выписывайте отрывки, стих за стихом. В правой колонке записывайте свои мысли напротив стиха. Читая и выписывая, анализируйте отрывок: кто говорит? К кому обращена речь? О чем здесь говорится? Почему? Когда?

- <u>Читайте по несколько раз.</u> Это поможет вам найти подсказки. Если вы многократно прочитаете один и тот же отрывок, вы увидите новые подробности, значения и способы применения. Это *живое* Божье Слово, то есть оно активно, а не статично (Евр. 4:12). Божье Слово проникает в наши жизни, чтобы оценить их содержимое.

- <u>Читайте усердно.</u> Изучение Библии требует времени и усилий. **Важно изучать контекст библейских отрывков и историй, иначе мы можем неправильно их понять.** Уделите время исследованию исторического/ культурного контекста, литературного значения (о чём идет речь) и литературного характера отрывка (как он соотносится с главой и книгой). Подумайте над тем, как он соотносится со всей Божьей Историей (Неделя 1), и как он указывает на Иисуса (Лк. 24:13-17,27). Изучая контекст, мы сможем понять значение отрывка.

- <u>Читайте пристально.</u> Обращайте внимание на детали. Какие глаголы используются? Какие слова повторяются? Если вы обратили внимание на какое-то слово или на какой-то стих, выпишите его. Если в вашей Библии есть параллельные ссылки, исследуйте их. Обращайте внимание на переходные слова. Если вы встречаете слово *поэтому*, прочитайте предыдущую часть, чтобы лучше понять данный текст (для чего оно использовано?). Если вы видите частицу *но*, также просмотрите отрывок. Если вам непонятно какое-либо слово, поищите его в других местах Писания и определите его значение с помощью контекста, как мы делали это в отношении слов *святой* (День 13) и *покой* (День 28). Позвольте Библии помочь вам в толковании её самой.

- <u>Читайте смиренно.</u> Иногда Библию сложно читать, потому что мы не всегда с ней согласны. Если такое происходит, помните, что Божьи пути выше наших путей (Ис. 55:9). Доверяйте Богу, верьте Его Слову. Иногда, читая знакомый отрывок, нам кажется, что мы уже всё о нём знаем. В таком случае смиренно просите Бога открыть ваши глаза к новым деталям, к новым способам применения. Если же вы не можете найти нужную информацию или ответы на интересующие вас вопросы, помните: «Сокрытое принадлежит Господу, Богу нашему, а открытое – нам и сынам нашим до века, чтобы мы исполняли все слова закона сего» (Втор. 29:29). Сосредоточьтесь на том, что Он уже вам даровал для понимания, зная, что это именно то, что вам нужно.[1]

3. Задавайте вопросы

- <u>Что Бог говорил первоначальной аудитории?</u> Проанализируйте факты. О чём говорится в отрывке? Не спешите применять библейский текст к своей жизни, не поняв, что он значил для первоначальной аудитории. Попытайтесь понять, что Святой Дух говорил в их конкретной ситуации.

- <u>Каким был формат?</u> Важно то, как именно были представлены эти слова. Этот псалом необходимо было читать вслух или петь? Нужно ли его было читать вслух группе людей или он предназначался для личного изучения? Внимание к тому, каким образом каждый отрывок был впервые изложен, предоставляет контекст для лучшего понимания его значения.

- <u>Есть ли в отрывке вечные истины для верующих?</u> Есть ли в нём обетование или предостережение, которое касается всех людей во все времена?

---

1 Эта часть «Читайте» отображает то, как я научилась изучать Библию. Большинство из перечисленных принципов я взяла из этой книги: Howard G. Hendricks and William D. Hendricks, *Living By the Book: The Art and Science of Reading the Bible* (Chicago: Moody Publishers, 2007), 79–131.

- <u>Что данный текст Писания говорит вам о Боге?</u> О Его личности? О Его характере? О Его обетованиях?

- <u>Что в этом отрывке Писание говорит вам о человечестве?</u> О наших сердцах? О наших нуждах? О нашем поведении?

Если время ограниченно, вы можете просто спросить: «Что Бог хочет, чтобы я познавал, ценил или делал?»

4. Применяйте

- <u>Что Библия говорит вам о вас самих?</u> Нам необходимо лично применять Божье Слово в нашей жизни: «Будьте же исполнители слова, а не слышатели только, обманывающие самих себя» (Иак. 1:22). Помните, **Бог не просто хочет проинформировать нас, Он хочет изменить нас. Божья цель – уподобить нас Христу** (Рим. 8:29). С Его помощью мы применяем Его Слово в нашей жизни, чтобы развивать в нас характер Христа, чтобы мы думали и поступали, как Он.

- <u>Есть ли в этом отрывке обетование?</u> Библия содержит тысячи обетований (обещаний Бога), и многие из них имеют определенные условия. Например, в Римлянам 10:9

Обетования и законы в Библии

Применяя Божье Слово в своей жизни, помните, что некоторые обетования давались только отдельным людям в определенное время. Например, обетование, что Мария зачнёт и родит Божьего Сына, относилось только к Марии. Не все библейские обетования имеют глобальный характер. Кроме того, не все ветхозаветные законы до сих пор применимы. Многие левитские законы предназначались только для израильского священства и должны были показать, что евреи были отделены Богом. Когда Иисус пришёл и показал, как людям из всех народов можно присоединиться к Божьей семье, некоторые законы изменились. Например, духовное обрезание сердца, происходящее в момент, когда люди принимают в своё сердце Христа, сегодня заменило собой ветхозаветное физическое обрезание (Рим. 2:25-29). Бог также отменил законы, связанные с пищей, объявив, что вся пища чиста, как и все люди, евреи и язычники, становятся духовно чистыми благодаря Иисусу (Деян. 10). Важно помнить, что Бог никогда не нарушает Свои обетования. Он верен.

сказано, что, *если* мы будем исповедовать Иисуса Господом и веровать в Него, *то* мы спасемся. Обетования с условиями указывают нам, что нужно делать.

- <u>Есть ли в отрывке заповедь?</u> Говорится ли о каком-то действии, которое нужно совершать на основе данного текста?

- <u>Есть ли в отрывке предостережение или предупреждение?</u> Бог хочет защитить нас от опасности. Часто самую большую угрозу представляет наша греховная природа. Божьи предостережения помогают нам избежать ненужной боли.

5. **Молитесь и ведите дневник**

- <u>Говорите с Богом.</u> Если Он дал вам направление, просите Его указать вам следующий шаг и помочь вам двигаться вперед с верой. Если Бог открыл вам грех, просите Его простить вас и освободить от этого греха. Если Он дал вам обетование, поблагодарите Его за верность. Если Бог открыл вам что-то относительно самого Себя, поблагодарите Его за то, что Он показал вам Себя. Молитесь Богу стихами из Библии. (О молитве текстами из Писания мы поговорим на следующей неделе; День 40).

- <u>Ведите дневник.</u> Записывайте стихи, молитвы и личные рассуждения. Используйте простой блокнот, в который вы можете записать всё, что узнали, и это поможет вам помнить о Божьей верности. Ваши записи могут помочь также и другим людям в их жизненном пути. Не бойтесь что-то подчёркивать и делать пометки в Библии. Они могут стать памятными камнями (День 17), знаменующими то, что вы узнали в Библии, как Бог помог вам в трудное время или как далеко вы прошли по Божьему пути.

Окончив чтение и изучение Библии, ПОДЕЛИТЕСЬ с кем-то тем, что вы узнали. Расскажите кому-нибудь о вашем опыте изучения Божьего Слова. Поделитесь тем, чему вас научил Бог. Попросите других рассказать о том, что они узнали в Библии. По возможности делитесь полученным знанием.

Дополнительные советы по изучению Библии:

1. Если возможно, читайте один и тот же отрывок в разных переводах Библии, чтобы лучше его понять.

2. Если в вашей Библии есть параллельные ссылки, прочитайте их и посмотрите, где ещё в Библии встречаются ключевые идеи и слова. Сравнение библейских текстов друг с другом защищает нас от неправильного понимания. Использование параллельных ссылок помогает нам понять значение стиха или отрывка и его взаимосвязь с другими библейскими текстами.

3. Если стих кажется важным, замедлите скорость чтения и проанализируйте каждое слово в стихе. Например, в Матфея 6:9-13 Иисус учил учеников молиться. Подумайте над каждой фразой, которая начинается словом «наш/ наши». О чем говорит это множественное число? Кто включен в слово «наш». Затем перейдите к слову «Отец». Что оно говорит вам о ваших отношениях с Богом? Внимательно исследуйте каждое слово. (Примечание:

Переводы Библии
Ветхозаветный иврит и новозаветный греческий – сложные языки. Их грамматические структуры и литературные стили могут не существовать в других языках, поэтому, перевод Библии представляет собой сложную задачу. К счастью, благодаря современным исследованиям многие современные переводы превосходны. Если у вас есть несколько переводов на выбор, старайтесь при изучении слов использовать дословный перевод (например, English Standard Version). При изучении понятий, которые можно применить на практике, используйте переводы по принципу «мысль за мыслью» (например, New Living Translation). Для сбалансированного подхода используйте переводы, сочетающие в себе два вышеуказанных принципа (например, New International Version или Christian Standard Bible).

изучая значения слов, используйте дословный перевод Библии.)

4. Не ищите скрытых значений. Библия – это не головоломка, это – Божье откровение вечных истин для всех людей. Бог хочет, чтобы мы читали Библию и с *Его* помощью понимали её, а не пытались манипулировать Писанием, ища поддержку для своих идей или оправдывая свои взгляды.

5. Есть много ресурсов, доступных онлайн или в книжном формате.[1] Многие люди пользуются библейскими словарями (для поиска значения трудных слов, содержащихся в Библии) и справочными книгами, называемыми «симфониями» (для определения местонахождения конкретных слов в тексте Библии). Эти ресурсы могут содержаться и в вашей Библии. Если вы пользуетесь библейскими комментариями, читайте их *после* того, как вы сделали свой собственный анализ. Если никто в комментариях не пришёл к подобным заключениям, как и вы, то, возможно, вы неправильно понимаете библейский текст.

Если вам не хватает желания изучать Библию, скажите об этом Богу. Просите Его дать вам стремление изучать Его Слово. На эту молитву Он с радостью ответит. Бог хочет, чтобы мы наслаждались изучением Его Слова, проводя время вместе с Ним. Он хочет, чтобы на станицах Библии мы черпали силу, мудрость, мир и радость. Благодаря этому мы можем уберечься от чувства гордости из-за полученных знаний. Помните, что Иисус хочет, чтобы мы познавали Его, а не только информацию о Нём. Познавая Божью волю в Его Слове, просите Бога изменить ваш разум и ваше сердце.

---

1 Зайдите на allinmin.org, чтобы найти больше ресурсов, которые мы составили, чтобы помочь вам в изучении Библии и в применении библейских истин в вашей жизни.

Пусть Библия говорит:

Псалом 118:57-112 (дополнительно – Филиппийцам 1:9-11)

Пусть ваш разум мыслит:

1. Какие из вышеперечисленных шагов в изучении Библии вы уже применяли?

2. Какие из этих шагов новые для вас?

3. Как вы можете применить то, что узнали в Библии? Бога не впечатляют наши знания (сбор фактов). Он ищет отношений (исполнение Его заповедей с Его помощью). Как, по вашему мнению, изучение Библии может помочь вам познавать Бога и служить Ему?

Пусть ваша душа молится:

Отче, помоги мне никогда не пренебрегать Твоим Словом (Пс. 118:16). Помоги мне в изучении Библии. Направляй меня в чтении Твоего Слова и в его применении в своей жизни. Даруй мне возможности делиться с другими тем, чему Ты меня научил. Во имя Иисуса, аминь.

Пусть ваше сердце повинуется:

(Что Бог хочет, что бы вы познавали, ценили или делали?)

Запоминание Божьего слова

«В сердце моем сокрыл я слово Твое,
чтобы не грешить пред Тобою».
Псалом 118:11

Каждый день, принимая очередное решение, вы и я отвечаем на следующих два вопроса: *«Во что я верю, когда речь идёт о Боге? Во что я верю относительно самого себя?»* Осознаем мы это или нет, но мы смотрим на жизнь через призму богословия и своей идентичности. Большую часть времени мы, даже не подозревая, делаем предположения и формируем выводы относительно Бога, себя и окружающего нас мира. Наши верования (или наше мировоззрение) влияют на наши разговоры и формируют наши приоритеты (Притч. 4:23).

Божье Слово много говорит о том, как хранить своё сердце и направлять его к вечным истинам.[1] Мы нуждаемся в мировоззрении, которое способствует выполнению Богом данного предназначения для нас. Понимание Божьей Истории (Неделя 1) помогает нам понимать мир и поступать соответственно. Нам также нужны библейские принципы для всех сфер и для всех периодов нашей жизни. Поэтому так важно **сокрытие Божьего Слова в своем сердце**.

Давайте поговорим сегодня о том, зачем и как запоминать Божье Слово.

---

1 Относительно охраны сердца смотрите Притч. 4:23; 24:12; Флп. 4:7; Кол. 3:1.

Запоминание Божьего Слова делает его доступным в любое время. Неважно, куда мы направляемся или что мы делаем, мы всегда ко всему готовы. Божье Слово является нашим сильным, личным и многоцелевым инструментом для изменений. Оно – свет для нашего пути, молот для уничтожения греха, зеркало для исследования наших душ, меч для поражения врагов и многое другое. Если мы запоминаем Божье Слово, его никто не сможет у нас отнять, и Бог может обращаться к нам через него в любое время. Писание может наполнять наши молитвы и разговоры, в то время как мы сидим в доме своем, идём дорогою, ложимся и встаем (Втор. 6:7). В нашем сердце сильная жизнеизменяющая молитва может возникнуть из слов Писания, и в этом нам помогает запоминание Писания. Святой Дух напоминает нам об истинах, записанных в наших сердцах, которые часто служат ответами на наши молитвы.

Запоминание Божьего Слова утешает нас и других людей, даруя нам нужные слова в нужное время. В жизни каждого человека возникают трудные времена, и большим утешением служит поддержка со стороны тех, кто нас любит. Если Божье Слово записано в наших сердцах, Бог может через нас ободрять других людей. Мы можем посмотреть им в глаза и сказать им слова любви и надежды, вместо того чтобы заглядывать в Библию или в телефон в поиске нужного стиха. Иногда мы сами нуждаемся в ободрении. Но никто не может быть с нами в каждый момент каждого дня. Никто другой не может понести нашу боль вместо нас. И именно тогда Бог напомнит нам через Писание, сокрытое в наших сердцах, что Он с нами, что Он действует. Божье Слово облегчает нашу печаль. «Обретены слова Твои, и я съел их; и было слово Твое мне в радость и в веселие сердца моего; ибо имя Твое наречено на мне, Господи, Боже Саваоф» (Иер. 15:16).

Запоминание Божьего Слова изменяет наше мышление. Библейские принципы противоположны принципам мира и нашим эгоистичным желаниям. Они не естественны для нас, но они важны для нашего пребывания во Христе. Запоминание Писания позволяет Божьим мыслям глубоко проникать в наши души, чтобы укреплять нас, исправлять и ободрять. Благодаря этому мы можем принимать решения вопреки нашим естественным склонностям. Наше мышление существенным образом меняется (Рим. 12:2). Если нас обвиняют или предают, нашей естественной реакцией может быть защита или месть. Божье Слово призывает нас успокоиться: «Не воздавайте злом за зло или ругательством за ругательство; напротив, благословляйте, зная, что вы к тому призваны, чтобы наследовать благословение» (1 Пет. 3:9). Если мы сталкиваемся с непростым членом семьи, с коллегой или с членом церкви, Бог призывает нас проявлять терпение, «снисходя друг ко другу любовью» (Еф. 4:2). Если мы видим свою гордость и самоправедность, Бог напоминает нам: «Смиритесь» (Иак. 4:10). Вместо того чтобы привлекать внимание к себе, мы сосредотачиваем внимание на Боге. Вместо осуждения мы проявляем сочувствие. Вместо того чтобы обижаться или гневаться, мы становимся миротворцами. Мы надлежащим образом воспринимаем обличение и признаем свою неправоту. Именно так Писание действует в наших сердцах.

Запоминание Божьего Слова помогает нам выполнять свое предназначение. Чем больше мы изучаем Писание, тем больше мы узнаём о Божьем характере и о своем призвании. Божье Слово проникает в наши сердца, и наша любовь к Богу становится сильней, как и любовь к другим людям. Мы хотим, чтобы они также имели близкие отношения с Иисусом. Мы хотим, чтобы они были спасены от греха и процветали, живя новой жизнью, сейчас и в вечности. Но наше предназначение любить Бога, любить других и приводить их к Нему, означает, что нам нужно всегда быть готовыми поделиться своей надеждой во Христе (1 Пет. 3:15). Запоминая Божье Слово, мы можем объяснять Божье послание Божьими словами. Помните «хлеб Евангелия» из Дня 18? Начните с запоминания стиха для каждого из четырех важных ингредиентов этого хлеба:

- Бог любит нас: «Ибо так возлюбил Бог мир, что отдал Сына Своего Единородного, дабы всякий, верующий в Него, не погиб, но имел жизнь вечную» (Ин. 3:16).

- Грех разделяет нас: «Все согрешили и лишены славы Божией» (Рим. 3:23).
- Иисус спасает нас: «Бог Свою любовь к нам доказывает тем, что Христос умер за нас, когда мы были еще грешниками» (Рим. 5:8).
- Покаяние и вера меняют нас: «Ибо если устами твоими будешь исповедовать Иисуса Господом и сердцем твоим веровать, что Бог воскресил Его из мертвых, то спасешься, потому что сердцем веруют к праведности, а устами исповедуют ко спасению» (Рим. 10:9-10).

Запоминание Божьего Слова помогает нам противостоять искушению. «В сердце моем сокрыл я слово Твое, чтобы не грешить пред Тобою» (Пс. 118:11). Запоминание Писания, несомненно, это эффективное оружие, побеждающее грех: «Ибо слово Божие живо и действенно и острее всякого меча обоюдоострого» (Евр. 4:12). Несмотря на остроту Божьего Слова, мы не всегда его крепко держим. Но мы можем держать его крепче, если будем его запоминать. Лучшим примером для нас служит Иисус. Как мы уже говорили (День 26), Он крепко держался за Божье Слово в противостоянии искушению. Мы можем подготовиться к духовной битве, заучивая на память Писание, особенно те стихи, которые касаются наших самых частых искушений и проявлений слабости. Например:

Искушение	Стихи для запоминания
Вспыльчивость	«Глупый весь гнев свой изливает, а мудрый сдерживает его» (Притч. 29:11). «Всякий человек да будет скор на слышание, медлен на слова, медлен на гнев, ибо гнев человека не творит правды Божией» (Иак. 1:19-20).
Гордость	«От высокомерия происходит раздор, а у советующихся – мудрость» (Притч. 13:10). «Бог гордым противится, а смиренным даёт благодать» (Иак. 4:6).

Отсутствие самоконтроля в трате денег, в употреблении пищи и в удовлетворении физических желаний	«Итак, покоритесь Богу; противостаньте диаволу, и убежит от вас» (Иак. 4:7). «Вас постигло искушение не иное, как человеческое; и верен Бог, Который не попустит вам быть искушаемыми сверх сил, но при искушении даст и облегчение, так чтобы вы могли перенести» (1 Кор. 10:13).
Грубая речь	«Никакое гнилое слово да не исходит из уст ваших, а только доброе для назидания в вере, дабы оно доставляло благодать слушающим» (Еф. 4:29). «Кроткий ответ отвращает гнев, а оскорбительное слово возбуждает ярость» (Притч. 15:1).
Жажда материальных вещей	«Великое приобретение – быть благочестивым и довольным. Ибо мы ничего не принесли в мир; явно, что ничего не можем и вынести из него. Имея пропитание и одежду, будем довольны тем» (1 Тим. 6:6–8). «Имейте нрав несребролюбивый, довольствуясь тем, что есть. Ибо Сам сказал: «Не оставлю тебя и не покину тебя» (Евр. 13:5).
Сплетни	«Кто ходит переносчиком, тот открывает тайну; но верный человек таит дело» (Притч. 11:13). «Если кто из вас думает, что он благочестив, и не обуздывает своего языка, но обольщает свое сердце, у того пустое благочестие» (Иак. 1:26).
Беспокойство/страх	«Будь твёрд и мужествен, не страшись и не ужасайся; ибо с тобою Господь, Бог твой, везде, куда ни пойдёшь» (Нав. 1:9). «Ибо дал нам Бог духа не боязни, но силы и любви и целомудрия» (2 Тим. 1:7).

Мы понимаем, что запоминание Писания эффективно, но большинство людей не знают, как это делать. Если вы хотите заучивать на память Писание, но не знаете, с чего начать, предлагаем вам некоторые советы:

1. Выберите важный для себя стих или отрывок, который Бог может особым образом использовать в вашей жизни.

    «**Освяти** их истиною Твоею: слово Твое есть истина» (Ин. 17:17, выделение добавлено).

2. Произнесите ссылку до и после стиха, чтобы вам запомнить, где его найти в Библии.

    Иоанна 17:17 «Освяти их истиною Твоею: слово Твое есть истина». Иоанна 17:17

    > **Освящать:**
    > Очищать или делать святым. Идея заключается в отделении людей или вещей для поклонения Богу.

3. Разделите стих на короткие фразы и заучивайте фразу за фразой. **Сосредоточьтесь на том, о чём говорится в отрывке, чтобы сказанное запечатлелось в вашем разуме и сердце:**

    Освяти их истиною Твоею / (Подумайте: истина изменяет.)

    слово Твое есть истина (Подумайте: Божье Слово – это истина.)

4. Прочитайте стих вслух много раз, делая акцент на ключевых словах. Для запоминания важно повторение.

    ОСВЯТИ их истиною Твоею / СЛОВО Твое есть истина.

5. Запишите стих и далее, не глядя на сам стих, запишите первые буквы каждого слова в стихе.

    Иоанна 17:17 «Освяти их истиною Твоею: слово Твое есть истина». Иоанна 17:17

    Иоанна 17:17 О И И Т С Т Е И Иоанна 17:17

Главное в запоминании Писания – это не пытаться запомнить информацию (буквы, слова, предложения). Мы не компьютеры, и это не ввод данных. Принимая решения, мы задействуем сердце и разум, поэтому запоминая, нам также нужно задействовать сердце и разум. Запоминайте не только то, что написано, но и то, почему это написано. Поймите связь, историю, значение. Выбирая отрывок для запоминания, обращайте внимание на стиль и на содержание текста.

Нам часто кажется, что запоминать Писание сложно, однако все мы запоминаем важные для нас вещи: значимые даты, пароли, песни и даже спортивную статистику. Как мы уже ранее говорили, то, на чём мы фокусируемся, со временем будет увеличиваться. Если мы уделяем чему-то внимание и время, значит, мы можем это делать. Вы можете разнообразить процесс запоминания. Попробуйте спеть эти стихи, заучивайте с помощью движения рук или рисуйте картины. Некоторые люди предпочитают запоминать, слушая Божье Слово. Есть Библии в аудио формате, доступные онлайн или на физических носителях, которые упрощают процесс запоминания.

Смысл запоминания Божьего Слова не в способности вспомнить и повторить определенный порядок слов. Суть запоминания текстов из Библии – в подготовке к тому, что ждёт вас впереди в вашем путешествии. Храня Божье Слово в своем сердце, вы храните светильник для освещения пути, воду для восстановления души, хлеб для питания духа и меч для битвы с врагом. Хорошо подготовьте своё сердце.

Пусть Библия говорит:

Псалом 118:113-176 (дополнительно – Иакова 1:22)

Пусть ваш разум мыслит:

1. Как вы думаете, почему людям сложно запоминать некоторые вещи? Почему запоминание Божьего Слова должно быть легким процессом?

2. Есть ли сферы в вашей жизни, в которых вы видите Божий труд по вашему изменению? Найдите стих, который поможет вам, укрепит и направит вас в соответствующей сфере, и начните его заучивать на память.

3. В чём самая большая польза для вас в запоминании библейских стихов?

Пусть ваша душа молится:

Господи, запиши Твоё Слово у меня на сердце. Пусть мой разум, как губка, впитывает Писание. Направь меня к запоминанию тех стихов, которые будут мне особенно нужны в моём путешествии. Изменяй моё сердце и мои мысли, в то время как Твоё Слово пусть укореняется в моей жизни. Во имя Иисуса, аминь.

Пусть ваше сердце повинуется:

(Что Бог хочет, что бы вы познавали, ценили или делали?)

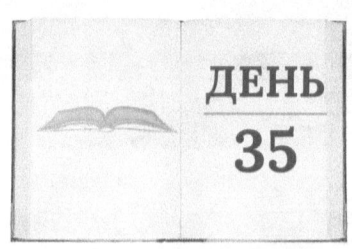

Изучайте и применяйте Божье Слово

> «Да не отходит сия книга закона от уст твоих; но
> поучайся в ней день и ночь, дабы в точности исполнять
> все, что в ней написано: тогда ты будешь успешен
> в путях твоих и будешь поступать благоразумно».
> Иисуса Навина 1:8

В древние времена люди шли из дальних мест и днями стояли в очередях, чтобы встретиться со своими духовными наставниками. Люди искали помощи в принятии решений, предсказания будущего, Божьего откровения и благословения. Будучи последователями Иисуса, нам более не нужно проделывать длинный путь и потом ожидать получения Божьего откровения. Мы просто открываем Библию, и тогда её Автор Сам ведёт нас к истине. Божье Слово дарует и преображает жизнь всех людей, во все времена, независимо от континента, культуры и поколения.

На этой неделе мы *многое* узнали о Божьем Слове. Теперь давайте поговорим о том, как нам применять изученное (Мф. 7:24). Давайте применим стратегии изучения Библии к отрывку Писания и рассмотрим шаги, описанные в Дне 33:

1.   Прежде чем начать, *молитесь*.
2.   Читайте отрывок внимательно и неоднократно.
3.   Задавайте вопросы к отрывку, который вы читаете.

4. Применяйте это на практике.
5. Молитесь и ведите дневник, записывая в него свои молитвы и размышления. Это поможет вам запомнить то, что вы изучили, и поделиться этим с другими.

Как мы увидим, даже тот, кто впервые приступает к изучению Библии, может познать важные духовные истины без особого опыта или образования. Итак, начнём.

Шаг 1: Молитесь
Просите у Бога мудрости и духовной проницательности, чтобы понять текст Писания и применить его в своей жизни.

Шаг 2: Прочитайте отрывок
Читайте его смиренно и обдуманно. Обращайте внимание на подробности. Затем прочитайте отрывок во второй раз, подчеркивая ключевые слова и делая пометки на полях.

Иакова 1:1-12:
«Иаков, раб Бога и Господа Иисуса Христа,
двенадцати коленам, находящимся в рассеянии, –
радоваться.

С великою радостью принимайте, братия мои, когда впадаете в различные искушения, зная, что испытание вашей веры производит терпение; терпение же должно иметь совершенное действие, чтобы вы были совершенны во всей полноте, без всякого недостатка.

Если же у кого из вас недостает мудрости, да просит у Бога, дающего всем просто и без упреков, – и дастся ему. Но да просит с верою, нимало не сомневаясь, потому что сомневающийся подобен морской волне, ветром поднимаемой и развеваемой. Да не думает такой человек получить что-нибудь от Господа. Человек с двоящимися мыслями не тверд во всех путях своих.

Да хвалится брат униженный высотою своею, а богатый – унижением своим, потому что он прейдет, как цвет на траве. Восходит солнце, настает зной, и зноем иссушает траву, цвет ее опадает, исчезает красота вида ее; так увядает и богатый в путях своих.

Блажен человек, который переносит искушение, потому что, быв испытан, он получит венец жизни, который обещал Господь любящим Его».

Шаг 3: Задавайте вопросы

(Важно. Следующие ответы служат примером изучения Библии. Разным людям Бог может по-разному говорить, используя один и тот же отрывок.)

- Кто говорит? *Иаков, раб Господа.*
- К кому он обращается? *К верующим, рассеянным среди народов.*
- Что он говорит (основная мысль)? *Иаков знает, что все верующие столкнутся с различными испытаниями, и поэтому призывает их смотреть на свои испытания с точки зрения вечности.*

Ответить на первые три вопроса – хорошее начало. Продолжим дальше.

- Что Бог говорил через Иакова первым читателям?
  - *Испытания могут служить проверкой для веры, которая производит терпение.*
  - *Терпение необходимо для духовной зрелости.*
  - *Если во время испытаний верующие нуждаются в мудрости, они просят её у Бога.*
  - *Бог щедро даёт мудрость, если верующий просит о ней, не сомневаясь в Божьем ответе.*
  - *Никто не избежит испытаний или смерти – ни бедный, ни богатый.*
  - *Если человек выдержал испытания, в его жизнь приходят благословения.*

- Каким был формат? *Книга Иакова – это письмо одного из руководителей церкви к своим братьям и сестрам по вере.*

- *Есть ли в отрывке вечные истины для современных верующих? Обетования? Предостережения?*
  - *Все верующие столкнутся с испытаниями.*
  - *Верующим не нужно задаваться вопросом о цели испытаний. Им нужно просить у Бога мудрости, и Он даст её в обильной мере.*
  - *Финансовое положение не имеет значения для вечного пребывания с Богом.*
  - *Венец жизни (вечная жизнь) обещан тем, кто любит Бога и проявляет эту любовь через послушание Ему.*

- *Что в этом отрывке сказано о Боге?*
  - *Бог хочет, чтобы мы духовно возрастали и не были поверхностными, слабыми и колеблющимися.*
  - *Бог не игнорирует боль. Испытания могут быть использованы нам во благо.*
  - *Бог щедро даёт Свою Божественную мудрость тем, кто искренне о ней просит.*
  - *Бог взращивает нашу веру, помогая нам проходить через испытания, чтобы мы их выдержали и радовались вечности с Ним.*
  - *Бог благословляет нас на земле (духовная зрелость через испытания) и в вечности (венец жизни благодаря пройденному испытанию).*

- *Что в этом отрывке сказано о людях?*
  Всем верующим нужно возрастать в вере. Через испытания может развиваться терпение, однако нам нужно решить, как именно мы будем воспринимать испытания.

Шаг 4: Применяйте то, что вы изучаете

- *Что в этом отрывке сказано о вас?*
  Этот отрывок напоминает мне о том, как испытания раскрывают мою веру. Моя реакция на невзгоды

и страдания показывает, во что я верю и на что я надеюсь. Если я доверяю Богу во время испытаний, Он даёт мне Свою мудрость и силу. Доверие Богу производит во мне терпение, помогающее мне возрастать и выдержать всё до конца.

Я понимаю, что у меня есть выбор, как реагировать на трудности: выбрать радость и доверие Богу, зная, что Он совершает во мне Свой труд, или выбрать отчаяние, веря в ложь сатаны и сомневаясь в Божьей благости. Вместо того, чтобы считать испытания следствием недостатка веры, я могу перенести трудности, зная, что Бог трудится для моего земного и вечного блага.

- <u>Есть ли в отрывке обетование? Повеление? Предостережение?</u>

Бог обещает нам дать мудрость во время испытаний, если мы просим, не сомневаясь. Мы не оставлены, и нам не нужно пытаться самостоятельно пройти через невзгоды или пытаться понять Божью цель для этих испытаний. Мы можем обратиться к Богу, и Он обещает дать нам мудрость. Бог также обещает благословить нас на земле (духовная зрелость) и в вечности (венец жизни).

- <u>Что вы хотите запомнить?</u>

Развитие терпения похоже на развитие мышц, чтобы я мог быть сильными в вере и способными перенести трудности. Я не хочу быть слабым последователем Иисуса, которого легко увлечь в сторону, и который непостоянен, как волны и ветер. Я хочу быть сильным в Господе. Мне нужно помнить о важности доверия Богу во время испытаний, потому что оно ведёт к духовной зрелости. На кону вечная награда. И я выбираю радость.

Запомните: «С великою радостью принимайте, братия мои, когда впадаете в различные искушения,

зная, что испытание вашей веры производит терпение»
(Иак. 1:2-3).

Шаг 5: Молитесь

Боже, благодарю Тебя, что помогаешь мне смотреть на испытания с Твоей точки зрения. Я благодарен, что испытания не бессмысленны, а могут быть использованы во благо, для вечных целей. Пожалуйста, наполняй меня Твоей мудростью и силой, чтобы мне познавать Тебя и укрепляться в Тебе. Помоги мне выдержать до конца, смотря на испытания Твоими глазами и выбирая радость. Ты более ценен и значим, чем любые испытания, которые я должен буду пройти, потому что Ты первым возлюбил меня и пострадал за меня. Я люблю Тебя. Во имя Иисуса, аминь.

Стало ли вам понятней, как изучать Библию? Внимательно читая Писание, мы можем познавать духовные истины, отображающие совершенно противоположный взгляд на то, что мир говорит об испытаниях. Испытания необязательно связаны с недостатком веры, но они могут укрепить нашу веру. Прочтите всё послание Иакова, чтобы шире рассмотреть тему испытаний и возрастания в вере. Основной урок этого отрывка состоит в том, что мы можем просто открыть Божье Слово и попросить Бога о мудрости.

На этой неделе мы говорили о силе Божьего Слова. На следующей неделе мы поговорим о том, как Божье Слово делает сильными наши молитвы. Иисус обещает: «Если пребудете во Мне, и слова Мои в вас пребудут, то, чего ни пожелаете, просите, и будет вам» (Ин. 15:7). **Изучение Божьего Слова и обращение к Богу словами из Писания делает молитву способной передвигать горы и менять сердца.**

Пусть Библия говорит и ваш разум мыслит:

Теперь ваша очередь. Уделите время изучению Божьего Слова. На этой неделе вы прочитали самую длинную главу в Библии – Псалом 118. Теперь прочите самую короткую главу в Библии – Псалом 116.

1. Прочитайте ниже Псалом 116. Следуйте принципам изучения Библии, изложенным выше. (Для более подробных инструкций вернитесь ко Дню 33.)
2. Подчеркивайте, выделяйте ключевые слова в псалме на этой странице. Вы можете делать заметки на полях.
3. Пройдя все рекомендованные шаги, выберите стих для запоминания. В данном случае вы можете выучить весь псалом.
4. Ответьте на «Вопросы для обсуждения за Неделю 5».

Псалом 116

Хвалите Господа, все народы,

прославляйте Его, все племена;

ибо велика милость Его к нам,

и истина Господня – вовек.

Аллилуйя.

Пусть ваша душа молится:

Боже, благодарю Тебя за Твоё Слово. Я им дорожу. «Закон уст Твоих для меня лучше тысяч золота и серебра» (Пс. 118:72). Помоги мне изучать Библию каждый день, и помоги мне понимать то, что я читаю. Я молюсь, чтобы мне не просто узнавать о Писании, но быть изменённым им. Измени моё сердце, мои мысли, мои слова и мои поступки. «Утверди стопы мои в слове Твоем» (Пс. 118:133). Во имя Иисуса, аминь.

Пусть ваше сердце повинуется:

(Что Бог хочет, что бы вы познавали, ценили или делали?)

ВОПРОСЫ ДЛЯ ОБСУЖДЕНИЯ ЗА НЕДЕЛЮ 5

Просмотрите уроки за эту неделю и ответьте на следующие вопросы. Поделитесь вашими ответами со своими друзьями во время вашей встречи на этой неделе.

1. Когда вы читали притчу о семенах и почве, что вы узнали о своем сердце? Как стать более восприимчивыми к Божьему Слову?

2. Мы изучили много причин, почему мы можем доверять Божьему Слову. Какая причина была новой для вас?

3. Проводя обзор библейских книг, мы рассмотрели библейскую историю от сотворения мира до вечности. Как ваша история отображает большую Историю, описанную в Божьем Слове?

   ◦ Во времена судей израильский народ оказался в замкнутом круге греха и покаяния. Как вам помогло изучение этого цикла, и как вам противостоять ему в своей жизни?

   ◦ Казалось ли вам когда-нибудь, что Бог далёк от вас, как это ощущали израильтяне, находясь в изгнании? Как запоминание Писания может помочь вам больше ощущать Божье присутствие в вашей жизни?

   ◦ Как изучение Божьего Слова может помочь вам обрести близкие отношения с Богом, подобно отношениям любви, описанным в книге Песни Песней?

- ◦ Изучение Божьего Слова поможет вам лучше познать Иисуса. Как оно может помочь вам пребывать в Нем?

4. После прохождения курса «Ваша настоящая история» согласуйте план чтения в вашей группе, чтобы вы могли и дальше вместе встречаться, и обсуждать, что вы узнали в Библии.

НЕДЕЛЯ 6

МОЛИТВЕННОЕ ОБЩЕНИЕ
С АВТОРОМ ЖИЗНИ

Говорите с Богом, меняйте свое сердце

«И вот какое дерзновение мы имеем к Нему, что, когда
просим чего по воле Его, Он слушает нас. А когда мы знаем,
что Он слушает нас во всем, чего бы мы ни просили, –
знаем и то, что получаем просимое от Него».
1 Иоанна 5:14-15

Богу нравится с вами общаться. Он ценит ваши молитвы, потому
что они свидетельствуют о вашей дружбе с Ним. Представьте,
как вы будете хранить письмо, которое служит напоминанием
о важном человеке или о событии. В Библии сказано, что Бог
хранит ваши молитвы в золотых чашах, и что они направляются
к Нему, как фимиам (Откр. 5:8; Пс. 140:2). Бог призывает:
«Непрестанно молитесь» (1 Фес. 5:17). Почему? Потому что
молитва укрепляет ваши отношения с Богом. Чем больше друзья
общаются друг с другом, тем ближе они становятся.

Вы можете представить себе друзей, которые никогда
не общаются друг с другом? Их отношения трудно назвать
дружескими. Или супругов, которые никогда не разговаривают
друг с другом напрямую, а только передают послания
через пастора или другого посредника? Да, они будут
оставаться супругами, но их отношения будут напряженными
и отчужденными. Без молитвы ваши отношения с Богом будут
безжизненными. Благодаря молитве ваша дружба с Богом
остается динамичной, живой и личной.

Молитва – это постоянное общение, проистекающее из близкой дружбы с Богом. Когда вы разговариваете с Ним, «от избытка сердца говорят уста [ваши]» (Лк. 6:45). Родители и дети произносят больше, чем просто заученные фразы приветствия: «Привет». «Привет, как дела?» «Хорошо. А как у тебя?» «Хорошо». «Хорошего дня». «Пока». Нет, в контексте здоровых отношений люди говорят то, что у них на сердце, говорят спонтанно и искренне. Библия содержит примеры молитв, с помощью которых мы можем обращаться к Богу; однако мы можем разговаривать с Ним и своими словами. Он не судит и не критикует наши слова – Он смотрит в наши сердца. Его не беспокоит соблюдение правил грамматики в наших молитвах. Бог заботится о вас, и Ему важно то, что вы говорите от сердца.

Некоторым людям сложно разговаривать с Тем, Кого они не видят. Другим трудно молиться, потому что они считают, что Бог всё равно сделает так, как хочет Он, независимо от наших молитв. Давайте поразмышляем о цели и силе молитвы.

Молитесь ради большего познания Бога, а не только ради того, чтобы что-то от Него получить. Богу нравится отвечать на наши молитвы, и мы можем просить Его исполнить желания наших сердец (Пс. 36:4). Но пусть наше желание познавать Бога будет превыше любого другого желания. Молитесь, чтобы *Его* мысли были вашими мыслями; чтобы *Его* сердце было вашим сердцем; чтобы *Его* воля была вашей волей. Если вы будете молиться в соответствии с *Его* желаниями для вас, Он в надлежащее время исполнит то, о чем вы Его просите. «И если чего попросите у Отца во имя Мое, то сделаю, да прославится Отец в Сыне. Если чего попросите во имя Мое, Я то сделаю» (Ин. 14:13-14). Иисус говорит, что мы можем просить во имя Его ради исполнения Его замыслов и ради Божьей славы. **Одна из целей молитвы состоит в том, чтобы понять Божьи желания, дабы они стали и нашими желаниями тоже.**

Молитва меняет наши сердца, но не всегда – обстоятельства. Если наши молитвы возносятся в соответствии с Божьей волей, Бог обещает нас слушать (1 Ин. 5:14-15). Его ответом сейчас может быть и «да», и «нет». Если наши просьбы не соответствуют Его воле, Его ответом будет «нет». Просите Бога помочь вам ходить Его путями, даже если они вам не понятны. В Гефсиманском саду Иисус молил о возможности избежать страшных мучений, которые Его ожидали всего через несколько часов: «Отче Мой! Если возможно, да минует Меня чаша сия; впрочем, не как Я хочу, но как Ты» (Мф. 26:39). Иисус хотел избежать страданий, но *больше всего* Он хотел исполнить Божью волю. Иисус не получил то, о чём просил, но после этой молитвы Его сердце было полностью готово исполнить волю Отца и смело встретить все, что Его ожидало. Молитва не всегда меняет наши обстоятельства, но она помогает нам доверять Богу *вопреки* нашим обстоятельствам.

Молитесь с властью противостать козням дьявола. Молитва – это не только общение с Богом, но и сильное оружие в духовной битве. Как мы уже узнали (Дни 26 и 27), Писание и молитва помогают нам побеждать желания плоти и отражать атаки врага. Иисус всегда имел власть над врагом, и эту власть Он дал нам, победив на кресте сатану (Кол. 2:15). **Мы должны провозглашать победу Иисуса, чтобы нам также побеждать врага** (Лк. 10:19). Полагайтесь на Божью силу и действуйте через молитву. Как мы уже ранее говорили (День 26), если приходит искушение, молитесь вслух и со властью: «Я Божье дитя, и во Христе я имею победу над _____». Впишите грех или вопрос, с которым вы столкнулись. Помните, что враг не может заставить нас грешить. **В Иисусе у нас есть власть противостать врагу и поместить себя под Божью защиту.**

Теперь объединим знания о молитве с практическими шагами, которые помогут нам молиться, слушать и исполнять Божью волю.

1. **Молитесь в группе.** Эффективная групповая (совместная) молитва требует сосредоточенности и смирения. В то время как мы вместе молимся об одном и том же вопросе, Святой Дух будет направлять нас в нашей молитве. Будьте искренны и открыты, когда ощущаете побуждение молиться. Молитесь без колебаний, не боясь совершить ошибку и не беспокоясь о том,

что о вас подумают другие. Мы все учимся у Святого Духа и друг у друга. Даже те, кто свободно молится, продолжают возрастать в вере. Молясь, вы можете произнести нечто ободряющее или важное для всего молитвенного собрания.

В то же время не пытайтесь доминировать или произносить через молитву некое послание (или проповедь) для другого участника встречи. Смиряйте себя перед Господом (Иак. 4:10). Совместная молитва с другими верующими сближает нас друг с другом и с Богом (Мф. 18:20). Ранняя церковь показала пример посвящения Богу и друг другу, *поклоняясь и молясь вместе* (Деян. 2:42-47).

2. **Молитесь одни.** Хотя в молитве мы никогда не одиноки *духовно* (Рим. 8), молитва в *физическом* одиночестве помогает хранить в чистоте наши мотивы. Мы свободны от искушения к стремлению произвести впечатление на других людей и от беспокойства относительно их мнения о нас. Личная молитва наиболее действенна, когда от неё ничто не отвлекает (телефон, телевизор, компьютер). Иисус говорит: «Ты же, когда молишься, войди в комнату твою и, затворив дверь твою, помолись Отцу твоему, Который втайне; и Отец твой, видящий тайное, воздаст тебе явно» (Мф. 6:6). Наши тайные молитвы, которые слышит только Бог, особо ценны для Него.

3. **Молитесь физически.** Выражайте свои чувства с помощью своего тела. Смиренная поза отображает смиренное сердце, поэтому вы можете преклонить колени перед Богом (Пс. 94:6). Вы также можете обратить свое лицо к небесам (Ин. 17:1), раскрыть руки для принятия (Езд. 9:5) или лежать ниц перед Богом (Мф. 26:39). Обращайтесь к Богу с надлежащим состоянием сердца. Он – вечный Бог, а мы – смертные существа. Он дарует нам всё, мы же можем предложить Ему лишь то, что Он Сам нам дал. Молитесь с усердием.

4. **Молитесь вслух.** Молитва вслух может помочь вам сосредоточиться. Это будет вам напоминать, что вы обращаетесь к реальной Личности.

5. **Составьте план молитвы.** Для большей сосредоточенности делайте заметки (если возможно, в своем дневнике). Запишите ваши просьбы и славословия. Думайте о Боге: запишите стихи, которые приходят вам на память в то время, когда вы будете **слушать, что Бог говорит вам в ваших мыслях.** Не забывайте о четырех элементах молитвы: прославление, исповедь, благодарение и прошение. Завтра мы рассмотрим этот вид молитвы на примере царя Иосафата.

В Иакова 5:16 сказано: «Много может усиленная молитва праведного». Богу нравится общаться с вами. Проведите время в общении с Ним. Затем *послушайте* Его ответы. Результаты будут жизнеизменяющими.

Пусть Библия говорит:

Матфея 6:1-18 (дополнительно – Псалом 85)

Пусть ваш разум мыслит:

1. Каковы ваши молитвы? Чтобы улучшить качество своего молитвенного времени, посмотрите на библейские примеры молитв. Много стихов из Библии можно сделать молитвами. Стихи, в которых отображены Божий характер и Его обетования, можно перефразировать и цитировать их Богу.

2. Вы состоите в молитвенной группе? Если нет, к какой группе верующих вы могли бы присоединиться для проведения совместных молитв?

3. О чем вы молитесь сегодня? Подумайте о создании особого места для молитвы в вашем доме. Разместите напутствия к молитве и Священное Писание, чтобы молиться с намерением. Это поможет вам сделать молитву приоритетной.

Пусть ваша душа молится:

Отче, я изумлен тем, что Ты, Творец вселенной, хочешь со мной общаться. Благодарю Тебя! Помоги мне возрастать в молитве. Помоги мне с искренним сердцем непрестанно молиться. Наполни моё сердце и мой разум Собой, чтобы я мог молиться в соответствии с Твоей волей. Во имя Иисуса, аминь.

Пусть ваше сердце повинуется:

(Что Бог хочет, что бы вы познавали, ценили или делали?)

Молитесь и слушайте

«Воззови ко Мне – и Я отвечу тебе, покажу тебе
великое и недоступное, чего ты не знаешь».
Иеремии 33:3

Вестники торопились прибыть в Иерусалим, чтобы сообщить ужасающую новость о приближении к городу вражеского войска. «Идёт на тебя множество великое» (2 Пар. 20:2). Союз народов выступил против царя Иосафата и иудейского народа. Эта неожиданная новость наполнила сердце царя страхом. Но вместо того, чтобы созывать войско и разрабатывать стратегии битвы, мудрый царь проявил веру. Он повелел ВСЕМ ПОСТИТЬСЯ И МОЛИТЬСЯ! Иудеи бросили всё и немедленно прибыли в иудейскую столицу, чтобы вместе взывать к Господу. Царь встал в храме Господнем, возвысил голос к небесам и начал вести молитвенное собрание.

Бог услышал их молитвы и чудесным образом их избавил – союзные народы, выступившие против царя Иосафата, *восстали друг на друга*. Иудеям даже не потребовалось воевать. Поражение вражеской армии было настолько великим, чтобы иудеи целых три дня забирали добычу, оставленную врагами.

Мы можем многому научиться на примере молитвы царя Иосафата. Его роль в Божьей Истории состояла в проведении духовного обновления в Южном царстве, кроме этого, он показал пример сильной молитвы. Детальный анализ его молитвы во время всенародного собрания, показывает, что она состоит из четырех основных элементов: прославление, исповедь, благодарение и прошение.

1. **Прославление.** Иосафат начал молитву со слов: «Господи, Боже отцов наших! Не Ты ли Бог на небе? И Ты владычествуешь над всеми царствами народов, и в Твоей руке сила и крепость, и никто не устоит против Тебя!» (2 Пар. 20:6). Начиная молитвы с прославления, мы напоминаем себе о том, что мы обращаемся к Всемогущему Богу. Представьте, что вы подходите к Божьему престолу (Евр. 4:16). Выразите свою любовь к Нему. **Прославление Бога укрепляет нашу веру.** Проблемы, с которыми мы приходим к Нему, становятся менее значительными ещё до того, как мы о них скажем, потому что мы начинаем смотреть на них в свете Божьей силы и Его величия. Воздадим хвалу Богу ещё до того, как битва окончена. Уделите время прославлению Небесного Отца.

2. **Исповедь.** Иосафат продолжил свое поклонение проявлением смирения: «Боже наш! Ты суди их. Ибо нет в нас силы против множества сего великого, пришедшего на нас, и мы не знаем, что делать, но к Тебе очи наши!» (2 Пар. 20:12). Царь Иосафат признал свое бессилие перед возникшими вызовами. Но он полагался на Бога. И мы можем последовать его примеру. Прославив Бога за Его совершенство, **признайте свое несовершенство – не только очевидные грехи, но и свою слабость.** Поступая так, вы укореняете себя в Божьей благодати (День 24), зная, что «Бог гордым противится, а смиренным даёт благодать» (Иак. 4:6).

3. **Благодарение.** Даже перед лицом надвигающейся опасности Иосафат решил быть благодарным за Божью заботу о Его народе в прошлом:

> «Не Ты ли, Боже наш, изгнал жителей земли сей пред лицом народа Твоего, Израиля, и отдал ее семени Авраама, друга Твоего, навек? И они поселились на ней и построили Тебе на ней святилище во имя Твое, говоря: «Если придет на нас бедствие: меч наказующий, или язва, или голод – то мы станем пред домом сим и пред лицом Твоим, ибо имя Твое в доме сем, и воззовем к Тебе в тесноте нашей, и Ты услышишь и спасешь». И ныне вот Аммонитяне, и Моавитяне,

и обитатели горы Сеира [...] пришли выгнать нас из наследственного владения Твоего, которое Ты отдал нам» (2 Пар. 20:7-11).

Благодарность помогает нам видеть Божью охраняющую заботу. Чем больше мы помним о Его верности, тем сильнее наша вера. Чем больше мы ищем Божью руку в нашей жизни, тем больше мы видим её проявление. Мы осознаем, что каждое благо – от Него (Иак. 1:16-17). Благодарность делает достаточным то, что у нас есть. Царь Иосафат помнил о Божьей верности и о Его дарах. Он решил, что Бога для него вполне достаточно. Возблагодарим Бога, обратим свои глаза на то, что Он уже сделал, и будем полагаться на Его дальнейшее обеспечение.

4. **Прошение.** Иосафат просил Бога спасти народ от врагов, потому что понимал, что сам этого сделать не сможет: «Боже наш! Ты суди их. Ибо нет в нас силы против множества сего великого, пришедшего на нас, и мы не знаем, что делать, но к Тебе очи наши!» (2 Пар. 20:12).

Как ребенок зависит от обеспечения родителей, так и мы зависим от Небесного Отца. Бог побуждает нас обращаться к Нему с просьбами, и Ему нравится давать нам благие дары (Мф. 7:11). Но если мы не обращаемся к Нему и не доверяем Ему, мы не призываем Его проявить Себя в нашей ситуации. «Не имеете, потому что не просите [Бога]» (Иак. 4:2). **Доверьте Его заботе все свои просьбы и позвольте Ему решить, что для вас будет лучшим.** Каковы ваши потребности? Попросите Бога их восполнить. Молитесь также за нужды других людей. Нам нужно молиться «со всяким постоянством и молением о всех святых» (Еф. 6:18). Никакая из ваших просьб не является слишком большой или слишком маленькой. Записывайте перечень ваших просьб в ваш дневник и еженедельно их обновляйте, указывая, когда и как Бог ответил на ваши молитвы. Видя Божьи ответы на конкретные просьбы, вы всё больше будете Ему доверять. О молитве за других людей мы поговорим более подробно позже (День 41).

Включение четырех элементов молитвы (прославление, исповедь, благодарение, прошение) поможет нам быть более сосредоточенными. Враг хочет помешать нашему общению с Богом и будет пытаться отвлечь нас от молитвы. Противостаньте этому. Если отвлекающие мысли касаются задач, которые необходимо выполнить, запишите их и отложите в сторону, пока не окончите молитву. Если отвлекающие мысли становятся навязчивыми, отвергните их во имя Иисуса.

Когда мы молимся, одни или в группе, нужно не забывать делать паузу и *слушать* Бога. «Каждое утро пробуждает, пробуждает ухо [мое], чтобы [я] слушал, подобно учащимся» (Ис. 50:4). Во время молитвы одновременно и говорите, и слушайте, как вы делаете это в повседневных разговорах с людьми. Молитесь: «Говори, Господи, ибо слышит раб Твой» (1 Цар. 3:9). Божий голос часто подобен «веянию тихого ветра» (3 Цар. 19:12), поэтому, успокойте свое сердце, чтобы услышать Его голос. Успокойтесь и сосредоточьтесь на Иисусе. Он говорит: «Овцы Мои слушаются голоса Моего, и Я знаю их; и они идут за Мною» (Ин. 10:27).

После молитвы Иосафат слушал Божий голос. Бог ответил Иосафату, говоря: «Не бойтесь и не ужасайтесь множества сего великого, ибо **не ваша война, а Божия** [...] Не вам сражаться на сей раз; вы станьте, стойте и смотрите на спасение Господне» (2 Пар. 20:15,17, выделение добавлено). Удивительно! Иосафат, безусловно, повиновался, и Божье избавление пришло, как и было обещано. Мы также можем быть уверены, что Бог слышит нас: «Близок Господь ко всем призывающим Его, ко всем призывающим Его в истине. Желание боящихся Его Он исполняет, вопль их слышит и спасает их. Хранит Господь всех любящих Его» (Пс. 144:18-20).

Будем готовы повиноваться Богу ещё до того, как мы вознесли молитву, зная, что это *Его* битва, не наша. И затем будем следовать Божьему водительству.

Пусть Библия говорит:

2 Паралипоменон 20:1-23 (дополнительно – 2 Паралипоменон 6:1-11,34-35)

Пусть ваш разум мыслит:

Записывайте свои молитвы, используя следующий план. Записывайте свои молитвы в дневник и указывайте даты, чтобы затем вернуться и посмотреть, как Бог вам ответил (памятные камни – День 17).

1. **П**рославление (Поклоняйтесь Богу.)
2. **И**споведь (Признайте свои грехи и свою слабость.)
3. **Б**лагодарение (Поблагодарите Бога за всё, даже за испытания.)
4. **П**рошение (Произнесите свои просьбы.)
5. *Слушайте* Божьи ответы, *записывайте* Его слова, *просите* Его подтвердить сказанное Им и *повинуйтесь*, следуя Его водительству.

Пусть ваша душа молится:

Отче, научи меня молиться. Когда я прихожу к Тебе, наполни меня славословием, смирением, благодарностью и уверенность в Твоей благодати и силе. Помоги мне лучше слышать Твой голос. Научи меня слушать. Помоги мне в изучении Твоего Слова и в размышлении над ним, чтобы я мог молиться в соответствии с Твоей волей и ясно слышать Твой голос. Во имя Иисуса, аминь.

Пусть ваше сердце повинуется:

(Что Бог хочет, что бы вы познавали, ценили или делали?)

Избегайте препятствий в молитве

«Тогда будут звать меня, и я не услышу; с утра будут искать
меня, и не найдут меня. За то, что они возненавидели
знание и не избрали для себя страха Господня».
Притчи 1:28-29

Нам может не хватить жизни, чтобы всему научиться на своих
ошибках. Поэтому, иногда полезно учиться на ошибках других
людей. Возможно, именно так и поступил царь Иосафат. Вчера
мы прочитали, как он, смиренно полагаясь на Бога, с молитвой
подошёл к решению вопроса об угрозе вражеского вторжения.
За много лет до этого Иудея уже сталкивалась с военной угрозой,
тогда царем был Аса, отец Иосафата. Однако он вместо того,
чтобы молиться Богу, обратился за помощью к другому народу
и заплатил им за военную помощь. Хотя Аса на собственном
опыте знал, как Бог может спасать, на этот раз его охватило
чувство самодостаточности и сомнение. Пророк Ананий сказал
царю Асе:

«Очи Господа обозревают всю землю, чтобы поддерживать тех, чьё
сердце вполне предано Ему. Безрассудно ты поступил теперь. За
то отныне будут у тебя войны» (2 Пар. 16:9).

Поскольку сердце Асы не было всецело предано единому
истинному Богу, остаток его жизни характеризовался

конфликтами. На примере царя Асы мы, как и его сын Иосафат, узнаем, что Бог ищет тех, кто посвящен Ему. Он ищет верующих, которые искренно ищут Его. Если наши сердца верны Богу, Он отвечает на наши молитвы и помогает нам.

Но иногда, когда мы молимся, Бог всё равно не отвечает. Нам кажется, что выше потолка наши молитвы не поднимаются. Нет, это не означает, что нам нужно громче или яснее выражаться. Иногда Бог не отвечает на молитвы по причине греха, который присутствует в нашей жизни (Пс. 65:16-20; Ис. 5). Или же мы молимся с неправильными мотивами. Да, наши собственные неправильные решения (а не решения других людей) могут препятствовать нашим молитвам. Давайте рассмотрим основные ошибки, которые люди допускают, приходя к Богу в молитве, и будем избегать этих ошибок в дальнейшем. Этот перечень не исчерпывающий, но он содержит семь наиболее вероятных причин, почему Бог не отвечает на молитвы.

1. **Неисповеданный грех.** Вы меняете тему разговора, если вам становится от него некомфортно? То же самое мы порой делаем и в разговоре с Богом. Если Он через Святого Духа указывает нам на наш грех, а мы не исповедуем его и продолжаем молиться о других вопросах, мы создаем препятствие для молитвы. **Бог не будет обращать внимание на наши молитвы, пока мы не исповедуем грех, который Он нам уже открыл.** Почему мы ожидаем, что Бог будет слушать нас и отвечать нам, если мы сами не слушаем Его и не отвечаем Ему? Псалмопевец пишет: «Если бы я видел беззаконие в сердце моем, то не услышал бы меня Господь» (Пс. 65:18). Наш грех огорчает Бога, и мы также должны быть огорчены грехом (Еф. 4:30). Поэтому, нам нужно не медлить с исповеданием греха, после того как Бог нам его открыл. Бог верный, и Он простит нас (1 Ин. 1:9), и восстановит наши отношения с Ним. Позвольте Ему восстановить вас.

2. **Непослушание.** Помимо исповедания, нам также нужно раскаяться в грехе, оставив его и обратившись к Богу. Если мы решили поступать по-своему и игнорировать Божьи наставления,

наши молитвы бессмысленны. «Кто отклоняет ухо свое от слушания закона, того и молитва – мерзость» (Притч. 28:9). Есть различие между тем, кто подчиняется господству Иисуса, хотя иногда и проявляет непослушание, и тем, кто молится о Божьем благословении и в то же время игнорирует Бога. Если мы хотим Божьего благословения, но отвергаем Божьи пути, для наших молитв возникает препятствие, независимо от того, сколько добрых дел мы совершаем. «Неужели всесожжения и жертвы столько же приятны Господу, как послушание гласу Господа? Послушание лучше жертвы, и повиновение лучше тука овнов» (1 Цар. 15:22). Бог знает наши сердца и желает нас простить, но нам нужно доверять Ему и следовать за Ним.

3. **Эгоизм.** Эгоизм (безразличие к нуждам других) препятствует молитве. Бог хочет, чтобы мы заботились о себе, но нам также нужно быть чувствительными к нуждам других людей. Божья воля влияет на наши молитвы, и один из аспектов Его воли в том, чтобы мы любили других и служили им: «Не о себе только каждый заботься, но каждый и о других» (Флп. 2:4). Богу всегда известны наши истинные мотивы. «Просите и не получаете, потому что просите не на добро, а чтобы употребить для ваших вожделений» (Иак. 4:3). Если наши молитвы эгоистичны, Бог может не ответить на них.

4. **Сомнение.** Если мы молимся с верой, мы уверены в том, Кем является Бог и что Он сделал. Если же мы молимся *без* веры, мы сомневаемся в Его обетованиях и возможностях. **Просить Бога о помощи без веры в то, что Он поможет, свидетельствует о нашем сомнении в Нём.** Как вы молитесь – с сомнением или с верой? «Да просит с верою, нимало не сомневаясь, потому что сомневающийся подобен морской волне, ветром поднимаемой и развеваемой. Да не думает такой человек получить что-нибудь от Господа» (Иак. 1:6-7). Да, мы иногда можем сомневаться в Боге, но если такое возникает, мы можем просить Бога укрепить нашу веру, молясь подобно человеку, который говорил Иисусу: «Верую, Господи! Помоги моему неверию» (Мк. 9:24). **Молитесь**

с верой в Божью благость, а не с верой в то, что Он исполнит всё, о чём мы Его просим. Только наше искреннее желание что-нибудь получить не заставит Бога удовлетворить нашу просьбу. Помните: *что бы ни происходило, Бог благ.* Если мы в это верим, мы уверены в благости Его ответа. Если мы сомневаемся в Божьей благости, мы будем сомневаться и в благости Его ответа, каким бы он не был: «да», «нет» или «не сейчас». **Просите с верой и позвольте Богу решить, каким должен быть ответ,** помня, что «ищущим Его [Он] воздаёт» (Евр. 11:6).

5. **Непрощение.** Если мы держим обиду, Бог может не слушать наши молитвы. Отказ прощать других свидетельствует о нашем непонимании невероятной цены жертвы Иисуса за *нас*. Но если мы возрастаем в Божьей благодати и пониманием величие Его прощения, мы будем прощать других так, как сами были прощены Богом, даже если люди неоднократно нас обижали. «Тогда Петр приступил к Нему и сказал: Господи! Сколько раз прощать брату моему, согрешающему против меня? До семи ли раз? Иисус говорит ему: не говорю тебе: «до семи», но до седмижды семидесяти раз» (Мф. 18:21-22). Если мы прощаем других, особенно когда это трудно, мы прославляем Бога и свидетельствуем о нашей вере в Него. Это один из самых важных способов, с помощью которого мы можем показать, кем мы являемся во Христе. (Больше о прощении сказано в Дне 10 и Дне 25.)

Поймите правильно, прощать других не означает, что нам нужно оставаться в опасных ситуациях. Вам не нужно помещать себя в подобные ситуации. Как упоминалось ранее, простить означает избавиться от всякого гнева и горечи по отношению к обидчику, и позволить Божьей любви и благодати исцелить вас. Это освобождает вас для получения Божьего прощения в вашей жизни. **Даже если люди не заслуживают прощения, простите их, потому что вы были прощены Богом, когда вы этого не заслуживали.** Прощение освобождает вас и ваши молитвы.

6. **Проступок.** Вы обидели и причинили кому-нибудь вред? Иисус говорит, что прежде, чем обращаться к Богу в молитве, нам нужно всё уладить. «Итак, если ты принесешь дар твой к жертвеннику и там вспомнишь, что брат твой имеет что-нибудь против тебя, оставь там дар твой пред жертвенником, и пойди прежде примирись с братом твоим, и тогда приди и принеси дар твой» (Мф. 5:23-24). Иногда мы даже не подозреваем, что что-то сделали неправильно. Но другой человек начинает вести себя по-другому или отдаляется от нас. Тогда лучше всего пойти к этому человеку и спросить, не обидели ли мы его. Если вы действительно обидели человека, то извинитесь перед ним. Попросите прощения. Всё уладьте. Когда Закхей встретился с Иисусом, он раскаялся в воровстве, сказав: «Половину имения моего я отдам нищим, и, если кого чем обидел, воздам вчетверо» (Лк. 19:8). Если мы каемся перед Богом и налаживаем отношения с людьми, мы можем сделать больше требуемого. Однако иногда люди, которых мы обидели, отказываются нас прощать, даже после наших попыток примириться. Важно помнить, что каждый переносит боль по-разному, и кому-то требуется больше времени, чтобы с ней справиться. В таком случае молитесь и помните, что **сердца меняет Бог, а не мы**. Результаты предоставьте Ему, зная, что вы сделали то, что Он повелел делать. Павел учит: «Если возможно с вашей стороны, будьте в мире со всеми людьми» (Рим. 12:18).

7. **Супружеский конфликт.** Конфликт между супругами также может препятствовать молитве. Апостол Петр говорит: «Мужья, обращайтесь благоразумно с женами, как с немощнейшим сосудом, оказывая им честь, как сонаследницам благодатной жизни, дабы не было вам препятствия в молитвах» (1 Пет. 3:7). Хотя в этом стихе Петр обращается к мужьям, жёны также могут создавать конфликты в жизни семьи. Если мы создаём проблемы в браке, мы нарушаем свои отношения с Богом. Не беспокойтесь об отношениях и действиях супруга или супруги; просто позаботьтесь о том, чтобы через *ваши* отношения и действия прославлялся Бог.

Если мы будем учиться на ошибках, мы сможем их в дальнейшем избежать. Бог серьезно относится ко греху, потому что Он любит нас. Если Бог позволил бы нам вести активную молитвенную жизнь и одновременно грешить, это означало бы, что Он принимает грешные отношения и действия, которые противоречат Его святой природе и вредят нам. Бог слишком нас любит, чтобы такое допустить.

Итак, если вы испытываете какие-либо из этих препятствий в молитве, знайте, что Бог хочет вас простить. Если вы сомневаетесь, просите Бога укрепить вашу веру. Если вы несёте багаж неисповеданного греха, непослушания и эгоизма, исповедуйте его Богу. Затем покайтесь. Если вы держите на кого-то обиду, отпустите её. Если вы кого-нибудь обидели или находитесь в конфликте с супругом (супругой), примиритесь. Тогда ваша близкая дружба с Господом будет восстановлена. «Вот, око Господне над боящимися Его и уповающими на милость Его» (Пс. 32:18). Богу действительно нравится слушать ваши молитвы и отвечать на них.

Пусть Библия говорит:

Исаии 59 (дополнительно – Псалом 65)

Пусть ваш разум мыслит:

1. Вы испытываете препятствия в молитвах? Как вы думаете, что может мешать вашим молитвам?

2. Что вас больше побуждает к молитвам – исполнение Божьей воли или исполнение ваших желаний? Почему?

3. Вы молитесь с верой или с сомнением? Что вы можете сделать для укрепления вашей веры?

Пусть ваша душа молится:

Отче, покажи мне всё, что препятствует моим молитвам. Помоги мне оставить грех, чтобы я мог беспрепятственно общаться с Тобой. Если возникает препятствие, помоги мне сразу его видеть, чтобы сразу устранять. Услышь мои молитвы. Говори ко мне. Помоги мне слушать Тебя. Во имя Иисуса, аминь.

Пусть ваше сердце повинуется:

(Что Бог хочет, что бы вы познавали, ценили или делали?)

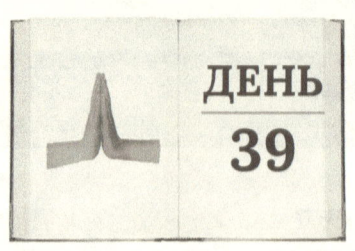

Пост и молитва

«Тогда ты воззовешь, и Господь услышит;
возопиешь, и Он скажет: «Вот Я!»
Исаии 58:9

В жизни каждого человека бывают периоды, когда одной
молитвы недостаточно. Обстоятельства слишком тяжелые.
Нужды слишком велики. Решения слишком важны. Бывают
времена, когда нам нужно услышать Бога, и услышать Его
немедленно.

**Поразмышляем о царице Есфирь и о её роли в Божьей
Истории.** Они рисковала своей жизнью ради спасения
еврейского народа от ужасного плана по его физическому
истреблению (Есф. 4). Премьер-министр царства настолько
презирал евреев, что задумал уничтожить их во всей империи
и даже установил для этого дату. Есфирь, еврейская сирота,
которая вышла замуж за персидского царя, должна была без
предупреждения войти к царю и умолять его о пощаде для
своего народа, а такой поступок мог стать основанием для её
казни. Ситуация была критической. Мардохей, двоюродный
брат Есфири и её опекун, побуждал ее: «Кто знает, *не для
такого ли времени ты и достигла достоинства царского?*» (Есф.
4:14, курсив добавлен). Есфирь нуждалась в смелости, а евреи –
в спасении. Каждый нуждался в защите от зла. Поэтому, они три
дня молились и постились. Движимая верой, Есфирь смиренно
вошла к царю, доверяя Богу последствия своего поступка. И Бог

дал ей милость в глазах царя. Бог снова спас народ, когда тот обратился к Нему.[1]

В Библии мы вновь и вновь видим примеры, когда нужно молиться *и поститься* лично человеку или целой группой людей. Эта усиленная молитва объясняется серьезностью ситуации. Библейский пост от других видов поста отличает мотив – поиск Божьего водительства. Иногда этот поиск может проходить даже со слезами. Господь говорит: «Обратитесь ко Мне всем сердцем своим в посте, плаче и рыдании» (Иоиль 2:12). Пост – это не просто отказ от пищи, это молитва покаяния, заступничества или духовной борьбы. Иисус также говорил о временах печали, когда Его ученики будут поститься. «Но придут дни, когда отнимется у них жених [Иисус], и тогда будут поститься в те дни» (Мк. 2:20). Что же такое библейский пост, и как нам его совершать, чтобы он был угоден Господу?

Пост – это внешнее выражение внутренней молитвы. Это акт самоотвержения, с помощью которого мы перенаправляем внимание с себя (наших физических нужд) на Бога. Пост – это не диета для похудения, наказание или условие для спасения. В посте мы не «торгуемся» с Богом, а наше самоотвержение – это не попытка заслужить Его милость. Пост, проведённый в молитве, отображает наше желание Божьего вмешательства в ситуацию и нашу уверенность в том, что Он это сделает. В посте сокрыта великая сила.

Когда мы постимся, мы отказываемся от пищи, чтобы показать наш «голод» по Богу. Отказ от физической пищи усиливает осознание нашей потребности в духовной пище, а наше тело покоряется Духу. Испытывая голод, мы не идём кушать, а позволяем этим ощущениям стать молитвенным побуждением, ведущим нас к Богу. Наш голод напоминает нам о человеческой слабости и о нашей нужде в Божьей благодати. Продолжая молиться и питаясь Божьим Словом, мы ощущаем ещё большую зависимость от Бога и более близкое общение с Ним. Поэтому, последователи некоторых христианских

---

1 Прочитайте книгу Есфирь, чтобы больше узнать о том, как Бог позаботился о Своем народе.

традиций побуждают людей к регулярному проведению поста. Например, период Великого поста (сорок дней перед Пасхой) готовит сердца людей к празднованию воскресения Христа.

Существуют разные виды поста. Обычно пост подразумевает воздержание от пищи и употребление лишь одной воды в течение суток, начиная после приема ужина. (Помните пример царя Иосафата [День 37]? Народ постился таким способом.) **Прежде чем отказываться от пищи, проконсультируйтесь со своим врачом.** *Пост с употреблением только одной воды не рекомендуется проводить без медицинского наблюдения.* Ещё один вид поста состоит в том, чтобы в течение дня употреблять только воду, кофе/чай и сок, и завершать его ужином. Вы также можете в течение нескольких дней исключать один из приемов пищи или употреблять только овощи, бульон, сок, кофе/чай и воду. Эти виды поста дают вам достаточно энергии для поддержания жизнедеятельности.

Если вы воздерживаетесь от еды и воды («абсолютный пост»), ваш пост должен быть очень коротким. Его никогда не нужно проводить без физической подготовки, наставления и руководства. Если вам меньше восемнадцати лет, если вы беременны или если состояние вашего здоровья не позволяет воздерживаться от пищи, вы можете отказаться от чего-нибудь другого[1]. Например, вы можете поститься, воздерживаясь от использования современных технологий (телефон, компьютер, социальные медиа) или от развлечений (телевидение, фильмы, музыка).

Богу важно не то, *от чего* мы воздерживаемся во время поста, а то, *почему* мы постимся. Как мы узнали вчера, Богу важны мотивы.

С течением времени пост для израильтян превратился в проявление законничества, и Бог раскрыл их лицемерие. Казалось, что они хотят прославлять Бога, но на самом деле они

---

1 В Библии ничего не сказано о посте для детей. Детям не рекомендуется совершать пост с воздержанием от пищи, учитывая их потребность в питании. Если у вас проблемы со здоровьем, если вы беременны или страдаете диабетом, вы можете практиковать сосредоточенную молитву в духе поста (продолжая соблюдать предписанную диету), воздерживаясь не от еды, а от чего-нибудь другого.

лишь думали о том, как впечатлить других людей. Они гордились своим религиозным рвением и думали, что Бог также гордится ими. Израильтяне недоумевали, почему Господь не хвалит их за усилия, поэтому, Он им ясно сказал: «Вот, в день поста вашего вы исполняете волю вашу и требуете тяжких трудов от других. Вот, вы поститесь для ссор и распрей и для того, чтобы дерзкою рукою бить других; вы не поститесь в это время так, чтобы голос ваш был услышан на высоте» (Ис. 58:3-4). Они гневили Бога своим само восхваляющим постом и неисповеданными грехами. Иисус предостерегал: «Когда поститесь, не будьте унылы, как лицемеры, ибо они принимают на себя мрачные лица, чтобы показаться людям постящимися. Истинно говорю вам, что они уже получают награду свою» (Мф. 6:16). **Бог ненавидит пост, проводимый ради привлечения всеобщего внимания.**

Наш пост должен отличаться от поста, который Иисус осудил в Матфея 6. Иисус наставляет верующих: «Ты, когда постишься, помажь голову твою и умой лицо твое, чтобы явиться постящимся не пред людьми, но пред Отцом твоим, Который втайне; и Отец твой, видящий тайное, воздаст тебе явно» (Мф. 6:17-18). Тайна поста сохранит в чистоте ваши мотивы. Если вы поститесь с группой, другим людям будет известно о вашем посте, однако не пытайтесь привлечь к себе их внимание. **Бог любит скрытый пост.**

Есть много библейских оснований[1] для поста, но сегодня мы рассмотрим две причины: пост за решение проблемы и пост за духовное возрождение. Когда пророк Ездра после изгнания в Персии вернулся в Иерусалим, он столкнулся с проблемой. Его роль в Божьей Истории заключалась в том, чтобы вместе с другими священниками Господними возобновить соблюдение Божьего закона в народе. Но им оказывали сопротивление враги из окружающих регионов. Угроза была серьезной, но израильтяне

---

1 Божье Слово содержит множество примеров поста. В Ветхом Завете Божий народ каялся и постился за духовное обновление (1 Цар. 7:1-8), за безопасность и решение проблем (Езд. 8:21-23), за милость и благорасположение (Неем. 1-2), за физическое благополучие (Дан. 1:12-20) и за защиту от зла (Есф. 4:16). В Новом Завете верующие постились за личное посвящение (Лк. 2:37), за групповое (общее) посвящение (Деян. 13:2) и за подготовку к служению (Деян. 14:23).

бояли́сь и стыди́лись проси́ть по́мощи у перси́дского царя́. Е́здра повеству́ет: «И провозгласи́л я там пост... чтобы смири́ться нам пред лицо́м Бо́га на́шего» (Езд. 8:21). Бог отве́тил, и Е́здра да́лее говори́т: «Мы пости́лись и проси́ли Бо́га на́шего о сем, и Он услы́шал нас» (Езд. 8:23). Бог при́нял общи́нный пост Е́здры, и мы мо́жем взять из него́ три уро́ка:

1. **Е́здра привлёк к посту́ всех, кого́ косну́лась возни́кшая пробле́ма.** Е́сли пробле́ма каса́ется гру́ппы люде́й, круг постя́щихся до́лжен быть как мо́жно бо́льше. (Ли́чная пробле́ма тре́бует ли́чного поста́.[1])

2. **Они́ пости́лись серьёзно и смире́нно.** Наро́д нужда́лся в Бо́жьей по́мощи и и́скренне к Нему́ обраща́лся. Бу́дьте насто́йчивы в моли́тве во вре́мя поста́.

3. **Они́ пости́лись *пе́ред* тем, как попыта́лись реши́ть пробле́му.** Не предпринима́йте де́йствий, пока́ вы не помоли́лись, не пости́лись и не получи́ли указа́ние от Бо́га. Ва́жно *дожда́ться* Его́ отве́та.

Возмо́жно, вы не ста́лкиваетесь с угро́зой для жи́зни, как Е́здра, но пост с моли́твой помо́жет вам в по́иске му́дрости для приня́тия пра́вильного реше́ния.

Бог мо́жет побуди́ть вас пости́ться за духо́вное обновле́ние, за духо́вную свобо́ду, за пробужде́ние, за возвраще́ние к Бо́гу в ва́шем бра́ке, в ва́шей общи́не, в ва́шем наро́де и в ва́шей жи́зни. Проро́к Самуи́л призва́л Бо́жий наро́д к посту́, потому́ что изра́ильтяне года́ми бы́ли духо́вно сла́быми и своенра́вными. По причи́не греха́ изра́ильтян был укра́ден ковче́г Заве́та, символизи́ровавший Бо́жье прису́тствие. Наро́ду каза́лось, что Бог его́ оста́вил, поэ́тому Самуи́л призва́л всех к посту́. Пре́жде чем помоли́ться за наро́д, он повеле́л им изба́виться от лжебого́в. Изра́ильтяне пролива́ли во́ду пред Го́сподом,

1 Elmer L. Towns, *Fasting for Spiritual Breakthrough: A Guide to Nine Biblical Fasts* (Ventura, CA: Regal Books, 1996), 46–47.

что символизировало очищение и духовное обновление. «И постились в тот день, говоря: согрешили мы пред Господом» (1 Цар. 7:6). Бог ответил, поразив врагов и вернув народу ковчег Завета. Пост Самуила даёт нам два урока:

1. **Самуил, как и Ездра, привлёк к посту всех.** К духовному обновлению стремилась вся община, поэтому и пост совершала вся община.

2. **Израильтяне вместе исповедовали свои грехи и каялись в них.**[1] Они взяли на себя ответственность за грех, который отдалил их от Бога и духовно опустошил. «Согрешили *мы* пред Господом» (1 Цар. 7:6, курсив добавлен). Израильтяне не только исповедовали свой грех, но и раскаялись в нем, уничтожив своих идолов и вернувшись к Богу.

Мы можем посмотреть на их роль в Божьей Истории и научиться на их примере. К дисциплине поста нельзя относиться легкомысленно. Пост предназначен для ситуаций, требующих серьезного внимания. Бог призывает нас поститься и молиться, потому что это прославляет Его и приносит нам пользу, помогая нам лучше осознавать Его присутствие в нашей ситуации. Возможно, вы также в своей жизни, как Ездра и Самуил, взывали к Богу о Его вмешательстве в ситуацию. Если Бог побуждает вас поститься, поразмышляйте сначала над следующими вопросами, прежде чем начать пост:

1. Определите цель вашего поста. Зачем вы поститесь?
2. Провозгласите свою веру в Божью способность вмешаться в ситуацию (Ис. 59:1).
3. Определите, как вы будете поститься (только вода и сок, один приём пищи в день и т.д.). **Проконсультируйтесь с врачом, прежде чем отказываться от пищи.**

---

1 Ibid., 66–89.

4. Решите, когда вы начнёте пост и когда вы его окончите.

5. Найдите библейское обетование для ободрения в посте: «Тогда ты воззовешь, и Господь услышит; возопиешь, и Он скажет: «Вот Я!» (Ис. 58:9).

Пост показывает нам и Богу, что мы искренни в наших отношениях с Ним. Если вы поститесь со стремлением исполнять Божью волю, ожидайте ответов от Того, Кто любит вас и желает, чтобы вы Его нашли (Иер. 29:13). Приблизьтесь к Богу и укрепите свою веру, смиренно поклоняясь Ему через молитву и пост.

Пусть Библия говорит:

Исаии 58 (дополнительно – Есфирь 4)

Пусть ваш разум мыслит:

1. Вы когда-нибудь постились с молитвой? Если да, улучшило ли это ваше молитвенное время? Объясните.

2. Есть ли в вашей жизни или в вашей общине проблемы, которые побуждают вас к посту?

3. Хотели бы ли вы с вашими друзьями поститься за духовное обновление? Если да, тогда обсудите это и молитесь о возможности совместного поста.[1]

Пусть ваша душа молится:

Отче, помоги мне возрастать духовно, чтобы знать, как и когда поститься. Когда я пощусь, помоги мне не проявлять жалость к себе или гордость, но помоги посвящать себя ревностной молитве, исполненной веры. Помоги мне больше всего жаждать Тебя. Во имя Иисуса, аминь.

Пусть ваше сердце повинуется:

(Что Бог хочет, что бы вы познавали, ценили или делали?)

---

1 Посетите allinmin.org, чтобы найти доступные для загрузки ресурсы для группового поста.

Молитесь Божьим Словом и познавайте Божью волю

*«Если пребудете во Мне и слова Мои в вас пребудут,
то, чего ни пожелаете, просите, и будет вам».*
Иоанна 15:7

Независимо от того, где вы живёте, вы обнаружите, что всем людям свойственно иметь определенные привычки. Мы каждое утро просыпаемся в одно и то же время. Мы каждый день готовим одну и ту же пищу. Мы склонны сидеть на одних и тех же местах во время еженедельных церковных собраний. Хотя привычный распорядок дня может быть полезным, создавая атмосферу порядка и предсказуемости, такой рутинный подход может оказывать негативное влияние на нашу привычку регулярно молиться. Бездумное, повторяющееся день за днём обращение к Богу с помощью одной и той же молитвы может сделать наши отношения с Богом безжизненными. Иногда нам нужно вдохнуть жизнь в наши молитвы, и это мы можем сделать с помощью боговдохновенного Писания.

Молитва словами из Писания оживляет наше общение с Богом. Примеры таких молитв мы видим в Библии. Сам Господь Иисус молился словами из Писания. Библейские молитвы могут помочь нам сохранять наше общение с Богом живым, эффективным и сосредоточенным на *Нем* (а не на нас) и на Его славе (а не на нашей). **Используя Его слова, мы стремимся согласовать наши мысли с Его мыслями и молиться по Его воле.** Мы верим в обетование, что Он слышит молитвы и отвечает на них, если они произнесены по Его воле (1 Ин. 5:14-15). По этой причине псалмопевец Давид уверенно сказал: «Утешайся Господом, и Он исполнит желания сердца твоего» (Пс. 36:4).

Но некоторые люди неверно используют библейские тексты, считая их уникальными формулами, с помощью которых они могут получить все, что хотят. *Утешаться Господом? Хорошо, я люблю Тебя, Господь! Я люблю Тебя славить, Господь! Я буду любить Тебя, Господь, чтобы Ты ответил на все мои молитвы.* Однако не об этом было сказано в библейском стихе. «Утешаться Господом» означает стремиться к Нему, и Он даст вам новые желания, Свои желания. Чего хочет Бог? Его воля всегда состоит в том, чтобы:

- Он славился (Рим. 11:36);
- иметь отношения с нами (Мф. 23:37);
- через Христа привести нас к Себе (Рим. 5:1);
- мы уподоблялись Христу (Рим. 8:29);
- мы радовались, благодарили и непрестанно молились (1 Фес. 5:16-18);
- мы хранили святость и сексуальную чистоту (1 Фес. 4:3);
- все люди пришли к Нему (2 Пет. 3:9);
- мы наполнялись истиной (Кол. 3:16);
- мы делали больший акцент на сердце, чем на делах (Ос. 6:6);
- мы пребывали в Нём и наслаждались жизнью с избытком (Ин. 10:10; 15:1-17).

Мы знаем, что вышеперечисленное является Божьей волей, потому что об этом сказано в Его Слове, и мы можем уверенно молиться, чтобы Он исполнил Свои желания. Но когда речь заходит о более конкретных личных решениях, например, куда переехать или где найти работу, то мы не найдем в Библии подробных инструкций. Это может сначала разочаровать. Но, если мы и дальше будем укореняться в Божьем Слове, наш разум обновится. Мы сможем лучше понимать Его *уникальную* волю для нас и видеть Его руку в наших жизненных вопросах. Главное – переменить мирское мышление на ум Христов: «Не сообразуйтесь с веком сим, но преобразуйтесь обновлением ума вашего, чтобы вам познавать, что есть воля Божия, благая, угодная и совершенная» (Рим. 12:2).

Иногда мы просто не понимаем, о чём нам дальше молиться, несмотря даже на все наши молитвенные усилия распознать Божью волю. Если мы не знаем, что сказать, Писание может дать нам нужные слова. Мы также можем полагаться на Святого Духа, на Его молитву *за* нас. Богу известны все наши желания и потребности, даже те, которые мы сами ещё не осознали. Мы можем доверять Ему, веря, что Он всё устроит и поможет нам в самое подходящее время и самым подходящим способом, даже если мы не можем найти подходящие слова:

> «Также и Дух подкрепляет нас в немощах наших; ибо мы не знаем, о чем молиться, как должно, но Сам Дух ходатайствует за нас воздыханиями неизреченными. Испытывающий же сердца знает, какая мысль у Духа, потому что Он ходатайствует за святых по воле Божией» (Рим. 8:26-27).

С помощью Святого Духа мы можем отдать Богу все свои переживания, веря, что Он всё направит в соответствии со Своей волей. Нам не нужно пытаться распознать Божью волю *до того, как* мы помолились. **Молитва ведёт нас к познанию Божьей воли.** Через молитву Бог меняет ваше сердце, дабы оно находилось в полном соответствии с Его волей. Смиренно молитесь о своих желаниях, но молитесь с готовностью принять Его замыслы: «Впрочем, не Моя воля, но Твоя да будет» (Лк. 22:42). Когда Бог начинает показывать вам Свою волю, продолжайте доверять Ему, проявляя послушание. Апостол Павел показал хороший пример. Три раза он просил Бога удалить от него «жало в плоти, ангела сатаны», и три раза Бог отказывал ему в его просьбе (2 Кор. 12:7-10).

Несмотря на это Павел оставался верным Богу, потому что, прежде всего, стремился исполнять Божью волю. Через этот опыт он познал, что Божьей благодати достаточно для исполнения Его воли. Павел «течение совершил, веру сохранил» (2 Тим. 4:7), и прославлял Бога своей жизнью.

Если мы в молитве полагаемся на Бога и на Его Слово, особенно в трудное время, мы получаем Его силу для жизни в соответствии с Его планом. **Возможно, именно в трудные времена мы лучше всего видим, как Писание укрепляет наши молитвы. Молитва Божьим Словом высвобождает Божью силу для изменения наших сердец и обстоятельств.** «Все Писание богодухновенно и полезно для научения, для обличения, для исправления, для наставления в праведности, да будет совершен Божий человек, ко всякому доброму делу приготовлен» (2 Тим. 3:16-17). Божье Слово никогда не подведёт нас, оно обращается к нам и помогает нам выполнять Его планы.

Зная, что Божье Слово всегда исполняется, мы можем смело провозглашать Божьи обетования и твердо верить, что Он их исполнит. В Библии содержится более семи тысяч обетований, и большинство их них чем-то обусловлены. Некоторые обетования касаются отдельных людей. Некоторые из них требуют определенных действий. Читая обетование, внимательно изучите изначальный контекст, чтобы понять, содержит ли оно в себе какое-то условие. Будьте внимательны к тому, нужно ли *вам* что-нибудь сделать, прежде чем *Бог* что-то сделает. Цитируя в своих молитвах такие обетования, мы просим Бога помочь нам выполнить свои обязанности. Затем мы призываем Его ответить на наше послушание так, как Он обещал. Некоторые примеры:

- «Итак, покоритесь Богу; противостаньте диаволу, и убежит от вас. Приблизьтесь к Богу, и [Он] приблизится к вам» (Иак. 4:7-8).

    Боже, помоги мне довериться Тебе и противостать врагу, чтобы он оставил меня. Помоги мне стремиться к Тебе. Я приближаюсь к Тебе в своем сердце. Приблизься ко мне и Ты, Господи.

- «Если исповедуем грехи наши, то Он, будучи верен и праведен, простит нам грехи наши и очистит нас от всякой неправды» (1 Ин. 1:9).

  Отче, благодарю Тебя за Твою верность и прощение. Я исповедую, что я _____. Пожалуйста, очисти меня от всякой неправды и помоги мне пребывать в Твоём Духе для Твоей славы.

- «Ищите же прежде Царства Божия и правды Его, и это всё приложится вам» (Мф. 6:33).

  Господи, помоги мне отдавать приоритет Твоим целям и жить в этом мире по Твоим принципам. Я знаю, что, если я буду это делать, Ты позаботишься обо всех моих нуждах. Я доверяю Тебе.

Молитва «пробуждает» исполнение Божьих обетований в наших жизнях. **Мы не знаем, когда и как Бог исполнит обетование, но мы знаем, что молитва Его обетованиями помогает нам доверять Ему и жить согласно Его воле.** «Ибо все обетования Божии в Нем «да», и в Нем «аминь», – в славу Божию, через нас» (2 Кор. 1:20). Бог любит нас и хочет, чтобы мы молились, произносили Его Слово с верой, провозглашали Его обетования и полагались всецело на Него. «Вспомни слово Твое к рабу Твоему, на которое Ты повелел мне уповать» (Пс. 118:49).

Пусть Библия говорит:

Матфея 6:9-13 (дополнительно – Римлянам 12:1-2)

Пусть ваш разум мыслит:

1. Понимание Божьей воли помогает нам решать проблемы и принимать решения. На какое библейское обетование вы полагаетесь? Найдите то обетование, которое поможет вам сегодня.

2. Изменились ли желания вашего сердца с укреплением вашей дружбы с Богом? Объясните.

3. Если вы испытываете трудности в определенной сфере жизни, найдите стих или отрывок из Писания, который поможет вам в решении вашей проблемы. Запишите его и запомните (День 34). Регулярно молитесь этими словами из Писания. Богу угодно слышать Своё Слово и Он радуется, слыша его от вас и ваши слова о том, как Он может помочь вам.

Пусть ваша душа молится:

Отче, Твоё Слово сильно. Помоги мне молиться Твоим Словом, чтобы мне молиться по Твоей воле. Покажи, какие обетования Ты исполняешь в моей жизни, и помоги мне запомнить их и молиться ими к Тебе. Даруй мне Твои желания. Во имя Иисуса, аминь.

Пусть ваше сердце повинуется:

(Что Бог хочет, что бы вы познавали, ценили или делали?)

Молитесь за других. Великая ходатайственная молитва

«Прежде всего, прошу совершать молитвы, прошения, моления, благодарения за всех человеков».

1 Тимофею 2:1

Перед Своей смертью на кресте Иисус дал ученикам бесценный дар. Он *помолился за них и за вас*.[1]

Постоянная молитва характеризовала отношения Иисуса с Его учениками. Он молился перед тем, как избрать их (Лк. 6:12-16). Иисус молился за учеников в течение Своего служения. И Его молитвы за них и за вас не прекратились даже после Его вознесения на небеса. **Сегодня, сейчас, Иисус продолжает молиться за вас со Своего престола в небесах** (Рим. 8:34; Евр. 7:25). Иисус молится за тех, кого любит и то же самое должны делать и мы, Его представители.

За кого Бог хочет, чтобы мы молились?

- За правительства (1 Тим. 2:1-2)
- За всех верующих (Еф. 6:18)

---

1 Вы можете найти эту молитву (самую длинную молитву в Библии, кроме молитв в Псалтири) в Иоанна 17.

- За больных людей (Иак. 5:14-15)
- За того, кто согрешает (Иак. 5:15-16)
- За врагов (Мф. 5:44; Лк. 6:28)
- За благовестников (Мф. 9:38)
- За ВСЕХ людей (1 Тим. 2:1)

Почему ходатайственная молитва (молитва за других людей) так важна? Молитва друг за друга приглашает Бога в наши отношения, она объединяет нас вместе в любви и единстве. Ходатайственная молитва меняет наше отношение к другим людям, потому что мы смиряем себя, заботясь «не о себе только... но каждый и о других» (Флп. 2:4). Мы идём Божьим путём не одни. С нами идут наши братья и сестры, и мы призваны заботиться о них и ободрять их. **Сложно совершать дела вечной значимости для людей до нашей молитвы за них. После нашей молитвы за людей каждое доброе слово и доброе дело несёт в себе Божью силу.** Поразмышляйте над библейскими примерами ходатайственной молитвы.

- Авраам помолился за Лота, и Бог спас его от уничтожения Содома (Быт. 18).
- Моисей помолился за весь народ, за своенравных израильтян, и Бог не истребил их (Исх. 32–33; Пс. 105:23).
- Самуил помолился за Божий народ, и Бог простил израильтян и поразил их врагов (1 Цар. 7).
- Илия помолился за землю, и Бог послал дождь (3 Цар. 18:41-46).
- Иов помолился за друзей, которые ложно его обвиняли, и Бог их простил (Иов 42).
- Есфирь помолилась за евреев, и Бог избавил их от персов (Есф. 4:15-17).
- Ранняя церковь помолилась за заключенного Петра, и Бог отворил двери темницы (Деян. 12).
- Иисус помолился за нас, и Бог спас нас от греха (Ис. 53:12).

В Божьем Слове содержится много примеров ходатайственной молитвы, потому что она очень важна для Бога.

Божья воля состоит в том, чтобы мы молились за тех, кого Он любит. Поэтому, нам нужно просить Его помочь нам смотреть на других так, как Он смотрит на них. **Бог даст вам мудрость и понимание, как молиться за нужды других людей.** Если ваш друг страдает из-за преследования, Бог может побудить вас молиться о даровании ему стойкости и помощи. Если человек страдает от своих неправильных решений, Бог может направить вас к молитве о его *покаянии* и *освобождении*. Когда Бог меняет ваше сердце, и вы смотрите на других Его глазами, ваши молитвы также меняются. Вы не будете молиться: «Боже, *реши их проблемы. Положи конец их боли. Пошли им деньги*». Вместо этого вы будете скажете Богу:

> «Боже, *пошли им Свои наилучшие благословения, даже если получить их можно только через боль. Пошли и, как можно скорее облегчение и больше сил. Избавь их от зла. Освободи их от греха, который препятствует развитию их отношений с Тобой. Будь прославлен в их жизни. Пошли им стойкость, и помоги им особым образом ощутить Твоё присутствие. Даруй им Твою радость и мир. Покажи, как мне им помочь и как их ободрить*».

Молясь за других людей, нам нужно помнить, что молитвы, произнесённые с верой и сопровожденные делами, прославят Бога и благословят других. Вам кажется, что вам не хватает веры? Если Бог помог вам поверить в Иисуса, значит у вас уже достаточно веры, чтобы помолиться о других Иисусу. Гигантские препятствия может убрать даже небольшая вера (как горчичное зерно). «Ибо истинно говорю вам: если вы будете иметь веру с горчичное зерно и скажете горе сей: «перейди отсюда туда», и она перейдет; и ничего не будет невозможного для вас» (Мф. 17:20). Божий ответ на наши молитвы не связан с размером нашей веры. Неважно, как давно вы стали верующими, сколько вы грешили в прошлом, или насколько слабой кажется вам самим ваша молитва – ваши прошения к Богу могут двигать горы. Вы можете молиться о невозможных ситуациях даже с проявлением крошечной веры. *Всё возможно* всезнающему, всемогущему и вездесущему Богу (Мф. 19:26; Мк. 10:27).

Наконец, **молитесь и действуйте**. «Будьте постоянны в молитве, бодрствуя в ней с благодарением» (Кол. 4:2). Если вы видите человека или проблемный вопрос, о котором нужно помолиться, сразу помолитесь за него. Если мы будем медлить, нас может что-то отвлечь. Если кто-то просит вас молиться о них, считайте это привилегией, и сохраняйте конфиденциальность в отношении их молитвенных просьб. Когда вы молитесь за других людей, Бог может показать вам, как им помочь.

- Если вы молитесь, чтобы кто-то нашёл работу, и вы знаете того, кто ищет себе сотрудника, познакомьте вашего друга с этим человеком.
- Если вы молитесь о здоровье больного друга и у вас есть полезная пища для него, поделитесь этой пищей с другом.
- Если вы молитесь о том, чтобы кто-то познал Христа, ищите возможность рассказать об Иисусе.
- Если ваш супруг или ваша супруга неверующие, ваши молитвы и благочестивые поступки повлияют на них. Апостол Пётр сказал о неверующих мужьях: «которые не покоряются слову, житием жён своих без слова приобретаемы были, когда увидят ваше чистое, богобоязненное житие» (1 Пет. 3:1-2).

Молитва не пассивна. Молитва активна. Не медлите делать добро (Притч. 3:28).

Физически мы ограничены, но молитвенно – безграничны. Мы можем способствовать распространению Евангелия по всему миру через ходатайственную молитву и влиять на миллионы людей во славу Божью!

Пусть Библия говорит:

Иоанна 17 (дополнительно – Колоссянам 1:9-12; 3; 4:2-6)

Пусть ваш разум мыслит:

Вы помните наш новый взгляд, как представителей Христа (Дни 17–19)? Пусть это призвание направляет вашу сегодняшнюю молитву.

1. **Молитесь за следующее поколение (Кол. 1:9-12).**
   Молитесь, чтобы люди познавали Бога и Его волю (стих 9), жили плодотворной жизнью (стих 10), ощущали Божью силу (стих 11) и радостно благодарили Отца (стих 12).

2. **Молитесь за своих соседей и народы (Кол. 4:2-6).**
   Молитесь за возможности рассказывать о Христе (стих 3) и быть Его хорошим представителем, чья жизнь мудра, а слова наполнены благодатью (стихи 5-6).

3. **Молитесь, чтобы воздать Богу славу (Кол. 3).** Просите Бога сосредоточить ваше внимание на Христе (стих 1) и помочь вам стремиться к Его прославлению (стих 3). Молитесь, чтобы ваша жизнь была наполнена состраданием, добротой, смирением, кротостью и терпением, чтобы она была святой и прославляла Бога, чтобы вы любили и прощали других (стихи 5-15).

Пусть ваша душа молится:

Отче, Ты говоришь: «Воззовет ко Мне, и услышу его; с ним Я в скорби; избавлю его, и прославлю его» (Пс. 90:15). Помоги мне всегда без колебаний обращаться к Тебе в молитве за себя и за других людей. Во имя Иисуса, аминь.

Пусть ваше сердце повинуется:

(Что Бог хочет, что бы вы познавали, ценили или делали?)

Молитесь вначале. Молитесь всегда. Молитесь сейчас.

«Будьте постоянны в молитве, бодрствуя в ней с благодарением».

Колоссянам 4:2

Одно из самых значимых, глубоких и невероятных чудес во вселенной состоит в том, что **Бог отвечает на молитвы**. Никогда не пренебрегайте этой удивительной истиной. Никогда не принимайте за должное то, что Бог слушает наши молитвы и отвечает на них. Он отвечает на наши молитвы, потому что такова Его природа. Нашим ответом на Его благодать и благость должны быть слова: «Да придет Божье Царство и да будет Его воля в наших жизнях, в наших браках, в наших семьях, в наших церквах и в наших народах» (Мф. 6:10). На этой неделе мы много говорили об этой особой привилегии, которую мы имеем в Боге:

- Молитва проистекает из наших отношений с Богом и укрепляет их.
- Молитва – это разговор с Богом, который иногда меняет ваши обстоятельства и *всегда* меняет ваше сердце.
- Нам нужно быть бдительными относительно препятствий для молитвы и сразу их устранять.
- Мы можем поститься и молиться словами из Писания для укрепления нашей молитвенной жизни.

- Мы молимся за других людей, которых лично знаем, и за многих других, за которых молиться побуждает Бог.

Цель молитвы состоит в познании Божьего сердца, и Бог часто раскрывает нам Свое сердце через Свое Слово. Поэтому так важно изучать Писание и запоминать его. Бог говорит к нам через Свое Слово. Когда мы изучаем Писание, Святой Дух в нужное время напоминает нам о нужных стихах (Ин. 14:26).

Бог обращается к нам и другими способами. «И будет в последние дни, говорит Бог, излию от Духа Моего на всякую плоть, и будут пророчествовать сыны ваши и дочери ваши; и юноши ваши будут видеть видения, и старцы ваши сновидениями вразумляемы будут» (Деян. 2:17). Иногда Бог говорит через обстоятельства, впечатления, спонтанный поток мыслей, сны, видения и других членов церкви. В Библии содержатся примеры этого:

- **Бог говорил** к Аврааму (Быт. 12:1), Агарь (Быт. 16:7–13), Моисею (Исх. 3:5), всем пророкам, Савлу (Павлу) (Деян. 9:5), Иоанну (Откр. 1:17–18).
- **Бог посылал сны** Иакову (Быт. 28:12), Иосифу (сыну Иакова) (Быт. 37:5), фараону (Быт. 41), Навуходоносору (Дан. 2), Иосифу (мужу Марии) (Мф. 1:20–21; 2:13), мудрецам (Мф. 2:12).
- **Бог давал видения** Исаии (Ис. 2:1), Иеремии (Иер. 24:1), Иезекиилю (Иез. 1:1), Даниилу (Дан. 10), Петру (Деян. 10:9–16), Павлу (Деян. 16:9), Иоанну (Откр. 1) и многим другим.
- **Бог дал церкви** жителям Иудеи, Галилеи, Самарии (Деян. 9:31), Антиохии (Деян. 13), Иерусалиму (Деян. 15) и нам.

Важно не то, *как* Бог говорит к нам, а то, как мы *отвечаем* на Его слова. Удивительно осознавать, что Бог обращается к нам различными способами, но будьте бдительны. Если человек ошибся и услышал вовсе не Божий голос, это может привести к негативным последствиям. **Точно одно – когда Бог** обращается к нам, **Его слова никогда не будут противоречить Библии.** Некоторые пытались предсказать конец света, веря, что получили особое откровение, но в Божьем Слове сказано, что никто не знает ни дня, ни часа, когда вернётся Иисус (Мф. 24:36). Некоторые проповедники учат, что *все* болезни являются результатом нераскаянного греха. Но Библия учит, что всё человечество испытывает последствия греха, в том числе болезни (Рим. 8:20–22).

Если вы считаете, что услышали Божий голос, просите Бога подтвердить послание. Этим подтверждением может стать пастор или друг, который неосознанно произнесёт стих, относящийся к вашей ситуации. Или во время общения с Господом и чтения Библии вы можете обратить внимание на стих, который подтверждает услышанное вами. Духовно зрелые верующие и мудрые церковные служители также могут помочь вам распознать, было ли это послание от Бога или нет. Если вы получили подтверждение, что услышанное вами действительно было Божьим посланием, тогда всецело и сразу проявите послушание Богу. Святой Дух поможет вам следовать Божьему водительству. Промедление или частичное послушание – это непослушание, а это, как мы ранее говорили, может служить препятствием для наших молитв.

В продолжение нашего молитвенного путешествия с Богом предлагаем вам ещё три совета по улучшению молитвенного времени.

1. **Составьте план молитвы.** Мы можем свободно раскрывать перед Богом свои сердца, но нам также нужно знать, *о чём мы молимся,* и **включать в молитву поклонение (прославление), исповедь, благодарение и прошение** (День 37). Иначе мы можем пропустить поклонение и всё время провести в прошении, или только исповедоваться и забыть поблагодарить Бога. Запишите перечень молитвенных просьб, еженедельно обновляя этот список, а также записывайте, когда и как Бог ответил на ваши молитвы. Вы даже можете составить еженедельный молитвенных график относительно прошений: он поможет вам

фокусироваться на конкретных людях или проблемах в каждый день недели. Например:

Воскресенье: молитва за личные нужды и за предстоящую неделю

Понедельник: молитва за семьи миссионеров и их служение (о благословении и помощи)

Вторник: молитва за учителей, правительство, военных и полицию (о мудрости и защите)

Среда: молитва за членов своей семьи (молитвенные просьбы)

Четверг: молитва за друзей (молитвенные просьбы)

Пятница: молитва за соседей и народы вокруг (о возрождении, духовном пробуждении и о мире для Иерусалима [Пс. 121:6–9])

Суббота: молитва за пасторов (за хороший отдых и проповедь в силе Божьей)

Вы также можете использовать молитвы онлайн, молитвенные путеводители или молитвенные календари.

2. **Сделайте молитву своим приоритетом.** Иисус часто удалялся в уединённое место, чтобы начинать день с молитвы. Он общался с Отцом и в течение дня. Он наблюдал за Своим Отцом и делал то, что делал Его Отец (Ин. 5:19). Иисус слушал Своего Отца и говорил то, что слышал от Него (Ин. 12:49). Ученики Иисуса видели Его посвященность молитве. Когда они стали духовными руководителями в церкви первого века, они делегировали часть своих обязанностей другим, а сами посвятили себя молитве и наставлению в Божьем Слове (Деян. 6:4). И Святой Дух сильно действовал в ответ на их молитвы (Деян. 1:14–2:4). То же самое Он может делать и для нас.

3. **Представьте, что вы молитесь перед Божьим престолом.** Молитва – это не только действие, но и особое положение перед Богом. «Посему да приступаем с дерзновением к престолу благодати, чтобы получить милость и обрести благодать для благовременной помощи» (Евр. 4:16). Когда мы молимся, мы

приближаемся к Божьему престолу. Автор послания к Евреям напоминает, что Иисус – наш Великий Первосвященник (Евр. 2:17; 4:14), и призывает нас с дерзновением (уверенностью) приближаться к Божьему престолу. Такой взгляд на молитву меняет наш подход к ней. Готовясь к молитвенной встрече с Богом, вы можете преклонить колени или склонить голову.

Божий престол не похож на земной престол. Бог восседает в благодати, и Он даёт благодать. Его благодати достаточно для удовлетворения наших нужд в нужное время. Поскольку Иисус наш Великий Первосвященник, мы можем приближаться к престолу благодати. Господь говорит: «Довольно для тебя благодати Моей, ибо сила Моя совершается в немощи» (2 Кор. 12:9). Мы призваны к настойчивости, и нам дарована благодать для нашего путешествия, для проживания нашей настоящей истории с Богом и для выполнения Его предназначения для нас. Какой прекрасный и славный образ, о котором мы можем помнить, приближаясь к Богу в молитве!

Друг, ты приглашён к постоянному общению с Богом, с момента пробуждения и в течение дня. Поверь, что Тот, Кому ты молишься, «щедр и милостив [...] долготерпелив и многомилостив» (Пс. 144:8). Он наш добрый Отец, и Он с радостью слушает молитвы Своих детей (Притч. 15:8).

Пусть Библия говорит:

Луки 18:1–14 (дополнительно – Евреям 4:14–16)

Пусть ваш разум мыслит:

1. Как осознание того, что вы приближаетесь к Божьему престолу благодати, меняет ваш подход к молитве?

2. Ответьте на «Вопросы для обсуждения за Неделю 6».

Пусть ваша душа молится:

Отче, благодарю Тебя, что приглашаешь меня к Твоему престолу благодати. Направляй меня в молитве. Какое это благословение, что Ты желаешь слушать меня, что Ты желаешь, чтобы я изливал своё сердце пред Тобой. Пожалуйста, помоги мне познавать Твоё сердце в общении с Тобой. Пожалуйста, в час нужды пошли мне Твою милость и благодать. Во имя Иисуса, аминь.

Пусть ваше сердце повинуется:

(Что Бог хочет, что бы вы познавали, ценили или делали?)

ВОПРОСЫ ДЛЯ ОБСУЖДЕНИЯ
ЗА НЕДЕЛЮ 6

Просмотрите уроки за эту неделю и ответьте на следующие вопросы. Поделитесь вашими ответами со своими друзьями во время вашей встречи на этой неделе.

1. Что вам помогает сосредотачиваться на молитве? Молитва вслух? Преклонение колен? Ведение дневника? Планы молитв? Что-то другое?

2. Мы обсуждали четыре основных элемента молитвы: прославление, исповедь, благодарение и прошение. Какой из этих элементов оказался наиболее легким для вас? Какой из них вы хотели бы больше развить? Молитва Господня – это чудесный пример молитвы, состоящей из этих четырех частей. Если вы не знаете Молитвы Господней, откройте текст Матфея 6:9–13 и прочтите его.

3. Вы можете вспомнить, когда Бог использовал молитву, чтобы изменить ваше сердце, не меняя ваши обстоятельства? Каким был самый большой ответ от Бога на вашу молитву?

4. Испытываете ли вы препятствия в молитве? Что вы сделаете для того, чтобы преодолеть эти препятствия? Будьте кому-нибудь подотчётны в совершении изменений, к которым вас призывает Бог.

5. Поделитесь молитвенными просьбами и помолитесь ходатайственной молитвой друг за друга. Сообщите другим, если Бог ответил на эти молитвы.

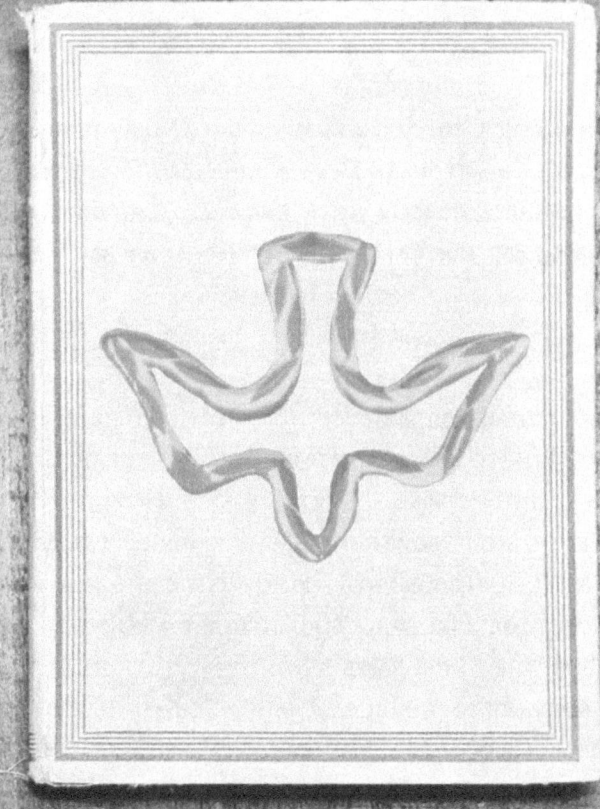

СВЯТОЙ ДУХ.
ПРОЖИВАЯ СВОЮ ИСТОРИЮ
В БОЖЬЕЙ СИЛЕ

Познайте Божью силу в вас

«И Я умолю Отца, и даст вам другого Утешителя, да
пребудет с вами вовек, Духа истины, Которого мир не
может принять, потому что не видит Его и не знает Его; а
вы знаете Его, ибо Он с вами пребывает и в вас будет».
Иоанна 14:16–17

Самый невероятный дар мы приберегли на нашу последнюю
неделю совместного путешествия. Вы уже слышали о Нём во
время этого путешествия, потому что о Нём невозможно не
говорить. Теперь же давайте познакомимся с Тем, Кто помогает
вам познавать Бога, пребывать в Иисусе и выполнять свою часть
в Божьей Истории. Настало время познакомиться со Святым
Духом и узнать, как пребывать в Его присутствии.

Многие верующие по всему миру знают о существовании
Святого Духа, но не понимают, как с Ним можно
взаимодействовать. Они могут регулярно посещать церковь,
изучать Библию и участвовать в церковном служении. Но при
этом кажется, что им чего-то не хватает в отношениях с Богом.
Они удивляются, почему им не достаёт радости или почему
у них так мало побед над грехом, или почему они ощущают
беспокойство и разочарование. Они не осознают, что им не
хватает не *чего-то*, а *кого-то* в жизни. Никто их не научил, как
развивать живительные отношения с Богом через Святого Духа
на основе совершённого труда Иисуса. Такое ощущение нехватки

чего-то важного для Божьих детей никогда не входило в Божьи планы. Поэтому Иисус, возносясь на небо, оставил нам три вещи:

1. Свое Тело – Церковь (Кол. 1:18)

Церковь – это Божья семья, а не здание.[1] Библия называет это собрание верующих телом Христа (День 12). Как разные части тела выполняют разные функции, но при этом составляют одного человека, так и верующие составляют тело Христа. Мы ободряем и поддерживаем друг друга. **Святой Дух даёт нам особые способности, духовные дары, для нашего надлежащего взаимодействия в семье веры** (1 Кор. 12). Поскольку у нас нет одинаковых даров, мы благословляем друг друга разными способами, но всегда с целью помочь друг другу во славу Божью. В Писании Святой Дух и Церковь действуют вместе.

2. Свой разум – Божье Слово (1 Кор. 2:16)

Иисус Христос является Словом, ставшим плотью (Ин. 1:14). Когда Иисус (Божье Слово в *человеческом* облике) возвратился на небо, с нами осталось Писание (Божье Слово в *письменном* виде). Благодаря Его Слову мы познаем Божий разум, Его волю и мысли, и обновляем свой разум (Рим. 12:1–2). **Благодаря Духу Святому нам дарован и открыт разум Иисуса Христа.** «Нам Бог открыл это Духом Своим […] Ибо кто познал ум Господень, чтобы мог судить его? А мы имеем ум Христов» (1 Кор. 2:10,16). В Писании Дух Святой и Евангелие идут рука об руку.[2]

3. Божий Дух – Святой Дух (Рим. 8)

Иисус также оставил нам Святого Духа, Помощника, Духа Истины. Святой Дух неотделим от Бога, ибо Он и *есть* Бог (2 Кор. 3:17). Если мы оставляем грех и принимаем спасение, дарованное Иисусом, Бог прощает наши грехи и *обновляет нас* через Святого Духа (Тит. 3:5). **Святой Дух наполняет нас, утешает, наставляет, молится за нас и подкрепляет.** В Своих

---

1 Прочитайте «Как найти хорошую церковь» (День 12).
2 J. D. Greear, *Jesus, Continued: Why the Spirit Inside You Is Better than Jesus Beside You* (Grand Rapids, MI: Zondervan, 2014), 21.

последних словах к ученикам Иисус сосредоточил внимание на даре Святого Духа (Ин. 14:15–27; Деян. 1:8). В Писании Святой Дух и рожденный свыше верующий всегда едины.[1]

Святой Дух действует в церкви и через неё, открывая ум Христов и помогая нам жить жизнью веры. Наша способность выполнять Божье предназначение основывается на наших отношениях с Богом через Святого Духа. Нам нужно познавать Его и полагаться на Него, ведь Он свидетельствует об Иисусе (Ин. 15:26). Теперь подробнее о Нем.

Кто Такой Святой Дух? Библия говорит о Святом Духе, как о Боге. Бог Дух Святой является Третьим Лицом Троицы. Бог един в трёх Лицах, Они едины, но различны. Вся Троица присутствовала во время сотворения мира (Быт. 1:2,26), участвовала в крещении Иисуса (Мф. 3:16–17), провозглашена в Великом Поручении (Мф. 28:19), упомянута в новозаветных посланиях (2 Кор. 13:14), а также вплетена в другие библейские повествования. Поскольку Святой Дух – Бог, Он во всём равен с Богом Отцом и Богом Сыном.

Святой Дух, как Отец и Сын, является *Личностью*, а не безликой силой. Он имеет ум, эмоции и волю. Он активно взаимодействует с нами, общается с нами и помогает нам. Он вечный Дух (Евр. 9:14), Который будет с нами *вечно* (Ин. 14:16).

Когда время пребывания Иисуса на земле подходило к концу, Он сказал ученикам: «Лучше для вас, чтобы Я пошёл» (Ин. 16:7). Почему лучше? Подумайте об этих словах. Почему лучше, чтобы Иисус ушёл? Далее Иисус сказал: «Ибо, если Я не пойду, Утешитель не придет к вам; а если пойду, то пошлю Его к вам» (Ин. 16:7). Святой Дух, Утешитель, мог прийти к ним только после того, как ушёл Иисус. **Иисус знал: лучше, если Бог Дух будет жить в учениках, чем, если Бог Сын будет жить *рядом с ними*.** Невероятно, но это правда.

Святой Дух дан всем верующим. Сейчас Святой Дух живёт в вас. Вы теперь Божий храм.[2] Святой Дух действует в нас и через

---

1 Иисус использовал термин «рожденный свыше» в беседе с религиозным лидером о спасении (Ин. 3:3–8).
2 1 Кор. 3:9,16–17; 6:17–19.

нас, чтобы принести миру свет и любовь Иисуса. Мы не только спасены *от* наших грехов, но и спасены *для* выполнения Божьих целей и подкрепления Божьим Святым Духом. Самостоятельно мы ничего не можем делать чего-либо, имеющего значение для вечности и во славу Божью. «Не воинством и не силою, но Духом Моим, говорит Господь Саваоф» (Зах. 4:6).

Чтобы исполнить свою роль в Божьей Истории, нам нужна помощь Святого Духа в каждой сфере нашей жизни, где Он является:

- Постоянным Учителем, открывающим истину в Божьем Слове и напоминающим нам о ней (Ин. 14:26);
- Вечным Помощником, направляющим и помогающим нам во все времена (Ин. 14:16);
- Руководителем нашей миссии, подкрепляющим нас в нашем свидетельстве об Иисусе в мире (Деян. 1:8);
- Молитвенным Ходатаем, молящимся о нас, когда мы не знаем, о чем молиться (Рим. 8:26);
- Разрушителем греха, освобождающим нас от него (Рим. 8:2,12–13);
- Открывателем Правды, направляющим нас во всякую истину (Ин. 16:13);
- Дарителем, дающим нам духовные дары (Рим. 12:3–8; 1 Кор. 12);
- Производящим плод и собирающим духовный урожай в нашей жизни (Гал. 5:22–23);
- Печатью спасения, закрепляющей наш вечный статус как Божьих детей (Еф. 1:13–14).

Поэтому Иисус после Своего воскресения *вновь* говорил о Святом Духе. За несколько мгновений перед Своим возвращением на небеса Иисус пообещал ученикам:

«Вы примите силу, когда сойдет на вас Дух Святой; и будете Мне свидетелями в Иерусалиме и во всей Иудее и Самарии и даже до края земли» (Деян. 1:8).

В силе Святого Духа они будут возвещать об Иисусе на местном уровне (Иерусалим), в окружающих регионах (Иудея), в местах, которые некоторые люди избегали (Самария), и в остальном мире. Заключительными словами Иисуса были слова о Святом Духе. Жизнь Иисуса зависела от Святого Духа – от Его рождения и крещения до Его помазания и смерти.[1] В итоге Иисус был воскрешен Духом (Рим. 8:11). Если Иисус, живя на земле, полагался на Святого Духа, то насколько на Него полагаться должны мы? Задайте себе следующие вопросы:

- Нуждаюсь ли я в разумении для понимания Писания (Ин. 14:26; 1 Кор. 2:13–14)?
- Хотел бы ли я напоминания о Божьем Слове в нужное время (Ин. 14:26)?
- Хочу ли я помощи в исполнении Божьих целей (Деян. 1:8)?
- Готов ли я быть водимым Святым Духом (Рим. 8:14; Гал. 5:18)?
- Нужна ли мне иногда помощь в молитве (Рим. 8:26–27)?
- Хочу ли я быть свободным от греха (Рим. 8:2,12–13)?
- Желаю ли я исполнять Божье Слово (Иез. 36:27)?
- Стремлюсь ли я возрастать в благодати (2 Кор. 3:18; 2 Фес. 2:13)?
- Нуждаюсь ли я в мудрых ответах, когда меня спрашивают о Боге (Лк. 12:12)?

Если вы ответили «да» на какой-либо из вышеперечисленных вопросов, значит, вы готовы к тому, чтобы Святой Дух совершал через вас больше труда. И Он готов трудиться с вами. Чем больше вы позволяете Святому Духу наполнять вашу жизнь, тем больше вы осознаете Божье любящее присутствие. В результате вы еще больше любите Иисуса, ведь именно для этого и был послан Святой Дух. Иисус пришёл на землю, чтобы возвеличить и явить Бога Отца (Мф. 11:27), а Святой Дух пришёл на землю, чтобы возвеличить и прославить Иисуса (Ин. 16:13–14).

---

1 Лк. 1:35; 3:22; 4:1; 4:18; Евр. 9:14.

«И будет в последние дни, говорит Бог, излию от Духа Моего на всякую плоть [...] И [...] всякий, кто призовет имя Господне, спасется» (Деян. 2:17,21).

В Ветхом Завете многие люди пренебрегали Богом Отцом. В Новом Завете многие пренебрегали Богом Сыном. Не будем же и мы совершать ту же ошибку, пренебрегая Богом Святым Духом. Наоборот, давайте укрепим наш союз с Богом через Святого Духа, пригласив Его трудиться в нас и через нас. И Он это сделает. Завтра вы узнаете как. Нас ожидает чудесная заключительная неделя вместе.

ДЕНЬ 43

Пусть Библия говорит:

Иоанна 14:15–27 (дополнительно – Деяния 1–4; если позволяет время на этой неделе, **прочитайте новозаветную книгу Деяний**, часто называемую «Деяниями Святого Духа», чтобы обрести лучшее понимание Святого Духа и Его труда в жизнях верующих).

Пусть ваш разум мыслит:

1. Кто такой Святой Дух? Прочитайте вышеупомянутые библейские стихи и опишите Его своими словами.

2. Каким образом Он может влиять на вашу жизнь?

3. Мы привыкли к тому, что люди обычно работают с нами или для нас. Что же означает, когда Святой Дух работает *через нас?*

Пусть ваша душа молится:

Отче, благодарю Тебя за чудесный дар Святого Духа. Я жажду глубоких отношений с Тобой через Святого Духа на основе совершенного труда Иисуса. Помоги мне радоваться Твоему Духу, ходя Твоими путями. Без Тебя я ничего не могу делать. Напоминай мне каждый день открывать дар Твоего Духа, живя Твоей благодатью и для Твоей славы. Во имя Иисуса, аминь.

Пусть ваше сердце повинуется:

(Что Бог хочет, что бы вы познавали, ценили или делали?)

Будьте наполнены духом. Посвящение

«Исполняйтесь Духом».

Ефесянам 5:18

Что бы вы делали, если бы Иисус лично к вам пришёл? Возможно, вы бы радостно приветствовали Его, накормили Его лучшей пищей и посвятили Ему лучшую часть своей жизни. А если бы Он вам сказал, что собирается жить с вами *вечно*? Тогда бы изменилось всё. Вы бы расслабились и доверили Ему всю свою жизнь. Вы бы каждый день жили в присутствии Иисуса, в Его любви к вам и в Его способности решить любую проблему. Жизнь была бы совершенно другой.

Именно такой может быть жизнь уже сейчас. Дух Святой не только с нами, но и *в* нас. Если мы попросили Иисуса стать нашим Господом, Святой Дух всегда готов помочь нам и направить нас в каждой сфере нашей жизни. Безусловно, не все будет идти по нашему плану или по нашему расписанию, однако у нас не будет причин для беспокойства, потому что мы сможем успокоиться в Его заботе. Откуда мы об этом знаем?

Если мы верим в Иисуса, Бог даёт нам Святого Духа.[1] Не только на миг, но навсегда. Иисус обещает, что Святой Дух будет жить в нас *вечно* (Ин. 14:15–17). Но поселение Святого Духа

---

1 Ин. 7:37–39; Рим. 8:9; 1 Кор. 12:13; Гал. 3:2; Еф. 1:13–14. Эту тему много обсуждают, но верующие во всем мире верят, что Бог хочет трудиться в Своих детях и через них. Для большего ознакомления с этой темой прочитайте дополнительную литературу.

в нас в момент нашего спасения отличается от Его *наполнения* нас. Принимая Иисуса своим Спасителем, мы не решаем, жить ли в нас Святому Духу: это автоматическое безусловное благословение (Еф. 1:13). Но посвящение себя Святому Духу, чтобы Он действовал в нас и через нас, является нашим *решением*, и это благословение с условием (Еф. 5:18).

Всё это отображено в книге Деяний. Святой Дух проявлял Свою силу в верующих, которые были «исполнены Духа Святого». Прочтите стихи, в которых сказано о наполнении Святым Духом:

- «Тогда Петр, исполнившись Духа Святого, сказал им: начальники народа и старейшины Израильские!» (Деян. 4:8).
- «И, по молитве их, поколебалось место, где они были собраны, и исполнились все Духа Святого, и говорили слово Божие с дерзновением» (Деян. 4:31).
- «Итак, братия, выберите из среды себя семь человек изведанных, исполненных Святого Духа и мудрости: их поставим на эту службу» (Деян. 6:3).
- «И избрали Стефана, мужа, исполненного веры и Духа Святого» (Деян. 6:5).
- «Стефан же, будучи исполнен Духа Святого, воззрев на небо, увидел славу Божию и Иисуса, стоящего одесную Бога» (Деян. 7:55).
- «Ибо [Варнава] был муж добрый и исполненный Духа Святого и веры. И приложилось довольно народа к Господу» (Деян. 11:24).
- «Но Савл, он же и Павел, исполнившись Духа Святого и устремив на него взор, сказал: о, исполненный всякого коварства и всякого злодейства, сын диавола, враг всякой правды!» (Деян. 13:9–10).

Проблеск неба? Сильная проповедь? Смелое лидерство? Да, все эти верующие люди, известные своей силой и верой в Господа, были *наполнены* Святым Духом. Бог укрепил их, снабдил их и объединил их для возвещения послания об Иисусе, начиная с Иерусалима и до края земли. Бог желает и нас наполнить силой Святого Духа (Еф. 1:19). Как Он это делает?

Давайте внимательно рассмотрим стих Ефесянам 5:18. Оригинальный греческий термин для слова «исполняйтесь» в этом отрывке является одновременно повелением и глаголом настоящего времени. На языке оригинала здесь отображен смысл, что *только Бог* совершает наполнение Святым Духом, а не мы. Бог также *повелевает* нам постоянно быть наполненными, что означает, что это постоянный процесс, похожий на постоянное пребывание в Иисусе (Неделя 4).

Возможно, вы думаете: «Как мне еще больше наполниться Святым Духом?» **Нам не нужно еще больше *обретать* Святого Духа, нам нужно еще больше *посвящать* себя Ему.** «Ибо не мерою даёт Бог Духа» (Ин. 3:34). Божий Дух наполняет всё пространство, какое вы Ему даёте. Иногда мы позволяем наполнять нас другим вещам, а не Духу Святому. Греховная жизнь не может быть наполнена Духом, как и ведро, полное грязи, не может быть наполнено свежей водой. Самым большим препятствием для отношений с Духом служит наш отказ взаимодействовать с Ним. Верующие, не стремящиеся быть эффективными и победоносными последователями Христа, недоумевают, почему им не хватает радости или почему они чувствуют себя поверженными. Если мы не посвящаем себя Святому Духу, мы будем разочарованы и поверхностны в вере. Помните, что *своими* силами мы не можем жить, как последователи Христа.

Вы хотите посвятить себя Святому Духу? Во-первых, исследуйте свое сердце. *Молитвенно* и честно ответьте на следующие вопросы. Окончив на них отвечать, посмотрите на те сферы в своей жизни, которые наполнены не Святым Духом, а чем-то другим.

1. Любовь. Уделяю ли я время и внимание другим людям, в том числе тем, с кем сложно общаться или кто отличается от меня?
2. Радость. Радуюсь ли я успеху других людей, или мне трудно радоваться вместе с ними?

3. Мир. Стремлюсь ли я к миру с другими людьми, прося у них прощения когда это необходимо?

4. Терпение. Чем я руководствуюсь – истиной, эмоциями или обстоятельствами?

5. Доброта. Добр ли я к людям, или я критичен и нетерпим к ним?

6. Благость. Ношу ли я бремена других, или я тайно радуюсь их неудачам?

7. Верность. Верен ли я в своих мыслях и поступках своим друзьям (или супругу/супруге)?

8. Вежливость. Вежлив ли я с другими людьми или я груб с ними?

9. Самоконтроль. Развиваю ли я хорошие привычки или я зависим от того, что вредит мне и другим?

10. Благодарность. Всегда ли я благодарен или я часто жалуюсь?

11. Смирение. Смиряю ли я себя в служении другим людям или я считаю, что некоторые задачи ниже моего уровня?

12. Щедрость. Рассказываю ли я другим об Иисусе, когда ощущаю побуждение Святого Духа?

13. Послушание. Послушен ли я Богу?

14. Довольство. Доволен ли я тем, что мне дал Бог, или я жажду получить то, что есть у других?

15. Прощение. Прощаю ли я тех, кто меня обидел?

16. Ободрение. Стараюсь ли я ободрять людей или же я стремлюсь их впечатлить?

17. Благочестие. Готов ли я учиться или я защищаюсь, когда меня поправляют?

18. Уверенность. Уверен ли я в том, кто я во Христе, или я сосредоточен на себе?

19. Благородность. Пресекаю ли я сплетни или я с удовольствием их слушаю?

20. Библейская община. Верен ли я своей церкви или для меня не важна библейская община?

21. Святость. Стремлюсь ли я к святости в том, что я говорю, делаю, смотрю, слушаю или читаю?

Хотя отвечать на эти вопросы может быть трудно, самоанализ необходим нам (2 Кор. 13:5). Радуйтесь тем сферам в вашей жизни, где Бог уже совершает изменения. Признавайтесь и раскаивайтесь в грехах, которые вам открылись. «Итак, покайтесь и обратитесь, чтобы загладились грехи ваши» (Деян. 3:19–20). Покаяние – это сложный процесс, а не одноразовое событие, но Бог *уже* на вашей стороне. **Святой Дух – наш Помощник, а Небесный Отец жаждет нас простить.** «Кто Бог, как Ты, прощающий беззаконие и не вменяющий преступления остатку наследия Твоего? Не вечно гневается Он, потому что любит миловать» (Мих. 7:18). **Если мы искренне просим прощения, Бог говорит: «Свершилось!» И мы можем обрести покой в Его благодати и в свободе искупления.** «Итак, нет ныне никакого осуждения тем, которые во Христе Иисусе... потому что закон духа жизни во Христе Иисусе освободил меня от закона греха и смерти» (Рим. 8:1–2).

Предостережение. Решение следовать за Святым Духом и оставить греховные привычки требует осознанности и настойчивости. В Матфея 12:43–45 Иисус учит, что выметенный, но оставленный *пустым* дом служит иллюстрацией того, как если бы мы очистили свою жизнь от негативного влияния, но затем *не* позволили Святому Духу наполнить освободившееся пространство. Это похоже на то, как если бы пригласить врага вернуться обратно с ещё более сильным демоническим воздействием, сделав нашу ситуацию хуже предыдущей. *С помощью Святого Духа* плохие привычки и греховные зависимости нам необходимо заменять новыми благочестивыми моделями поведения. Например, наполнение Святым Духом поможет бывшему алкоголику найти правильный способ вернуться к социальной жизни, и этот путь не приведет к искушениям (Иак. 1:13–18). Мышление, наполненное Духом, помогает формировать правильную модель поведения и изгонять врага. Молитесь, чтобы ваш «дом» был наполнен Духом.

Этот важный шаг в вашем путешествии веры может изменить вашу настоящую историю с обычной на необычную. Вы готовы посвятить свою жизнь Святому Духу? Чтобы это произошло, не требуется сначала преодолеть все свои грехи. В этом вам поможет Святой Дух.

1. **Исповедуйте свои грехи перед Богом.** Начните с очищения от всего плохого, что вы сделали, и от всех вещей, которые препятствуют вашим отношениям с Богом. Смирите себя.

2. **Покайтесь.** «Уклоняйся от зла и делай добро» (Пс. 33:15). Посвятите Богу всего себя и все, что у вас есть. Святой Дух часто обращается к нам, если мы делаем то, что Он запрещает («оскорбляем» Его; Еф. 4:30–31), или не делаем то, что Он повелевает («угашаем» Его; 1 Фес. 5:16–19). Будьте внимательны к Его побуждениям, проявляйте незамедлительное послушание и быстро решайте вопрос с грехом.

3. **Просите Святого Духа наполнить вас и верьте, что Он это сделает.** Богу нравится наполнять нас Святым Духом: «Если вы, будучи злы, умеете даяния благие давать детям вашим, тем более Отец Небесный даст Духа Святого просящим у Него» (Лк. 11:13). И Он повелевает нам быть наполненными Им: «Исполняйтесь Духом» (Еф. 5:18). Верьте в это обетование и верьте, что Он вас наполнит.

4. **Наполняя себя Божьим Словом, выполняйте доверенную Богом миссию.** «Слово Христово да вселяется в вас обильно» (Кол. 3:16). **Если мы стремимся к выполнению Божьей миссии, мы открываем себя к наполнению Святым Духом, чтобы через нас Он благословил других.** Проверьте себя. Если вы делаете то, к чему вас побуждает Святой Дух, вы обнаружите большие духовные ресурсы и силу. Молитесь, если Он побуждает вас молиться. Свидетельствуйте об Иисусе, если Он побуждает вас свидетельствовать.

Возможно, вы не ощущаете действие Святого Духа, но Он всё равно действует. Проживая свою настоящую историю, вы обретете бо́льшую эффективность, веру, силу и любовь. Как мы говорили на прошлой неделе, если мы просим что-либо согласно Божьей воле, Бог слышит нас и даёт нам просимое (1 Ин. 5:14–15). Божья воля состоит в том, чтобы Святой Дух постоянно вас наполнял (Еф. 5:18). Вы испытаете неописуемую радость и близость с Иисусом, когда **Святой Дух будет наполнять вас и делать Иисуса более реальным для вас**. Друг, будьте наполнены Святым Духом.

Пусть Библия говорит:

Римлянам 6 и 8:1–17 (дополнительно – Деяния 5–8)

Пусть ваш разум мыслит:

1. Как покаяние и послушание делает нас открытыми
    к наполнению Святым Духом? Что вам необходимо для
    того, чтобы полностью посвятить себя Святому Духу?

2. Что вас сейчас наполняет согласно вышеупомянутому
    перечню?

3. Как вам дать больше места Святому Духу в вашей жизни?
    Если в вас живет Дух, что ещё вас может характеризовать
    (Рим. 8:10)?

4. Уделите время, чтобы исповедоваться в своих грехах
    и покаяться в них. Просите Бога наполнить вас Своим
    Духом и верьте, что Он это сделает.

Пусть ваша душа молится:

*Господи, наполни меня Святым Духом. Я хочу, чтобы Иисус
стал ещё более реальным для меня. Я не хочу оскорблять
Твой Дух своими грехами и не хочу угашать Его своим
непослушанием. Я признаю, что наполнял себя ненужными
вещами. Прости меня. Покажи мне, как измениться. Направь
мои мысли, слова, поступки и эмоции, чтобы они все были
угодны Тебе. Во имя Иисуса, аминь.*

Пусть ваше сердце повинуется:

(Что Бог хочет, что бы вы познавали, ценили или делали?)

Будьте очищены для жизни воскресения. Освящение

«Сам же Бог мира да освятит вас во всей полноте, и ваш
дух и душа и тело во всей целости да сохранится без
порока в пришествие Господа нашего Иисуса Христа».
1 Фессалоникийцам 5:23

Бог не спас нас просто для того, чтобы сделать нас лучшими
людьми. Он спас нас, чтобы избавить от наказания за грех,
и чтобы восстановить наши отношения с Ним ради Его славы.
Мы становимся лучшими людьми именно *благодаря этим
отношениям*: «Кто во Христе, тот новая тварь; древнее прошло,
теперь все новое» (2 Кор. 5:17). Новое! **Бог спасает нас *через* Иисуса,
и затем с помощью Святого Духа *уподобляет* нас Иисусу.**

Этот процесс изменений,
называемый **освящением**, длится
в течение всего нашего пути веры.
Стать верующим – это только начало
пути освящения. Новый образ жизни
и уподобление Иисусу требует
времени и Божьей помощи. *Святой
Дух ответственен за наше освящение,
за наше уподобление Тому, Чей образ
мы носим* (Быт. 1:27).

> ***Освящение:***
> Быть сделанным
> святым. Оригинальное
> греческое слово
> *hagiazo* означает
> «разделить», «отделить»
> или «сделать святым».
> все возращали в Того,
> Который есть глава
> Христос" (Еф. 4:15).

В последующие дни мы узнаем, как Святой Дух взращивает нас через служение, благовестие и даже через страдание. Сегодня мы поговорим о том, как нам взаимодействовать с Ним.

Освящение требует послушания (1 Пет. 1:2). После сказанного в Божьем Слове о том, что нам нужно делать, Святой Дух помогает нам формировать надлежащий отклик (Рим. 8). Размышляя над Божьим Словом, мы обновляем свой разум, и наши мысли начинают меняться (Рим. 12:1–2). Мы начинаем думать больше о том, что «только добродетель и похвала» (Флп. 4:8). Наши мысли влияют на наши слова и поступки, поэтому, мы говорим «только доброе для назидания» (Еф. 4:29) и «[делаем] правду» (1 Ин. 2:29).

Но освящение – это не о следовании правилам. Освящение – это следование за Иисусом. Богу более важно то, кем мы становимся, чем то, как мы себя ведём. **Если мы уподобляемся Христу, мы будем поступать, как Он, и будем находить удовлетворение в Нём одном.** Христовы поступки проистекают из Христового сердца, а не из религиозного законничества, о котором мы уже говорили (День 25). Иисус осудил фарисеев за то, что, несмотря на свою внешнюю чистоту, они были грязны внутри, в своих сердцах:

> «Горе вам [...] лицемеры, что очищаете внешность чаши и блюда, между тем как внутри они полны хищения и неправды [...] вы по наружности кажетесь людям праведными, а внутри исполнены лицемерия и беззакония» (Мф. 23:25,28).

Нам нужно делать акцент не на внешнем поведении, а на *сердце*, которое всё более и более уподобляется Христу (Еф. 4:15). Смысл не в правилах, ведь суть освящения – в *отношениях*. Для лучшего понимания этого процесса рассмотрим одну из иллюстраций Иисуса. Иисус многократно сравнивает людей с пшеницей. Изучая процесс роста пшеницы, мы лучше понимаем процесс нашего возрастания во Христе.

1. Мы не можем принудительно достигать духовной зрелости: нужно верить, что нас взращивает Святой Дух. Зерно пшеницы не понуждает себя расти. Оно не думает: «Мне нужно прорости. Сейчас мне нужно стать стеблем, а потом произвести зерно». Апостола Павла разочаровывали верующие, которые верили, что Христос спасает их от греха, но не доверяли Ему в вопросе духовного возрастания. Галаты стремились выполнять различные правила и распространяли лжеучение о том, что для спасения необходимо соблюдение *дополнительных* правил. Павел спросил их: «Так ли вы несмысленны, что, начав духом, теперь оканчиваете плотью?» (Гал. 3:3). Нам нужно принимать труд Святого Духа в нас и быть наполненными Им (День 44). И со временем мы увидим совершенное Им возрастание:

> «Царствие Божие подобно тому, как если человек бросит семя в землю, и спит, и встает ночью и днем; и как семя всходит и растет, не знает он, ибо земля сама собою производит сперва зелень, потом колос, потом полное зерно в колосе» (Мк. 4:26–28).

2. **Мы взаимодействуем со Святым Духом, предоставляя благоприятные условия для роста.** Даже лучшее зерно не будет расти без хорошей почвы, воды и солнечного света. Зерна пшеницы, запрятанные в древних кувшинах и находившиеся там тысячи лет, казались совершенно безжизненными, но когда археологи их обнаруживали и засевали их в хорошую почву, эти зерна начинали расти, как любое хорошее зерно. Тот же принцип относится и к нам. Если вы хотите возрастать во Христе, вам нужны три вещи:

- Хорошая почва: Является ли ваше сердце хорошей почвой? Доверяете ли вы Богу и выполняете ли вы Его Слово (День 30)?
- Свежая вода: Глубоко ли вы укореняетесь в Божьем Слове, чтобы впитывать живую воду Святого Духа (День 24)? Пребываете ли вы в Нём?
- Солнечный свет: Ходите ли вы в свете Иисуса? Просите ли вы Бога раскрыть ваш грех, чтобы Он вас исцелил (День 26)?

Обратите внимание, что среда для возрастания, которую вы создаёте, связана больше с состоянием вашего сердца, чем с вашими обстоятельствами. Даже если вы живёте во враждебном для христиан контексте или испытываете трудности, вы можете создавать надлежащие условия для духовного возрастания в вашем сердце и разуме.

3. **Духовное возрастание происходит в общине.** Если зерно пшеницы посадить отдельно, оно само не выживет и не сможет вырасти. Проросший росток упадет, или его сломают. Но если оно посеяно на поле вместе с миллионами других семян, все они смогут выдержать любые бури. Даже если дуют сильные ветры, стебли пшеницы будут поддерживать друг друга и держаться вместе. То же самое относится и к нам. **Мы не можем расти в одиночку.** Если у вас нет духовной семьи, просите Бога помочь вам. Ищите церковь, где проповедуется и исполняется Божье Слово (смотрите День 12; «Как найти хорошую церковь»). Если там, где вы живёте, церквей мало, регулярно встречайтесь, по крайней мере, с одним или с двумя друзьями, которые следуют за Иисусом (смотрите День 17; «Еженедельные встречи»). Святой Дух использует вашу семью веры, чтобы ободрять вас и помогать вам в духовном возрастании.

4. **Духовное возрастание происходит тогда, когда мы умираем для прежнего образа жизни.** Как растёт и размножается пшеница? Иисус учит: «Истинно, истинно говорю вам: если пшеничное зерно, пав в землю, не умрет, то останется одно; а если умрет, то принесёт много плода» (Ин. 12:24). Чтобы пшеница продолжала размножаться, её зерна должны упасть в землю и умереть. Из этого зерна зарождается новая жизнь. Позже созревшая пшеница способна произвести много новых зерен.

Будучи последователями Христа, нам также нужно проходить процесс «умирания»:

- Сначала мы умираем для **греха**, возлагая нашу веру на Христа. Мы «сораспялись Христу» и «мертвы для греха» (Гал. 2:19; Рим. 6:11).
- Следуя за Иисусом, мы продолжаем ежедневно умирать для **старого образа жизни**. «Если кто хочет идти за Мною, отвергнись себя, и возьми крест свой, и следуй за Мною» (Лк. 9:23).
- Мы ежедневно умираем для **мирских желаний**, противостоя искушению и умерщвляя грех силой Святого Духа (Рим. 8:13; Кол. 3:5).
- Мы ежедневно умираем для **эгоизма**, заботясь о нуждах других людей и благословляя их (Флп. 2:4).

Процесс умирания может казаться пугающим, но **мы, верующие, должны *принять* смерть, потому что она ведёт к воскресению**. Иисус учит: «Ибо кто хочет душу свою сберечь, тот потеряет ее; а кто потеряет душу свою ради Меня, тот сбережет ее» (Лк. 9:24). **Освящение – это процесс умирания для греха и себя, чтобы жизнь Христа все более и более наполняла нас.** Если Дух призывает вас умереть для себя в какой-либо сфере, помните, что Он хочет наполнить это место Божьей жизнью.

Иисус уделял такое большое внимание освящению, что перед Своим арестом молился за нас: «Они не от мира, как и Я не от мира. Освяти их истиною Твоею: слово Твое есть истина» (Ин. 17:16–17). Иисус знал, что мир и старая греховная природа будут стремиться воспрепятствовать работе Святого Духа в нас. Но Он также знал, что это сопротивление можно преодолеть Божьим Словом. Поэтому, так важно *ежедневно* проводить тихое время с Богом для укрепления наших с Ним отношений. Через Божье Слово Святой Дух показывает, что нам необходимо изменить, и даёт нам благодать для совершения этих изменений (Гал. 5:16–17). И шаг за шагом Святой Дух взращивает нас в святости. Он изменяет наше мышление (Рим. 12:2) и искореняет грех из нашей жизни. **Если вам сложно проявлять послушание, попробуйте выполнить следующие шаги:**

1. Просите помощи Святого Духа (Лк. 11:13).
2. Позвольте Ему открыть ваши глаза и ваше сердце к тому, чтобы распознать, что вам препятствует (Пс. 18:9). В поиске ответов читайте Божье Слово.
3. Надейтесь на Бога. Покайтесь, если чувствуете побуждение к этому. Молитесь с властью (День 36)! Тогда Бог уберёт из вашего сердца любое неверие и любое упрямство. Вы найдёте удовлетворение в Иисусе Христе и в итоге оставите всё, чтобы больше обрести Его (Флп. 3:8).

Пример того, как это действует. Предположим, что вам сложно справиться со сплетнями. Вы испытываете желание рассказать своему другу что-то нехорошее о другом человеке, но затем вы вспоминаете о необходимости помолиться. Вы просите Бога помочь вам держать в узде свой язык (Иак. 1:26). Дух покажет вам, в чём вы были духовно слепы (Пс. 118:18). Вы начнёте с бо́льшим пониманием относиться к другому человеку. Вы также ясно поймёте, что сплетни – это зло. И вы передумаете говорить их другу. Один изменяющий шаг в послушании производит возрастание в вашем сердце и меняет ваши поступки. Ваша радость в Господе удовлетворяет ваше сердце, а ваше предыдущее поведение, – желание посплетничать, – выказывается меньше.

Проявляйте терпение. Освящение требует времени, но постепенно вы увидите реальные положительные изменения в вашем характере и в ваших привычках. Пребывая во Христе и покоряясь Божьему Слову, вы будете проявлять больше любви, сострадания и терпения. Ропот уступит место благодарности. Вспышки гнева станут менее частыми, а более частой станет хвала. Ваша ценность и идентичность будет определяться только Христом. Изучение Библии и молитва станут радостной частью ежедневного ритма вашей жизни. Вы начнёте смотреть на всё с Божьей точки зрения и будете стремиться исполнять Его волю.

Видя позитивные изменения, мы можем ободриться тем, что Святой Дух меняет нас каждый день. «Мы же все, открытым лицом, как в зеркале, взирая на славу Господню, преображаемся в тот же образ от славы в славу, как от Господня Духа» (2 Кор. 3:18). Мы изменяемся изнутри, чтобы отображать Божью славу!

Пусть Библия говорит:

Ефесянам 4:1–16 (дополнительно – Деяния 9–12)

Пусть ваш разум мыслит:

1. Мы, как пшеница, возрастаем в общине. Почему община так важна для последователей Иисуса?

2. Если вы не связаны с поместной церковью или у вас нет близкой семьи веры, что вы будете делать, чтобы иметь связь с другими верующими?

3. Как вас улучшает ежедневное умирание для себя? Как оно улучшает отношения с другими, в том числе с вашей семьей веры?

Пусть ваша душа молится:

Отче, взращивай меня через освящение. Ежедневно уподобляй меня Иисусу. Укрепляй мою семью веры, чтобы мы могли вместе возрастать. Помоги нам ежедневно умирать для себя, чтобы Святой Дух наполнял нас все больше и больше. Во имя Иисуса, аминь.

Пусть ваше сердце повинуется:

(Что Бог хочет, что бы вы познавали, ценили или делали?)

Возрастайте в духе. Служение

«Кто хочет между вами быть большим, да будет вам слугою; и кто хочет между вами быть первым, да будет вам рабом; так как Сын Человеческий не для того пришёл, чтобы Ему служили, но чтобы послужить и отдать душу Свою для искупления многих».
Матфея 20:26–28

Бог не нуждается в нашем служении. Бог призывает нас к служению, потому что Он *любит нас*. Служа вместе с Ним, вы лучше Его познаёте. Вы ощущаете Его любовь, которая проявляется через вас к другим, которая даёт *и* меняет жизнь. Служение Богу через служение другим людям является ещё одним способом освящения Святым Духом. Понимая, что мы становимся руками и ногами Иисуса, мы служим с желанием, а не с принуждением. Иногда мы можем отказываться служить Ему. Мы чувствуем призыв к служению, но не понимаем детали этого служения: что именно нам нужно делать, где и когда нам нужно это делать, или даже кому помочь. Но мы не одиноки. Моисея также беспокоили эти вопросы.

Моисей – один из величайших лидеров во всей еврейской истории и один из немногих верующих, водимых Духом, о которых сказано в Ветхом Завете. Да, он едва не упустил свою роль в Божьей Истории. На Неделе 3 мы немного говорили об истории Моисея. Бог призвал Моисея вывести израильский народ из египетского рабства и затем установить для народа Божий закон. Когда Бог призвал Моисея к служению, тот сказал:

«Пошли другого». Бог разгневался на отказ Моисея (Исх. 4:13–14). Бог явился Моисею в образе несгорающего куста, и Он мог легко поглотить Моисея пламенем огня. Но Бог этого не сделал. Он был терпелив с Моисеем, как Он терпелив и с нами (1 Тим. 1:16).

Обратите внимание, как Бог использовал особенности жизни Моисея.[1] Моисей был еврейским мальчиком, который вырос во дворце египетского фараона, став его внуком. Далее указано, как прошлое Моисея помогло ему выполнить Божье призвание для его жизни:

- Он получил образование, которое помогло ему, когда Бог вдохновил его написать первые пять книг Библии.
- У него был опыт нахождения перед царями, что помогло ему, когда Бог призвал его говорить с новым фараоном.
- Он был обучен лидерским и организационным навыкам, которые помогли ему, когда Бог призвал его вывести израильский народ.
- Когда он убежал в Мадиамскую землю (до Божьего призыва вывести еврейский народ), он научился терпению и хорошо ознакомился с пустынной местностью, что помогло ему во время сорокалетних странствий народа по пустыне.

Не все мы призваны быть лидерами, как Моисей, однако мы *все* призваны служить. Как вы можете быть призваны на служение? Начните с анализа своей биографии. Где вы живёте? На каких языках вы говорите? Какие у вас есть навыки и таланты? Какие испытания вы перенесли? Отвечая на подобные вопросы, молитесь и просите Духа помочь вам понять, какие аспекты вашей истории Бог желает, чтобы вы использовали в служении Ему.

Спрашивая Бога, как вам Ему служить, подумайте также и о том, что вам *нравится* делать.[2]

1. Когда вы в прошлом больше всего испытывали радость и продуктивность в служении Богу?

1 Jill Briscoe, *Here Am I, Lord... Send Somebody Else: How God Uses Ordinary People to Do Extraordinary Things* (Nashville: W Publishing, 2004).
2 Glenn Reese (Pastor, Chets Creek Church in Jacksonville, FL), in discussion with the author, August 10, 2010.

2. Когда вы больше всего ощущали, что Бог действовал в вас и через вас?

3. На основе этих ответов определите, как вы можете внести наибольший вклад в Божье Царство?

Если вы только начинаете думать о служении, попробуйте определить самые большие потребности вашей церкви или общины. Подумайте, как ваши устремления и навыки могут восполнить эти нужды. Вам нравится молиться? Вы можете готовить еду или петь? Быть спортивным тренером или организовывать спектакли? Есть ли у вас хобби, с помощью которого можно послужить в удовлетворении потребностей других людей (например, вязать пледы для местного приюта для бездомных)? Умеете ли вы обучать других или организовывать собрания? Можете ли вы заниматься организацией бизнеса или управлением финансами? Умение быть хорошим слушателем – это тоже очень необходимый и ценный навык. *Каждый* может что-то предложить. Возможно, вы не знаете, что делать в будущем, но **Бог в процессе вашего служения откроет вам ваши дары**. Попробуйте что-то новое и учитесь в процессе этого. Чтобы определить, что именно вам подходит, потребуется время, и это не происходит в один момент. Верьте, что Бог укажет вам ваш следующий шаг, и затем уверенно идите вперёд. Вскоре вы увидите, как перед вами раскрывается бóльшая перспектива, и вы испытаете благословение в служении. Иисус любит благословлять *вас* и *через* вас благословлять других. Поэтому, Он сказал: «Блаженнее давать, нежели принимать» (Деян. 20:35).

Часть этого благословения приходит в виде духовного возрастания. **Святой Дух взращивает *нас*, в то время как мы служим Богу через служение *другим*.** Святой Дух также назван Духом Христовым (Флп. 1:19). Как Иисус смирил Себя, став слугой для всех, так и Дух Иисуса будет делать вас слугой, преображая в Его образ. Во Христе мы служим «в обновлении духа», укрепленные Богом (Рим. 7:6). **Дух побуждает *нас* с любовью, а не из чувства долга, трудиться для Божьей славы, а не для**

своей. Нам, «служащим Богу духом», необходимо полагаться на силу Христа и не надеяться «на плоть» (Флп. 3:3). **Мы обретаем настоящую радость, когда мы с Божьей помощью и Ему во славу делаем то, что Он предназначил нам делать.** И помните, что Бог никогда не призовёт вас к служению, не дав вам благодать и силу для выполнения этого служения (Нав. 1:9; 2 Кор. 12:9).

Только вы имеете свою уникальную часть в Божьей Истории. Теперь рассмотрим, как *правильно* служить. Апостол Павел учит нас, как служить.

1. **Служите жертвенно.** Служить другим, *только когда нам удобно*, почти невозможно. Мы редко уделяем своё свободное время волонтерской работе, если у нас появляется такая возможность. Нам нужно быть целенаправленными в служении, а также быть способными пожертвовать своим временем или своими ресурсами. Когда мы служим, мы делаем себя «жертвой живой» (Рим. 12:1), что является чудесным приношением Господу. Мы ставим нужды других людей выше своих нужд, как это делал Иисус. Иисус пожертвовал Своим комфортом задолго до того, как Он пожертвовал Своей жизнью на кресте. Даже будучи уставшим от выполнения Своего служения, Он всё равно откладывал в сторону Свои потребности, чтобы учить и насыщать окружавших Его людей, часто исчисляемых тысячами (Мк. 6). Если вы жертвуете своим комфортом, отдыхом и временем, ваше верное служение становится прекрасным приношением для Бога (Флп. 2:17).

2. **Служите смиренно.** Иногда мы склонны служить, чтобы впечатлить других. Восполняя потребности других людей, нам нужно не забывать воздавать всю славу Богу. Иисус сказал: «Смотрите, не творите милостыни вашей пред людьми с тем, чтобы они видели вас: иначе не будет вам награды от Отца вашего Небесного» (Мф. 6:1). Смиряя себя в служении другим и не стремясь к всеобщему вниманию, мы удаляемся от эгоистичности. Если мы служим в истинном смирении, мы

думаем не только о своих потребностях, но и о нуждах других людей (Рим. 12:10). Павел неоднократно писал об этом первым христианским церквам, указывая на важность смиренного служения. «Ничего не делайте по любопрению или по тщеславию, но по смиренномудрию почитайте один другого высшим себя. Не о себе только каждый заботься, но каждый и о других» (Флп. 2:3–4). Павел призывал служить всем, независимо от их финансового состояния или статуса (Рим. 12:16).

Иисус, Царь царей, предоставил нам совершенный пример смиренного служения. Он «не почитал хищением быть равным Богу; но уничижил Себя Самого, приняв образ раба» (Флп. 2:6–7). **Тот, Кому все должны служить, стал слугой для всех!** Иисус сказал ученикам об этом парадоксе: «Кто хочет быть первым, будь из всех последним и всем слугою» (Мк. 9:35). Смирите себя, и Бог возвысит вас (Иак. 4:10). **Ваша ценность не основана на том, что вы делаете, или на том, что другие говорят о вас: ваша ценность основана на том, кто вы есть во Христе.**

3. **Служите с любовью.** Получали ли вы когда-нибудь подарок, подаренный вам из чувства долга? Или, возможно, кто-то помог вам с каким-то заданием на работе, но сделал это с недовольством. Это недоброе чувство. Если мы служим без любви, это как будто мы Богу дарим подарок без любви. Любой акт служения, каким бы исключительным он ни был, бесполезен, если совершён без любви (1 Кор. 13:3). Как было сказано в Дне 6, мы будем вознаграждены по тому, как мы *любили*, а не по нашим добрым делам. Как служит любовь?

- Любовь служит щедро, практикуя гостеприимство (Рим. 12:13).
- Любовь служит действенно, восполняя реальные нужды (1 Ин. 3:18).
- Любовь служит сочувственно, проявляя искреннее сочувствие (Рим. 12:15).
- Любовь служит мирно, живя в мире с другими людьми, независимо от социального статуса (Рим. 12:16,18).

- Любовь служит с благодатью, благословляя своих врагов (Рим. 12:14,17,19–20).

4. **Служите в Духе.** Когда верующие принимают Иисуса в своё сердце, веря в дарованное Им спасение, Святой Дух даёт нам особые дары – духовные дары.[1] Мужчины и женщины в любом периоде жизни *вместе трудятся* над выполнением Божьей миссии.[2] Каждый человек играет важную роль в служении, как носителей Божьего образа. **Святой Дух производит в вас Свой *плод*, когда вы используете *дары* Духа во славу Божью.** Наблюдайте за тем, как Святой Дух развивает вас и ваши дары, когда вы их используете. Церковь названа телом, потому что каждая её часть, несмотря на отличия, важна для функционирования всей церкви. Как разные части тела взаимодействуют вместе, так и разным верующим необходимо вместе использовать свои дары для формирования тела Христова и во славу Божью (Еф. 4:12). Служа братьям и сестрам, мы прославляем жертву Христа ради церкви (Еф. 5:25) и становимся общиной единства, любви и творчества.

Мы призваны служить своим семьям. Богу важно наше служение семье веры, однако оно не освобождает от ответственности заботиться о наших биологических семьях. Мы не можем эффективно служить другим людям в церкви, если в наших семьях нет порядка. Поэтому, одно из ключевых требований к руководителям церкви состоит в их способности мудро руководить семьей (Тит. 1:6-7). «Ибо кто не умеет управлять собственным домом, тот будет ли пещись о Церкви Божией» (1 Тим. 3:5). Иисус призывал религиозных лидеров не допускать того, чтобы люди, не заботясь о нуждах своих

---

1 Перечень особых духовных даров в Библии содержится в Рим. 12:3-8; 1 Кор. 12:8-11 и Еф. 4:10-12.
2 Из-за отсутствия надлежащего образования во многих местах нашего мира часто нет ясного представления о том, как женщины могут служить в церкви или участвовать в распространении Евангелия. Прочитайте Деяния и новозаветные послания, чтобы рассмотреть примеры совместного труда мужчин и женщин. Женщинам в любом возрасте даны духовные дары для выполнения важных ролей в общине, церкви и в семье.

родителей, отдавали свои ресурсы на нужды своей религиозной общины (Мк. 7:11). Павел также наставлял: «Если же кто о своих и особенно о домашних не печется, тот отрекся веры и хуже неверного» (1 Тим. 5:8). Бог не хочет, чтобы мы выбирали, кому послужить – семье веры или своим ближайшим родственникам. Он хочет, чтобы мы служили *и тем, и тем*. Однако Он также не призывает нас служить без Его благодати для каждого шага на нашем пути.

Служение – это ещё одна возможность для Святого Духа взрастить нас и сделать похожими на Христа, на нашего Спасителя-слугу. В процессе служения вы обнаружите новые дары, которыми вас наделил Бог, и поймёте, как ещё больше полагаться на Него. Стремясь не к тому, чтобы *служили вам*, а к тому, чтобы *служить другим*, вы укрепляете существующие отношения и развиваете новые. Ваша дружба с Богом возрастает, если вы трудитесь вместе и проживаете свою часть в Его Истории.

Пусть Библия говорит:

1 Коринфянам 12–13 (дополнительно – Деяния 13–16)

Пусть ваш разум мыслит:

Эти вопросы могут помочь вам обнаружить свои дары и стремление в служении.

1. Когда вы больше всего испытывали радость и продуктивность в служении Богу?

2. Когда вы больше всего ощущали Божий труд в вас и через вас?

3. Основываясь на этих ответах, скажите, как вам внести наибольший вклад в Божье Царство?

Пусть ваша дума молится:

Отче, я вверяю Тебе всю свою жизнь, чтобы делать то, что Ты хочешь, идти туда, куда Ты меня посылаешь, и говорить то, что Ты хочешь, чтобы я говорил. Помоги мне использовать духовные дары, данные мне для Твоей славы. Сделай меня похожим на Иисуса. Благодарю за Твоё жертвенное, смирённое и любящее служение нам, Господи. Во имя Иисуса, аминь.

Пусть ваше сердце повинуется:

(Что Бог хочет, что бы вы познавали, ценили или делали?)

Возрастайте в Духе. Благовестие

«Дана Мне всякая власть на небе и на земле. Итак, идите,
научите все народы, крестя их во имя Отца и Сына
и Святого Духа, уча их соблюдать всё, что Я повелел
вам; и се, Я с вами во все дни до скончания века».
Матфея 28:18–20

Представьте себе мир, в котором Бог решил не привлекать нас
к благовестию об Иисусе другим людям. Вместо этого Он спасает
людей без всякого участия верующих. Каким был бы этот мир?
Представьте, что в этом странном мире вы пришли в церковь,
в которой все стали последователями Иисуса без любого
человеческого участия. Вот вы заняли своё место, и зазвучала
музыка. Но в этом странном мире все песни совершенно
другие. «О, благодать» и многие другие гимны, основанные на
новозаветных учениях, не существуют, потому что Новый Завет
не был написан.

В нашем реальном мире Новый Завет был написан учениками,
которым было поручено приводить к Богу новых учеников. Если
бы не было этого поручения, то не было бы основания писать
о Божьей миссии.

Всё это привело бы к изменению нашего предназначения,
к изменению предназначения всей нашей жизни. Исчезла
бы радость свидетельства об Иисусе и о Его учении. Мы не
видели духовного пробуждения людей к новой жизни. Наша
привилегия служить Божьим инструментом для изменения

человеческих душ была бы утеряна. Наши подходы, действия и призвания были бы совершенно другими. Если бы Бог не пригласил нас к участию в Его труде спасения, наши жизни потеряли бы много радости, потеряли бы надежду и предназначение.

Слава Богу, что наш мир *не* таков! **Бог настолько возлюбил мир, что доверил нам служение примирения** (2 Кор. 5:18–20). Это бесценный дар для нашего блага. Трудясь вместе с Богом, мы становимся ещё более близкими с Ним. Да, Бог может и спасает людей без помощи других, но это – самом себе привилегия для нас, что Бог решил распространять Благую весть *через нас* (2 Кор. 2:14). Нам дарован этот дар благовестия, чтобы другие люди могли получить прощение, обновление и примирение с Божьей вечной семьей. У нас есть лекарство, изменяющее вечность людей, которые умирают духовно. Мы не можем удерживать дар Божьей благодати. Самую сложную часть уже сделал Иисус. Нам лишь нужно делиться Его историей. *И нет большей радости*, чем видеть, как Бог через нас спасет тех, кто идет неверным путем. Когда люди оставляют свои грехи и говорят Иисусу «да», их вечность меняется прямо у нас на глазах!

Удивительно, но некоторые церкви и верующие люди поступают так, как будто они живут в том странном мире, который мы себе представили. Они не вовлечены в распространение Благой вести об Иисусе (в евангелизм), и это не является их приоритетом. Они отвергают Великое Поручение Иисуса, пряча его в свой «долгий ящик». Им не хватает радости, возрастания, надежды, единства и цели. Они недоумевают, почему они духовно не растут, как отдельно, так и все вместе. Они просто не осознают, что не делают того, что Бог поручил им делать. Потому что **сокрытие Евангелия является нарушением Божьего повеления**.

К счастью, миссия Иисуса состоит в том, чтобы *всегда* искать и спасать заблудших (Лк. 19:10). С помощью Святого Духа эти церкви и верующие *могут* измениться. Святой Дух может создать здоровые церковные общины там, где новообращенные наставляются зрелыми верующими. Вы нуждаётесь в новом начале? Бог может помочь вам вернуться к основным целям вашего существования:

Любить Бога,

Любить всех людей и

Благовествовать им!

Ученичество начинается с Иисуса, с Его Благой вести и с Его Великого Поручения. Доверив ученикам Своё послание, Иисус дал им четкие инструкции, указанные в Матфея 28:18–20. Теперь наша очередь. Бог доверил нам Евангелие. Давайте изучим этот отрывок и станем благовестниками для нынешнего поколения.

1. Иисусу **«дана [...] всякая власть»**. Для ученичества нам самим нужно быть учениками. Ранее Иисус сказал: «Если кто хочет идти за Мною, отвергнись себя, и возьми крест свой, и следуй за Мною» (Мф. 16:24). Отверглись ли мы себя, чтобы последовать за Иисусом и покориться Его власти?

2. **«Итак, идите»**. Признавая власть Иисуса, готовы ли мы идти и благовествовать?

3. **«Научите»**. Это повеление означает обучать последователей, верующих в Иисуса людей, которые всё больше и больше будут познавать Бога. Будем ли мы проявлять любовь Иисуса, служить примером Его жизни и учить Его Слову?

4. **«Все народы»**. Богу важна каждая душа. Готовы ли мы каждому благовествовать об Иисусе?

5. **«Крестя их»**. Крещение – это внешний знак внутренней перемены и первый шаг послушания верующего. Крещены ли мы? Будем ли мы побуждать других людей креститься?

6. **«Уча их соблюдать всё, что Я повелел»**. Мы призваны не только к познанию учения Иисуса, но и к исполнению его. Будем ли мы научать посланию Иисуса *и соблюдать* его?

7. **«Я с вами во все дни».** Верим ли мы, что Иисус всегда с нами? Будем ли мы Ему доверять?

> Бог избрал вас быть Его представителем.
> Иисус обещает быть с вами.
> Святой Дух помогает вам в выполнении
> этого повеления (Деян. 1:8).
> Вы способны это сделать.

Иисус говорит: «Как послал Меня Отец, так и Я посылаю вас» (Ин. 20:21). **Если вы проявляете послушание, Бог даёт вам все необходимое для выполнения Его воли.** Если вы благовествуете, Святой Дух даёт вам силу и нужные слова.[1] Святой Дух взращивает вашу веру (освящает вас) в процессе ученичества.

Как мы научаем учеников? Проанализируем молитвенную просьбу Иисуса: «Жатвы много, а делателей мало; итак, молите Господина жатвы, чтобы выслал делателей на жатву Свою» (Лк. 10:2). С помощью символического значения образа жатвы Иисус объяснил, как люди должны быть «собранными» в Божью семью. Как поле готово для жатвы, так и люди созревают для Евангелия. Мы просим Бога, Господина жатвы (Мф. 9:38), чтобы Он послал Своих служителей, и идём вместе с Ним, когда Он нас посылает. Ученичество часто состоит из четырехэтапного процесса жатвы:[2]

1. **Сейте** семена Евангелия с <u>молитвой</u>. Начинайте с молитвы, как призывал Иисус. Когда мы молимся, мы сеем семена Евангелия. Мы идем на «поля», в места, где люди далеки от Бога (на нашей улице или в другой части мира).

2. **Поливайте** эти семена Божьей Историей, <u>Евангелием</u>. Если мы делимся Божьей Историей и своей историей, как Его свидетелей, это служит подпиткой для прорастания семян Евангелия в жизнях людей.

---

1 Мф. 10:19; Лк. 12:12; Деян. 1:8; 2 Кор. 5:20.
2 Всемирные движения по организации церквей следуют подобному процессу, который называется 4 Fields Training.

3. **Взращивайте** проросшие семена светом Божьего Слова. Помогите новообращенным христианам научиться самостоятельно <u>молиться и изучать Библию</u>, чтобы они укреплялись в вере.

4. **Собирайте урожай** с полей, собирая верующих в церковную общину. Мы, верующие, собраны вместе для ободрения, ученичества и общины. Мы обучаем <u>новых служителей</u>, чтобы они могли быть посланы на <u>новые поля</u> сеять и поливать семена Евангелия в жизнях других людей. И процесс ученичества начинается снова.

Теперь в контексте процесса ученичества рассмотрим инструменты, которые мы изучили во время нашего путешествия веры:

1. **Сейте** семена Евангелия с <u>молитвой</u>.
   а. Создавайте **карту отношений** с теми, кто далёк от Бога (Приложение). Молитесь за возможности проявить любовь Иисуса и планируйте их.
   б. Молитесь за других людей, молитесь с властью, молитесь и поститесь за духовное пробуждение (Неделя 6).

2. **Поливайте** эти семена Божьей Историей, Евангелием.
   а. Поделитесь Божьей Историей, используя «ингредиенты» **Хлеба Евангелия** (День 18).
   б. Начните духовные беседы, используя метод **«Слушайте, изучайте, любите, Господь»** (День 18).
   в. Расскажите свою историю, используя руководство **«Как быстро поделиться своей историей»** (День 18).

3. **Взращивайте** проросшие семена во время еженедельных встреч для наставления и ободрения.
   а. Собирайте от трех до пяти новообращенных для совместной встречи, используя формат **«Еженедельных встреч»** (День 17).

б. Наставляйте верующих, как исполнять учение Иисуса (Недели 3–7).

в. Используйте план чтения Библии для **совместного изучения Библии** (День 33).

4. **Собирайте урожай** с «полей», собирая верующих в церковную общину и обучая их, чтобы они также могли обучать других.

a. Собирайтесь вместе, как семья веры, для поклонения, Вечери Господней, служения и обучения (Дни 12 и 43).

б. Обучайте верующих использованию духовных даров для служения Иисусу и другим людям (День 46).

в. Побуждайте верующих идти на новые «поля» и практиковать метод **«Слушайте, изучайте, любите, Господь»** (Приложение). Еженедельно собирайтесь для молитвы и будьте подотчётны друг другу (смотрите Лк. 10:1–11).

Как понять, насколько эффективен процесс ученичества?
Доказательством эффективности служат изменённые жизни. Вы всегда можете улучшить процесс или методы, указанные выше, однако урожай может взращивать только Бог (1 Кор. 3:6–7). Мы не можем обучить каждого, но мы можем обучить одного человека, которого затем важно побудить обучить другого. Даже если вы новообращенный, вы всё равно можете благовествовать.

Представьте, что произойдет, если вы будете обучать одного человека в год, а в следующем году этот человек начнет обучать другого и так далее. Если этот ученический цикл продолжить, то через тридцать лет в Иисуса поверит более миллиарда человек! Подумайте об этом. Бог через вас может изменить вашу семью, ваш город и вашу страну!

Пусть Библия говорит:

Луки 10:1–11; Римлянам 10:9–17 (дополнительно – Деяния 17–20)

Пусть ваш разум мыслит:

1. Знакомы ли вы с тем, кто нуждается в наставлении или хочет получить наставление? Просите Святого Духа направить вас к двум или трем новообращенным и еженедельно проводить с ними ученические встречи.

2. Изучите отрывок Луки 10:1–11. Проанализируйте все позволения и запреты, о которых Иисус сказал ученикам, перед тем как отправить их на служение. Что вас особо впечатлило?

3. Изучите метод **«Слушайте, изучайте, любите, Господь»**, и регулярно используйте этот ресурс со своей группой (1 Пет. 3:15).

Пусть ваша душа молится:

Отче, благодарю Тебя, что доверил мне служение примирения. Посылай мне возможности свидетельствовать людям о Христе. Помоги мне проявлять любовь Иисуса, служить примером жизни Иисуса и обучать Слову Иисуса всех, кого Ты послал в моей жизни. Я хочу быть учеником, который с Твоей помощью и ради Твоей славы наставляет других. Во имя Иисуса, аминь.

Пусть ваше сердце повинуется:

(Что Бог хочет, что бы вы познавали, ценили или делали?)

Возрастайте в духе. Страдание

«С великою радостью принимайте, братия мои, когда впадаёте в различные искушения, зная, что испытание вашей производит терпение; терпение же должно иметь совершенное действие, чтобы вы были совершенны во всей полноте, без всякого недостатка».

Иакова 1:2–4

Вы и я, вероятно, склонны думать, что, если мы живем благочестивой жизнью, мы получим материальные благословения, которые привлекут мир к Иисусу. Возможно, весь мир последовал бы за Иисусом, если бы Он решил наши проблемы и поднял уровень нашего благосостояния. Однако тогда бы исчезло христианство, и вместо него возникло бы ужасное идолопоклонство. Люди приходили бы к Христу по причине того, что Он *даёт*, а не по причине того, Кто Он *есть*. Наше свидетельство особенно сильно тогда, когда мы, вопреки страданию, продолжаем говорить: «Иисус – это всё, что нам нужно».

Для полного понимания этой истины необходима вера и опыт того, как Бог нас поддерживал, как Он нам помогал и как Он нас менял через испытания. Именно наша *реакция* на трудности определяет наш характер и наш духовный рост. Мы можем выбирать между гневом и радостью, между своим стремлением все контролировать и полным доверием Богу. **Наша реакция на трудности показывает, какие у нас отношения с Иисусом.**

Святой Дух делает нас более зрелыми не только через служение и благовестие, но и через страдание.

> «От скорби происходит терпение, от терпения опытность, от опытности надежда, а надежда не постыжает, потому что любовь Божия излилась в сердца наши Духом Святым, данным нам» (Рим. 5:3–5).

Вы замечали, как Бог через Святого Духа изливал в ваши сердца Свою любовь? Эта любовь помогает нам проходить страдания. Эта любовь также проявляется через нас к другим. Страдание не только взращивает наш характер, но и привлекает других к Христу. Ничто так не вдохновляет, как человек, который, несмотря на страдания, не теряет достоинство и радость, возлагая всю надежду на Христа.

Безусловно, страдание может быть результатом греха, ведь все наши неправильные решения имеют последствия. Но сегодня давайте поговорим о страдании, которое причиняет враг. Иисус сказал: «Вор приходит только для того, чтобы украсть, убить и погубить. Я пришёл для того, чтобы имели жизнь и имели с избытком» (Ин. 10:10). Само по себе страдание – это зло, и оно *используется* сатаной для того, чтобы украсть, убить и погубить. **Но Иисус ведёт войну против страдания. Он трудится над тем, чтобы прекратить его или облегчить его. Он *всегда* использует это во благо.**

Помните Иосифа (День 15)? Его продали в рабство и незаслуженно бросили в тюрьму. Но он всё равно сказал своим братьям: «Вот, вы умышляли против меня зло; но Бог обратил это в добро, чтобы сделать то, что теперь есть: *сохранить жизнь великому числу людей*» (Быт. 50:20, курсив добавлен). Многолетние страдания Иосифа привели к спасению многих людей. Независимо от того, сколько боли приносит ваше страдание, помните, что «*любящим Бога, призванным по Его изволению, всё содействует ко благу*» (Рим. 8:28, курсив добавлен). Бог использует всё (и хорошее, и плохое) во благо *тех, кто любит Его*. Это означает, что **иногда даже лучшее в мире**

благо не приносит нам моментальное утешение. Стих 29 объясняет: «Ибо кого Он предузнал, тем и предопределил быть *подобными образу Сына Своего*» (курсив добавлен). Читая эти два стиха вместе, мы можем с уверенностью сказать, что нашим величайшим благом является уподобление Христу. Иисус предупреждает нас:

> «Если мир вас ненавидит, знайте, что Меня прежде вас возненавидел. Если бы вы были от мира, то мир любил бы свое; а как вы не от мира, но Я избрал вас от мира, потому ненавидит вас мир. Помните слово, которое Я сказал вам: раб не больше господина своего. Если Меня гнали, будут гнать и вас» (Ин. 15:18–20).

Нам нужно ожидать враждебное отношение и дискриминацию по отношению к верующим за их веру в Христа.[1] В странах, в которых правительство считает Иисуса угрозой для своей власти, или в которых религия тесно связана с культурными традициями, к христианам относятся крайне негативно. Такие правительства часто отвергают фундаментальные человеческие свободы верующих людей. Поэтому нас не должно удивлять, если нас преследуют или если нас просят помолиться за гонимую церковь. «Все, желающие жить благочестиво во Христе Иисусе, будут гонимы» (2 Тим. 3:12).

Теперь, когда мы знаем, что нам стоит этого ожидать, как нам жить победоносной жизнью вопреки гонению? Мы переносим гонения, пребывая во Христе, в нашем сочувствующем Спасителе, Который претерпел гонения *за нас* и до сих пор страдает *вместе* с нами. Когда Иисус явился Савлу, гонителю верующих, который впоследствии стал апостолом Павлом, Он спросил: «Савл, Савл! Что ты гонишь Меня?» (Деян. 9:4). Иисус не назвал Себя «Иисусом, Господом тех, кого ты гонишь». Нет, Он сказал: «Я Иисус, *Которого ты гонишь*» (Деян. 9:5, курсив добавлен). Иисус лично воспринимал преследование верующих. Если мы пребываем в Нём и Он в нас, Он не является

---

1 Деян. 14:22; 1 Пет. 4:12.

сторонним наблюдателем наших преследований. Нет, Он переносит их вместе с нами. **Близость с Христом – это одно из величайших благословений во время гонений.** Если мы испытываем гонения, мы можем принять Иисуса и получить Его благословения.[1]

Пока ещё не настал тот день, когда мы будет находиться в Его присутствии, и когда будет отёрта всякая слеза (Откр. 21:4), нам нужно знать, как мы будем реагировать на страдание и гонение. Давайте посмотрим, что сказано в Божьем Слове.

1. **Взывать к Богу.** Давид сказал: «В тесноте моей я призвал Господа и к Богу моему воззвал. И Он услышал от чертога Своего голос мой, и вопль мой дошел до слуха Его» (Пс. 17:7). Давид также сказал: «Господи! К Тебе взываю: поспеши ко мне, внемли голосу моления моего, когда взываю к Тебе» (Пс. 140:1). Даже Иисус взывал к Богу в Гефсиманском саду. Бог может понять ваш гнев, ваши слезы. Полагайтесь на Его помощь. Павел писал, что он испытывал чрезвычайное страдание, едва ли не до смерти. Павел также говорил, что в такие моменты он взывал к Богу, Который его спасал (2 Кор. 1:8–9). Полагайтесь на Бога. Он позаботится о вас. Он даст вам все необходимое и укажет дальнейший путь (Мф. 10:16–23).

2. **Живите сегодняшним днем.** Иисус предупреждал нас о том, чтобы мы не волновались о будущем, поскольку своих забот хватает для каждого дня (Мф. 6:34). Перед этим Он указал нам на ключ к жизни, свободной от волнений: «Ищите же прежде Царства Божия и правды Его, и это все приложится вам» (Мф. 6:33). Ища, *прежде всего,* Божьего Царства, мы смотрим на жизнь в контексте Царства и устанавливаем соответствующие приоритеты. Мы начинаем меньше фокусироваться на том, чего нам не хватает. Мы больше сосредотачиваем своё внимание на том, что делает Бог, и как Он обеспечивает наши потребности. Наши взгляды меняются, и мы видим высшие цели в испытаниях.

---

1 Мф. 5:11–12; 2 Кор. 4:15–18; 1 Пет. 4:14,16.

Мы видим, что испытания производят терпение, необходимое нам в трудные времена. Мы видим, как прославляется Бог, потому что Его самые великие дела совершаются в нашей немощи (2 Кор. 12:9).

3. **Будьте стойкими.** Друзья, «стойте в вере, будьте мужественны, тверды» (1 Кор. 16:13). Единственный способ, как мы можем сохранять стойкость в вере – это пребывать в Иисусе и принимать Его силу (Ин. 15). Мы можем в молитве просить Бога изменить наши обстоятельства, дать нам мудрость и обеспечить нас всем необходимым во время трудностей. Мы можем молиться и говорить: «Господь, Ты моя сила. Ты мое прибежище. Ты мой Избавитель, на Которого я уповаю» (смотрите Пс. 17:3). Доверие Богу и раскрытие перед Ним всех наших волнений помогает нам сохранять стойкость. Мы можем напоминать себе о многих примерах Божьей верности, явленной в Его Слове и в нашей жизни (памятные камни). «Будьте тверды, непоколебимы, всегда преуспевайте в деле Господнем, зная, что труд ваш не тщетен пред Господом» (1 Кор. 15:58).

4. **Примите Божье утешение и поделитесь им с другими.** Бог с помощью Своего Слова проникает до глубочайших уголков наших душ. Псалтирь полон прекрасных примеров того, как Бог приближался к обиженным и к сломленным духом (Пс. 33:19). Бог также побуждает *нас* приближаться к другим людям, оказывать ощутимую практическую помощь друг другу – вовремя навестить, разогреть пищу, обнять. Получая утешение от Бога и от других верующих, мы укрепляемся, чтобы стать благословением для других.

> «Утешающий нас во всякой скорби нашей, чтобы и мы могли утешать находящихся во всякой скорби тем утешением, которым Бог утешает нас самих! Ибо по мере, как умножаются в нас страдания Христовы, умножается Христом и утешение наше» (2 Кор. 1:4–5).

Наш болезненный опыт помогает нам понимать других людей, которые страдают. Если нам нужна помощь, не будем бояться быть уязвимыми и *принять* эту помощь. Как мы узнали во время этого путешествия, Иисус предназначил нам быть единым телом, трудиться вместе и поддерживать друг друга (1 Кор. 12:12–27). Если мы утешаем других тем утешением, которое получили сами, то наше утешение умножается, и вся слава воздаётся Богу.

5. **Любите ваших врагов.** Мы прощаем так, как и сами были прощены. Иисус простил Своих истязателей несмотря на то, что висел на кресте и истекал кровью. Он учил: «Вы слышали, что сказано: «люби ближнего твоего и ненавидь врага твоего». А Я говорю вам: любите врагов ваших [...] и молитесь за [...] гонящих нас» (Мф. 5:43–44). Помните, что мы сами раньше были врагами Богу, но Он всё равно нас любит (Рим. 5:8). Он хочет спасти наших гонителей так же, как и нас. Мы все сотворены по образу Божьему. **Будете ли вы проводником Божьей любви к людям?**

Перед своей смертью Стефан просил Бога простить своих гонителей, в то числе Савла, который преследовал верующих и одобрял казнь Стефана (Деян. 7–8). Через короткое время Бог ответил на молитву Стефана, дав избавление Савлу, известного как Павел. Человек, который сделал столько зла верующим, с помощью любви Христа был изменён и стал апостолом (Деян. 8–9,13). Павел перенёс много гонений за Свою веру и в итоге привел к Христу стражника тюрьмы (Деян. 16). Друг, избавьтесь от горечи и от самой мысли о мести, и молитесь за тех, кто вас преследует. У Бога есть Свой план относительно них, и Он хочет спасти их той же любящей рукой, что и вас (Ис. 59:1).

Ожидая нашего прибытия на небеса, будем помнить, что Иисус, когда Он был на земле, перенёс все возможные испытания. И мы можем полагаться на Него, веря Его словам: «В мире будете иметь скорбь; но мужайтесь: Я победил мир» (Ин. 16:33).

Жизнь коротка, и страдания временны, но Иисус *всегда* с вами (Мф. 28:20). Продолжайте свой забег во славу Бога, продолжайте быть *настойчивыми* (Евр. 12:1–3). «Бог же всякой благодати, призвавший нас в вечную славу Свою во Христе Иисусе, Сам, по кратковременном страдании вашем, да совершит вас, да утвердит, да укрепит, да соделает непоколебимыми» (1 Пет. 5:10). Святой Дух будет укреплять вас, чтобы вы могли перенести земные страдания, пока не получите награду на небесах. А пока Святой Дух уподобляет нас Христу, совершает ваше восстановление, как носителей Божьего образа. Это *всегда* благо.

Пусть Библия говорит:

Евреям 11:1–12:3 (дополнительно – Деяния 21–24)

Пусть ваш разум мыслит:

1. Прочитайте текст Евреям 11:32–40. Что помогло этим верным людям остаться непоколебимыми, несмотря на обстоятельства? Где они черпали силу?

2. Преследования могут быть разными. Это может быть потеря работы. Это могут быть соседи, которые сторонятся вас из-за вашей веры. И это также может быть жестокое отношение, и даже смерть, как мы видим примеры в Библии и в современном мире. Опишите время, когда вы подвергались преследованию по причине своей веры в Иисуса. Какой была ваша реакция? Что мешало вам сосредотачивать внимание на Иисусе, а не на обстоятельствах?

3. Когда вы были свидетелями того, как Бог использовал зло во благо в вашей жизни?

Пусть ваша душа молится:

Отче, благодарю Тебя, что Христос несёт мои бремена и сочувствует моему страданию. Укрепи меня и помоги выдержать страдание ради Твоей славы. Помоги мне полагаться на Тебя, принимать Твое утешение и делиться Твоим утешением с другими, любить своих врагов и быть стойким. Ты достоин этого. Во имя Иисуса, аминь.

Пусть ваше сердце повинуется:

(Что Бог хочет, что бы вы познавали, ценили или делали?)

Пробудитесь, наблюдайте, трудитесь. Иисус Христос грядет

«Смотрите, бодрствуйте, молитесь, ибо не знаете, когда наступит это время».
Марка 13:33

Начнем сегодняшний день с наилучшей новости всех времён – **за нами возвращается Иисус**. Возвращение Иисуса – это одно из самых великих обетований, на которое мы, верующие, возлагаем свои надежды. Страдания и преследования, которые мы можем сейчас испытывать, не вечны. Божья История, охватывающая и вашу настоящую историю, имеет чудесный итог. Накануне Своего распятия Иисус сказал ученикам: «И когда пойду и приготовлю вам место, приду опять и возьму вас к Себе, чтобы и вы были, где Я» (Ин. 14:3). Это обетование даёт нам надежду и побуждает жить так, чтобы быть готовыми к встрече с Иисусом.

Согласно Божьему Слову, мы живём в последнее время. Апостол Павел написал: «Наступил уже час пробудиться нам от сна. Ибо ныне ближе к нам спасение, нежели когда мы уверовали» (Рим. 13:11). Никто не знает точный день возвращения Христа (Мк. 13:32), однако мы *знаем*, что наше время здесь на земле ограничено. Даже если вы живёте сотню лет, это всё равно лишь краткий вдох по сравнению с вечностью. Как же нам нужно распорядиться временем, которое у нас осталось? «Близок всему конец. Итак, будьте благоразумны и бодрствуйте в молитвах» (1 Пет. 4:7). Бодрствуйте, размышляя над Божьим Словом и молясь.

Если мы будем духовно бодрствовать, мы распознаем лжеучения об Иисусе. Иисус предупреждает, что в последние дни мы будем свидетелями появления большого количества лжеучителей, которые будут утверждать, что говорят от имени Христа, хотя они являются Его врагами. Они будут искажать Божье Слово и введут в заблуждение многих людей:

- «Ибо будет время, когда здравого учения принимать не будут, но по своим прихотям будут избирать себе учителей, которые льстили бы слуху; и от истины отвратят слух и обратятся к басням» (2 Тим. 4:3–4).
- «Берегитесь лжепророков, которые приходят к вам в овечьей одежде, а внутри суть волки хищные» (Мф. 7:15).
- «Ибо таковые лжеапостолы, лукавые делатели, принимают вид Апостолов Христовых. И неудивительно: потому что сам сатана принимает вид Ангела света, а потому не великое дело, если и служители его принимают вид служителей правды; но конец их будет по делам их» (2 Кор. 11:13–15).

> **Все ли религии ведут к Богу?**
> Нет. Но все люди после смерти увидят единого истинного Бога, независимо от того, поклонялись они Ему или отвергали Его. (Смотрите День 6.) Но не все люди пойдут на небеса, чтобы жить в совершенных и любящих отношениях с Богом. Стоя перед Богом, в Его присутствие войдут лишь те, кому прощены грехи, кто твёрд в вере и облачен в праведность Иисуса Христа. Те же, кто облачен в праведность из своих собственных добрых дел и религии, не войдут в Божье присутствие.

Распознать и отвергнуть лжеучение можно лишь через сравнение его с истиной. **Изучая Божье Слово, мы можем**

оберегаться от лжеучений. Мы можем быть похожими на жителей Верии, которые проверяли все слова Павла в соответствии с истиной Писания (Деян. 17:11). В Библии указано много признаков обмана, которые мы увидим в последнее время. В Писании сказано, что необходимо отвергать.

1. **Отвергайте любое учение, которое обесценивает Иисуса и Его крест.** «Всякий дух, который не исповедует Иисуса Христа, пришедшего во плоти, не есть от Бога, но это дух антихриста, о котором вы слышали, что он придет и теперь есть уже в мире» (1 Ин. 4:3). Слово *антихрист* означает «против Христа». Учение, созданное под влиянием духа антихриста, искажает истину о Личности и о труде Христа. **Иисус Христос – Бог и единственный источник спасения.** «Ибо нет другого имени под небом, данного человекам, которым надлежало бы нам спастись» (Деян. 4:12). **Помнит***ƒ***е, что Иисусу не нужно было бы умирать на кресте, если бы существовал иной путь ко спасению.** Некоторые люди неверно учат, что для спасения одной жертвы Иисуса на кресте недостаточно, нужны и наши дела. Не забывайте о последнем слове Иисуса на кресте: «Совершилось!» (Ин. 19:30). Это означает, что наш грех, наш долг, был оплачен сполна. Мы проявляем послушание Богу из любви к Нему, а не из стремления заработать спасение. Ложным является любое учение, которое *отвергает*, что Иисус – Бог, что Он – единственный путь к спасению, что жертвы Иисуса на кресте достаточно.

> «[Сын] есть образ Бога невидимого [...] все Им и для Него создано; и Он есть прежде всего, и все Им стоит. И Он есть глава тела Церкви; Он – начаток, первенец из мертвых, дабы иметь Ему во всем первенство» (Кол. 1:15–18).

2. **Отвергайте любое учение, которое прославляет людей или лидеров.** Иисус дал подробные признаки последнего времени (Мф. 24). Он предупредил, что лжеучителя будут прославлять себя и совершать чудеса, чтобы обманывать людей (Мф. 24:24). Мы *все* рождены грешниками (Пс. 50:7), полностью зависим

от Бога (Ин. 15:5; Деян. 17:25). Остерегайтесь любого учения, которое делает спасителями человечества каких-либо лидеров, даже благочестивых. Павел сказал верующим, которые были искушаемы подобным лжеучением:

«Вы еще плотские [...] Ибо когда один говорит: «я Павлов», а другой: «я Аполлосов», то не плотские ли вы? Кто Павел? Кто Аполлос? Они только служители, через которых вы уверовали, и притом поскольку каждому дал Господь. Я насадил, Аполлос поливал, но возрастил Бог; посему и насаждающий и поливающий есть ничто, а все Бог возращающий» (1 Кор. 3:3–7).

Мы должны не только остерегаться прославления духовных лидеров, но и убегать от тех из них, кто прославляют сами себя. Если они не следуют примеру Иисуса, как слуги, тогда их действия не угодны Богу. И Бог их посрамит (Мф. 23:12).

3. **Отвергайте любое учение, которое обещает мирские блага, богатства, здоровье.** Лжеучения побуждают верующих *использовать* Бога, а не *доверять* Ему. Они часто утверждают, что благодаря добрым речам или финансовым пожертвованиям верующие могут достичь бо́льшего финансового благополучия и идеального физического здоровья. Такие лжеучения сосредотачивают внимание на даре, а не на Дарителе, на земном, а не на вечном. Они приводят к большому заблуждению.

Хочет ли Бог исцелить вас? Да, Он делает это духовно и физически. «И отрет Бог всякую слезу с очей их, и смерти не будет уже; ни плача, ни вопля, ни болезни уже не будет» (Откр. 21:4). Мы можем просить Бога о физическом исцелении и верить, что Он исцелит. Однако *нам нужно доверять Божьим временам и срокам*, когда бы ни произошло это исцеление – на земле или в вечности. Пока Иисус не вернулся, все мы, живущие на земле, умрем физически. Но будем исцелены на небесах.

Хочет ли Бог позаботиться о ваших нуждах? Да, Библия содержит много примеров Божьей заботы о нас. Бог, как добрый отец, хочет, чтобы мы просили Его позаботиться о наших нуждах. «Хлеб наш насущный дай нам на сей день» (Мф. 6:11).

Бог знает, что для нас лучше, но *нам нужно доверять* Его срокам и способам удовлетворения наших нужд. Помните слова из Псалма 22 (День 22): «Господь – Пастырь мой; я ни в чем не буду нуждаться» (стих 1).

Если кажется, что молитвы об исцелении и обеспечении остаются без ответа, лжеучителя часто говорят о нехватке веры или о недостаточности финансовых пожертвований. Однако они не указывают на Иисуса и Его учение, как на наш пример и руководство. Иисус призывал собирать *небесные* сокровища и предостерегал от чрезмерного акцента на земных удовольствиях.[1] Если мы исцелены, если наши нужды удовлетворены, мы прославляем Бога! Если нет, мы верим, что Бог трудится для нашего блага (День 48). Продолжайте молиться и пребывать в Иисусе.

4. **Отвергайте любое учение, которое требует выполнения строгих правил, не содержащихся в Божьем Слове.** Некоторые верующие настаивают на необходимости придерживаться небиблейских традиций, чтобы подтвердить своё спасение. Они часто считают, что церковные традиции так же авторитетны, как и сама Библия, или даже более. Однако, только Библия является вдохновенным Божьим Словом (2 Тим. 3:16; День 31). Иисус упрекал людей за их стремление добавлять к Божьим заповедям свои правила (Мф. 23:4; Мк. 7:1–23). Павел призывал, чтобы верующие наибольший внимание уделяли внутреннему изменению сердца, а не на внешнее исполнение правил:

> «Итак, если вы со Христом умерли для стихий мира, то для чего вы... держитесь постановлений: «не прикасайся», «не вкушай», «не дотрагивайся», – что все истлевает от употребления, – по заповедям и учению человеческому? Это имеет только вид мудрости в самовольном служении, смиренномудрии и изнурении тела, в некотором небрежении о насыщении плоти» (Кол. 2:20–23).

Соблюдение дополнительных правил не делает нас более святыми: святыми нас делает Иисус. «Итак, стойте в свободе,

---

1 Мф. 6:19–24; Лк. 12:33–34; 18:24; 1 Тим. 6:9; 1 Ин. 2:15–17.

которую даровал нам Христос, и не подвергайтесь опять игу рабства» (Гал. 5:1). Больше нет никакого ига законничества, которое прославляет людей, а не Бога. Мы теперь «рабы Христовы, [исполняющие] волю Божию от души» (Еф. 6:6).

5. **Отвергайте любое учение, которое оправдывает грех.** Любое учение, которое позволяет сознательно и постоянно грешить, служит насмешкой над жертвой Иисуса за грех. Лжеучителя, «произнося надутое пустословие, [...] уловляют [людей] в плотские похоти и разврат... Обещают им свободу, будучи сами рабы тления; ибо кто кем побежден, тот тому и раб» (2 Пет. 2:18–19). Иисус освободил нас от греха не для того, чтобы мы продолжали грешить. «Что же скажем? Оставаться ли нам в грехе, чтобы умножилась благодать? Никак. Мы умерли для греха: как же нам жить в нем?» (Рим. 6:1–2). Спасение – это не просто одноразовое событие, избавляющее нас от ада, это постоянный процесс нашего изменения, как нового творения во Христе, освобождённого от уз греха. Мы больше не живём, как прежде, до нашего спасения в Иисусе. Послание к Евреям предостерегает нас от беспечной жизни. «Как мы избежим, вознерадев о толиком спасении?» (Евр. 2:3). Иисус нас изменил, и эта перемена влияет на каждый аспект нашей жизни. «К свободе призваны вы, братия, только бы свобода ваша не была поводом к угождению плоти, но любовью служите друг другу» (Гал. 5:13).

Ободрись, мой друг! Бог по всему миру поставил смирённых лидеров, которые признают Иисуса Господом, которые учат в соответствии с Писанием, и которые призывают к праведной жизни. **Святой Дух, Дух Истины, направит нас и защитит от лжеучений.** Он поможет нам делиться Божьей истиной с другими людьми и делать это *с любовью*. Когда наступит надлежащее время, Иисус вернётся. Бодрствуйте, остерегайтесь лжеучений и ревностно служите Иисусу, пока Он не вернётся или не призовёт вас домой на небеса. Ваша верность будет вознаграждена, когда вы услышите самые драгоценные слова из уст нашего Господа и Царя: «Хорошо, добрый и верный раб!» (Мф. 25:23).

Пусть Библия говорит:

Матфея 24; 2 Петра 2:1–3 (дополнительно – Деяния 25–28)

Пусть ваш разум мыслит:

1. Просмотрите перечень того, как вам отвергать лжеучителей. На что вы особо обратили внимание? Как вам быть готовыми отвергать лжеучителей?

2. Как вы думаете, почему некоторые лжеучителя так популярны в современных культурах? Почему людям сложно просто поверить в евангельское послание и довериться Иисусу?

3. Что вам поможет отличить истинное учение из Божьего Слова от лжеучения тех, кто спрашивает, подобно змею в Бытие 3:1: «Подлинно ли сказал Бог?»

Пусть ваша душа молится:

Отче, пробуди меня. Укорени меня в Твоем Слове, чтобы я не был обманут никаким лжеучением. Помоги мне направлять людей к истине и делать это с любовью. Если я устаю, укрепляй меня Своей благодатью ради Твоей славы. Когда Ты вернёшься, найди меня верным, чтобы я мог услышать Твои столь желанные слова: «Хорошо, добрый и верный раб!» Во имя Иисуса, аминь.

Пусть ваше сердце повинуется:

(Что Бог хочет, что бы вы познавали, ценили или делали?)

Празднуя свою настоящую историю

«Тогда совершай праздник седмиц Господу, Богу твоему, по усердию руки твоей, сколько ты дашь, смотря по тому, чем благословит тебя Господь, Бог твой; и веселись пред Господом, Богом твоим».
Второзаконие 16:10–11

Вернёмся ко времени после воскресения Иисуса из мертвых. Вернёмся к тому городу, в котором всё это произошло.

Через пятьдесят дней после праздника Пасхи в Иерусалиме вновь воцарилась праздничная атмосфера: обилие пищи, множество людей. Евреи уже сотни лет отмечали Праздник седмиц (Праздник жатвы), который проводился через пятьдесят дней после Пасхи (Лев. 23:9–20). В течение этого 50-дневного периода люди с каждым новым днём всё больше предвкушали наступление этого праздника благодарности за урожай. Дома были украшены цветами. На столе в каждой семье лежал особый хлеб. Люди по улицам несли свои приношения. Волы и козы, овцы и бараны – всё это смешалось в многолюдной толпе. В Иерусалим поднималась процессия иудейских паломников, прибывших из дальних мест. Куда направлялись все эти люди, молодые и пожилые, богатые и бедные, местные и чужеземцы? Они направлялись к храму на особое богослужение.

Но в этой восторженной процессии не было последователей Иисуса. Они тайно собрались вместе (Деян. 1:12–14). Какое приношение у них было для святого собрания? Всего несколько недель назад после скорби о потере своего Друга, Вождя и Царя, они воспрянули от радости, увидев Иисуса вновь живым. Они ели, смеялись, плакали и беседовали с воскресшим Иисусом. Полнота радости. Но через сорок дней Он их снова оставил. На этот раз они стали свидетелями того, как Иисус вознёсся на небо. Он сказал им ожидать прибытия драгоценного дара – Святого Духа (Деян. 1:4–8). Но ожидать трудно. Ученики сидели и смотрели друг на друга, опустошенные и неуверенные, в то время как снаружи шла процессия восторженных людей. В отличие от остальных жителей Иерусалима, сегодня им нечего было принести в дар Богу.

Но их пятидесятый святой день был уникален в другом. Более чем полторы тысячи лет назад странствующие израильтяне прибыли к горе Синай, на которой Моисей встретился с Богом. Через пятьдесят дней после их первой Пасхи в Египте Бог дал Моисею Десять заповедей. Эти законы были не просто правилами для лучшей жизни, но даром, раскрывшим наш грех (Рим. 7:7) *и нашу нужду в Избавителе.*

Пятидесятый день был очень важным. Дары *от* Бога и дары *для* Бога. Но к наступлению этого пятидесятого дня для учеников очень многое изменилось:

- Ученики знали, что Избавитель, обещанный дар человечеству от Бога, пришёл. *Закон и Пророки были исполнены.*
- Ученики были свидетелями Божьей Истории, однако *они чувствовали себя крайне неуверенно, чтобы рассказать о ней.*
- Ученики знали, что им нужно ждать. Но *они не знали, ни времени, ни даты, ни нужных подробностей.*

Наконец, ожидание закончилось, но оно того стоило. В тот славный воскресный день на весь дом, в котором находились ученики, сошёл Святой Дух, *как и обещал Иисус.*

«И внезапно сделался шум с неба, как бы от несущегося сильного ветра, и наполнил весь дом, где они находились. И явились им разделяющиеся языки, как бы огненные, и почили по одному на каждом из них. И исполнились все Духа Святого, и начали говорить на иных языках, как Дух давал им провещевать» (Деян. 2:2–4).

Ученики вышли из своего дома, и весь народ начал с изумлением их слушать: «[Мы] слышим их, нашими языками говорящих о великих делах Божиих» (Деян. 2:11). Ученики не могли удерживать в себе Святого Духа, потому что Он ничем не ограничен: ни домом, ни какой-то сферой жизни, ни каким-либо днём недели. Он *наполнил* учеников и проявлялся через них всему миру. Через пятьдесят дней после Пасхи, когда Иисус отдал нам *всего* Себя, Святой Дух излился *на всех* (Деян. 2:17). На мужчин и женщин. На пожилых и молодых. Никто не остался вне Его влияния. Ни одно племя, ни один народ, ни одна группа людей. Святой Дух, как и Иисус, пришёл для всех. Апостол Петр смело обратился к народу и процитировал пророка Иоиля:

«И будет в последние дни, говорит Бог, излию от Духа Моего на всякую плоть, и будут пророчествовать сыны ваши и дочери ваши; и юноши ваши будут видеть видения, и старцы ваши сновидениями вразумляемы будут. И на рабов Моих и на рабынь Моих в те дни излию от Духа Моего, и будут пророчествовать [...] И будет: всякий, кто призовет имя Господне, спасется» (Деян. 2:17–18,21).

Этот пятидесятый день (день Пятидесятницы) ознаменовал рождение Церкви. В то время как ученики провозглашали Евангелие на разных языках, народ, собранный в Иерусалиме, откликнулся на их призыв, и в тот Праздник жатвы был спасен урожай из трёх тысяч душ (Деян. 2:41). Возвратившись к себе на родину и рассказав о Божьей Истинной Истории, эти новообращенные изменят мир. И всё благодаря тому, что дар Святого Духа наполнил верующих способностью поделиться Благой вестью об Иисусе (Ин. 3:3). И мы знаем, что:

- Все верующие получают **духовные дары**, чтобы рассказать о Божьей Истинной Истории.

- Все верующие **трудятся вместе**, чтобы распространять Божью Истинную Историю.
- Все верующие во **все периоды жизни** играют важную роль в Божьей Истинной Истории.
- Все верующие **изменены** Божьей Истинной Историей и **несут эти изменения** в мир!

Произошло удивительное изменение. Теперь Божий закон, ранее написанный на камне, будет записан в сердцах (Иер. 31:31–33). Вместо нашего дара Богу Иисус, Господин жатвы, Сам дал Свой дар – Святого Духа. В день Пятидесятницы возник новый праздник для новой церкви. Ученики Иисуса выполнили свою часть в Божьей Истории. Теперь ваша очередь.

Сегодня *ваш* пятидесятый день!

В календаре Царства ваше время настало. Бог предназначил это время и место для того, чтобы вы познали Его и свою роль в Его Истории (Деян. 17:26–27). Как Пятидесятница предоставила новое откровение для апостолов, так и наше изучение предоставило новое откровение для вас. Благодаря наполнению Святым Духом вы можете освободиться от всего, что мешает вам быть теми, кем вам предназначил быть Господь. **Вы можете обрести радость в Том, Кто добр, чудесен, мудр, чист, прекрасен, отважен и истинен.**

Пришло время праздновать! Пришло время поблагодарить Бога за всё, что Он сделал в вас и через вас за прошлые семь недель! Вспомним все, что Он сделал для вас в течение каждой недели.

Неделя 1: Божья История

Вы часть – Божьей Истории. Вы знаете, как всё началось (сотворение), как всё разрушилось (грех), как всё может быть спасено (Иисус), и как всё закончится (восстановление).

Неделя 2: Ваша история

Вы избраны, прощены, вы поклонник, вы приняты и стали святым Божьим дитём. Ваша новая жизнь имеет значение и предназначение. Вы возлюблены Богом.

Неделя 3: Ваше предназначение от Бога

Вы понимаете, для чего Бог вас создал. Ваше предназначение оказывает влияние на небеса и прославляет Бога, если вы любите Его, любите других и приводите их к Богу.

Неделя 4: Ваша крепкая дружба

Вы названы Божьим другом. Вам известно о Божьих планах, и вы пребываете в Иисусе. Вы покоитесь в Нём и получаете всё необходимое от Истинной Лозы, из вашего неиссякаемого Источника. Вы знаете, как противостоять искушению, и Бог через вас приносит плод.

Неделя 5: Ваше жизнеизменяющее изучение Библии

Вы знаете, что Бог вдохновил людей на написание Библии, и вы уже ознакомлены с её содержанием. Вы знаете, как её изучать и запоминать, и как с её помощью победоносно сражаться с врагом.

Неделя 6: Ваша сильная молитвенная жизнь

Вы знаете, что Богу нравится с вами общаться и делать ваше сердце похожим на Его сердце. Вы знаете, как поститься и молиться, как удалять препятствия, как молиться за других людей и обретать сверхъестественный мир.

Неделя 7: Ваш духовный Наставник

Вы узнали, как наполняться Святым Духом, чтобы обретать свободу от греха, чтобы возрастать в благочестии, чтобы благовествовать, чтобы Он защищал вас от лжеучений и утешал во время страданий.

Вы это сделали! Вы не сдались. С Богом вы прошли сложный и святой путь веры, чтобы обнаружить свою настоящую историю. Вы изменились, как и ученики в день Пятидесятницы. Теперь вы призваны нести изменения в мир.

В самый первый день нашего путешествия вы описали свою историю с Богом. Уделите немного времени, чтобы описать, как изменилась ваша история за эти 50 дней. Сравните два описания. Как вы возросли в ваших отношениях с Богом?

Оглянитесь назад, и вы поймёте, что ваше путешествие веры было задумано Богом именно таким. Бог избрал вас и поместил именно в это место «для такого [...] времени» (Есф. 4:14). Бог пишет вашу историю, и она прекрасна. Ваша новая глава начинается прямо сейчас.

Друг, поскольку это 50-дневное путешествие веры заканчивается, я хочу поблагодарить вас за то, что вы откликнулись на Божий призыв найти *вашу настоящую историю*. Для меня было честью пройти этот путь вместе с вами. Я молюсь о Божьих благословениях для вашей жизни, чтобы ваша любовь возрастала в познании Бога, и чтобы вы ходили в праведности во славу Божью (Флп. 1:9–11). И в тот день, когда мы все вместе будем пребывать на небесах, я возрадуюсь о вас, услышав, как Царь Иисус представит вас совершенными!

«Могущему же соблюсти вас от падения и поставить пред славою Своею непорочными в радости, Единому Премудрому Богу, Спасителю нашему чрез Иисуса Христа Господа нашего, слава и величие, сила и власть прежде всех веков, ныне и во все веки. Аминь» (Иуд. 24–25).

Пусть Библия говорит:

Ефесянам 3:14–21 (дополнительно – Книга Руфь; её обычно читают на праздник Шавуот [Пятидесятница]; эта краткая история в контексте темы жатвы повествует о надежде и искуплении, и раскрывает Божий план избавления.)

Пусть ваш разум мыслит:

1. Размышляя о своей жизни во Христе, опишите своё празднование вашей настоящей истории. За что вы особо благодарны Богу в контексте вашего 50-дневного путешествия веры?

2. Ответьте на «Вопросы для обсуждения за Неделю 7».

Пусть ваша душа молится:

Отче, благодарю Тебя за то, что Ты есть. Спасибо, что послал в мир Своего Сына Иисуса и излил Свой Дух. Спасибо, что вписал меня в Свою Истинную Историю. Помоги мне пребывать в Иисусе и наполняться Святым Духом во славу Тебе. «В Твоей руке дни мои» (Пс. 30:16). Во имя Иисуса, аминь.

Пусть ваше сердце повинуется:

(Что Бог хочет, что бы вы познавали, ценили или делали?)

Будем друзьями

Пожалуйста, зайдите на веб-сайт www.yourtruestorybook.com и сообщите нам, что вы завершили это изучение Библии. Мы хотим порадоваться вместе с вами и предоставить вам различные материалы. **Вы получите сертификат о прохождении курса и наше обещание молитвы за вас.** *Спасибо.*

ВОПРОСЫ ДЛЯ ОБСУЖДЕНИЯ ЗА НЕДЕЛЮ 7

Просмотрите уроки за эту неделю и ответьте на следующие вопросы. Поделитесь вашими ответами со своими друзьями во время вашей встречи на этой неделе.

1. Иисус сказал ученикам, что Ему лучше возвратиться на небеса, потому что тогда Он сможет послать им Святого Духа. Почему Святой Дух настолько важен? Как Он помогает верующим?

2. Как Святой Дух может взращивать нас через служение? Если возможно, поделитесь примером. С каким подходом мы должны относиться к служению? Кому вам трудно служить? Как вы на этой неделе проявите Божью любовь к этому человеку?

3. Прочитайте Римлянам 8:28–29. Какое благо Бог может произвести из ваших трудностей? Как это может помочь вам пройти через страдания?

4. Сталкивались ли вы с лжеучением, и как вы его распознали? Что побуждает вас проживать свою историю с Богом?

5. **Для изучения важно повторение. Попросите Бога указать вам, кого пригласить для повторного прохождения этого курса.** Есть ли новообращенный или тот, кто ищет Бога, с которым вы могли бы пройти это изучение?

Благодарности

Книги пишутся в общине, и книга «Ваша настоящая история» не исключение. При Божьей благодати и со многими молитвами свой вклад в это путешествие веры внесли верующие с разных христианских традиций.

Ещё до того, как было написано хотя бы одно слово, наша молитвенная команда проложила к этому путь своими сильными молитвами. Я люблю вас: Кристи Прайс, Мисси Блантон, Хилари Виндзор, Линда Репперт, Дайян Энгелхардт, Педди Кревелинг, Синтия Вебб, Дженни Кришнарао, Рианн Боуд и Мелания Готьер.

Я невероятно благодарна Мери Энн Вилмер за её усердие и помощь в организации этого проекта. Большая благодарность д-ру Арчи Ингланду, Даните Брукс, Ким Дриггерс, Таре Кришнарао и Вайну Хастингсу за помощь в завершении этого проекта.

Хочу выразить большую благодарность команде All In Ministries International и всем, кто помогал в подготовке материалов, особенно первым редакторам Гленн Риз, Келли Хастингс, Кристи Прайс, Эрин Крайдер и Эми Тиеде. Особая благодарность церкви Четс Крик (Chets Creek Church) за ободрение и помощь.

Моей семье. Я благодарна за вашу неизменную любовь и поддержку. (Мама, спасибо тебе за всё.) Мои сыновья, племянницы и племянники были моим вдохновением. Я передаю эту эстафету веры вам (Евр. 12:1–3). Никогда не сдавайтесь. Иисус достоин вашей любви.

Моему лучшему другу, моему мужу Бретту. Наш брак сделал возможным это путешествие веры. Для меня честь быть твоей женой. Я тебя очень люблю.

Но больше всего я благодарна Богу, нашему Автору, за написание наших настоящих историй. Да прославится Бог через плоды этого труда!

«Не нам, Господи, не нам, но имени Твоему дай славу, ради милости Твоей, ради истины Твоей».

Псалом 113:9

ПЛАН ЕЖЕНЕДЕЛЬНЫХ ВСТРЕЧ

Для развития искренних отношений в контексте ученичества используйте приведенный ниже план проведения еженедельных встреч. * Разделите встречу на три части и попросите у Святого Духа водительства в ее проведении.

1 ПРОШЛОЕ

Забота:

- За что произошедшее на этой
- Что вас беспокоит?

Молитва/Поклонение:

Один человек молится и просит Бога направлять эту совместную встречу.

Подотчётность:

Проанализируйте достижение целей, поставленных на предыдущей неделе.

Миссия:

Просмотрите миссию/видение группы (например, «Любить Бога и прославлять Его», «Быть учеником, который наставляет новых учеников»).

2 НАСТОЯЩЕЕ

Урок:

Дважды прочитайте отрывок Писания, если возможно, в разных переводах.

Спросите:

- Что вы узнали о Боге?
- Что вы узнали о людях?
- Что Бог хочет, что бы вы познавали, ценили или делали?

(Иногда используйте это время для ученического обучения, например, как свидетельствовать об Иисусе или как делиться Евангелием. Попрактикуйтесь в группе, прежде чем перейти дальше.)

3 БУДУЩЕЕ

Определение целей:

Предложите каждому помолиться в тишине, прося Бога указать, что делать дальше.

Ответьте:

- Как вы будете выполнять то, что сегодня узнали?
- С кем еще вы поделитесь этим отрывком?
- Кому вы расскажите о послании Евангелия?

Запишите цели и поделитесь ими:

Каждый человек записывает свои цели в дневник/телефон. Поделитесь своими целями с группой.

Заключение:

Один из присутствующих заканчивает встречу МОЛИТВОЙ.

*Адаптировано из #NoPlaceLeft 3/3rds approach.

Приложение

Инструменты для свидетельства о вере

Расскажите о Божьей Истории с помощью 3 кругов

1. **Нарисуйте слева круг и в нём сердце.** Расскажите о Божьей любви и о Божьем предназначении для наших жизней, и напишите над кругом слово «Бог».
2. **Нарисуйте круг справа и к нему стрелку со словом «грех».** Объясните, что мы все склонны не доверять Богу, а идти собственным путем. Это называется грехом, и он разрушает отношения, начиная с наших отношений с Богом.
3. **Нарисуйте три стрелки** от правого круга в противоположную сторону от Бога и напишите над ними слово «сломленность». Объясните, что каждая стрелка означает попытки людей самостоятельно справиться со своей сломленностью с помощью достижений, имущества, религии, хороших поступков или веществ, вызывающих зависимость. Восстановить людей могут только отношения с Богом.
4. **Нарисуйте круг внизу** и расскажите, что Бог послал Своего Единородного Сына Иисуса **(напишите в круге слово «Иисус» и нарисуйте в нем стрелку вниз)**, чтобы Он понёс наказание за наш грех, умерев на кресте **(нарисуйте в круге крест)**. Но Иисус воскрес из мёртвых **(нарисуйте в круге стрелку вверх)**, поразив смерть и доказав миру, что Он – Бог, наш Спаситель.
5. **Проведите стрелку от «сломленности» до «Иисуса».** Объясните, что, если мы оставляем свои пути (раскаиваемся) и следуем за Иисусом, нашим Царём **(нарисуйте корону над нижним кругом)**, наши отношения с Богом восстанавливаются **(проведите стрелку обратно к Богу)**.

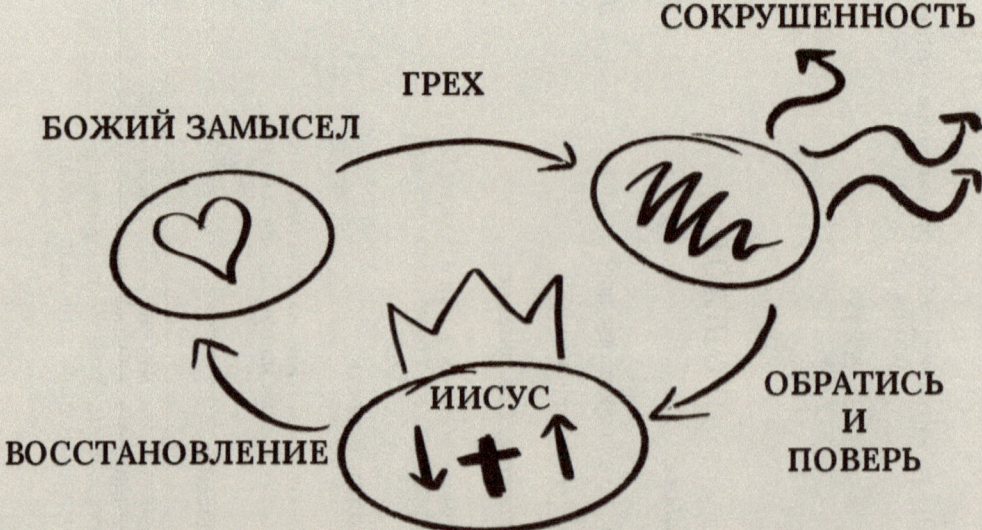

Изучайте

Узнайте историю этих людей и их верования. Слушайте, чтобы понять, как вам объединить **вашу историю** с историей тех, с кем вы общаетесь.

- Есть ли у вас какие-либо духовные верования? Верите ли вы в Бога?
- Кем, по вашему мнению, является Иисус?
- Делился ли вы уже кто-нибудь с вами Евангелием?

Составьте свою историю с Богом и научитесь излагать её в течение 15–20 секунд. Предлагаем следующий метод:

«В моей жизни был период, когда я...

_____

(Вставьте два слова/две фразы, которые описывают вашу жизнь до Иисуса.)

«Затем я был прощен Иисусом, и решил следовать за Ним».

«Моя жизнь изменилась. Теперь я...

_____

(Вставьте два слова/две фразы, которые описывают вашу жизнь после встречи с Иисусом.)

Спросите: «Вы можете рассказать похожую историю?»

Слушайте

Создайте **карту отношений** с людьми, далекими от Бога.

1. Молитесь о водительстве Святого Духа и напишите в центральном круге свое имя.
2. Заполните остальные круги именами людей, далекими от Бога. Если необходимо, добавьте новые круги.
3. Возле кругов с именами этих людей нарисуйте дополнительные круги, в которые нужно вписать имена их супругов и коллег по работе, которые также далеки от Бога.
4. Начните молиться за всех этих людей. В Иоанна 17:20 Иисус молился за тех, кто может поверить в Него через других людей. Молитесь так и вы.

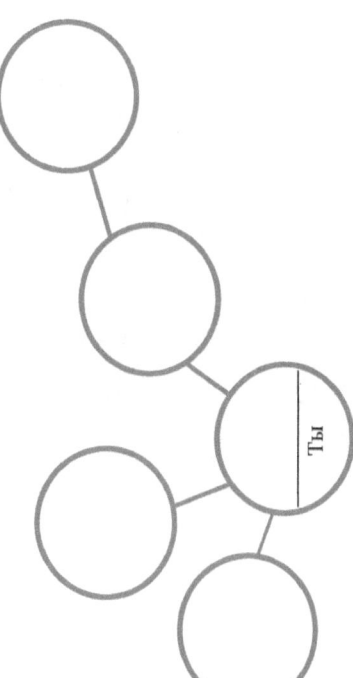

Ты

Любите

Расскажите Божью Историю, включив четыре «ингредиента» Хлеба Евангелия: Любовь, Грех, Иисус, покаяние и вера.

Расскажите Божью Историю с помощью 3 кругов:

Спросите: что мешает вам принять Божье прощение и последовать за Иисусом, как за Господом вашей жизни?

Расскажите о компонентах молитвы: верить, прощать, помогать.

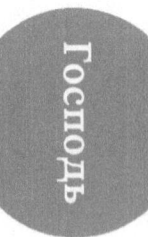

Господь

Ваше обязательство перед Иисусом

Будучи новым человеком во Христе, я, _____, являюсь Его представителем, и Он имеет полную власть над всей моей жизнью (2 Кор. 5:17-21).

Пребывая в Иисусе, я буду выполнять Его повеление наставлять новых учеников, зная, что Он всегда со мной, и что мне поможет Святой Дух (Ин. 15; Мф. 28:18-20; Деян. 1:8).

- Я буду молиться за людей из моей карты отношений

_____

(Вставьте время/дни, когда вы будете молиться, например, утром или в понедельник.)

- Я поделюсь Божьей Историей с кем-то из моей карты отношений

_____

(Напишите, как часто вы планируете свидетельствовать, например, раз в неделю или раз в месяц.)

- Я буду учить другого верующего быть наставником для новых учеников

_____

(Напишите, как часто вы будете это делать, и какой метод ученичества вы будете использовать, например, еженедельные телефонные звонки.)

_____

(Подпись и дата)

Библиография

Alcorn, Randy C. *Heaven Study Guide.* Carol Stream, IL: Tyndale House Publishers, 2006.

Barry, J. D., and L. Wentz. *The Lexham Bible Dictionary.* Bellingham, WA: Lexham Press, 2016.

Blue, Ron, and Karen Guess. *Never Enough? 3 Keys to Financial Contentment.* Nashville, TN: B & H Publishing Group, 2017.

Briscoe, Jill. *Here Am I, Lord—Send Somebody Else: How God Uses Ordinary People to Do Extraordinary Things.* Nashville: W Pub. Group, 2004.

Chan, Francis, and Lisa Chan. *You and Me Forever: Marriage in Light ofEternity.* Singapore: Imprint Edition, 2015.

Danker, Frederick W. *Lexical Evolution & Linguistic Hazard: An Introduction to A Greek-English Lexicon of the New Testament and Other Early Christian Literature,* Third Edition (BDAG), Edited by Frederick William Danker, Based on Walter Bauer's *Griechish-Deutsches Wörterbuch Zu Den Schriften Des Neuen Testaments Und Der fruhchristlichen Literatur,* Sixth Edition, Ed. Kurt Aland and Barbara Aland, with Viktor Reichmann and on Previous English Editions by W.F. Arndt, F.W. Gingrich, and F.W. Danker. Chicago: University of Chicago Press, 2000.

Elwell, Walter A. *Evangelical Dictionary of Biblical Theology.* Grand Rapids, MI: Baker Books, 2001.

Gangel, Kenneth O., and Max E. Anders. *John.* Nashville, TN: Holman Reference, 2000.

Geisler, Norman L. *Systematic Theology: In One Volume.* Minneapolis: Bethany House Publishers, 2011.

Greear, J. D. *Jesus, Continued... : Why the Spirit Inside You Is Better than Jesus Beside You.* Grand Rapids, MI: Zondervan, 2014.

Grudem, Wayne. *Systematic Theology: An Introduction to Biblical Doctrine.* Leicester: Inter-Varsity, 2007.

Habermas, Gary R. *The Historical Jesus: Ancient Evidence for the Life of Christ.* Joplin, MO: College Press, 1996.

Hauer, Cheryl. «God's Invitations.» Bridges for Peace, November 21, 2017. https://www.bridgesforpeace.com/letter/gods-invitations/.

Hendricks, Howard G., and William Hendricks. *Living by the Book: The Art and Science of Reading the Bible.* Chicago: Moody Press, 2007.

Holladay, William Lee., and Ludwig Hugo Koehler. *A Concise Hebrew and Aramaic Lexicon of the Old Testament.* Grand Rapids, MI: W.B. Eerdmans Pub. Co., 1993.

Hughes, R. Kent. *John: That You May Believe*. Wheaton, IL: Crossway Books, 1999.

Jones, Ian F. *The Counsel of Heaven on Earth: Foundations for Biblical Christian Counseling*. Nashville, TN: Broadman & Holman Publishers, 2006.

Keller, Timothy. *Walking with God through Pain and Suffering*. London: Hodder & Stoughton, 2015.

Kitchen, K. A. *On the Reliability of the Old Testament*. Grand Rapids, MI: William B. Eerdmans, 2006.

Kroll, Woodrow iMichael. *Facing Your Final Job Review: The Judgment Seat of Christ, Salvation, and Eternal Rewards*. Wheaton, IL: Crossway Books, 2008.

MacDonald, James. Walk in the Word Radio, AM 550, Jacksonville, FL, 2009.

Miller, Mike, and Michael Sharp. «Worship Leadership» Intensive Class Notes: Three Stages of Worship, New Orleans: New Orleans Baptist Theological Seminary, May 2014.

«Mitzvot.» ReligionFacts, June 22, 2017. http://www.religionfacts.com/mitzvot.

NoPlaceLeft International Coalition. https://noplaceleft.net.

Pratt, Zane. «Making Disciples in Another Culture.» Breakout, Send Conference, Orlando, FL, July 26, 2017.

Towns, Elmer L. *Fasting for Spiritual BreakThrough: A Guide to Nine Biblical Fasts*. Ventura, CA: Regal Books, 1996.

Tripp, Paul. «Why Do I Need the Bible?» Paul Tripp Ministries, Inc., May 13, 2019. https://www.paultripp.com/app-read-bible-study/posts/001-why-do-i-need-the-bible.

Vine's Complete Expository Dictionary of Old and New Testament Words. Nashville: T. Nelson, 1984.

Wallace, J. Warner. *Cold-Case Christianity: a Homicide Detective Investigates the Claims of the Gospels*. Colorado Springs, CO: David C Cook, 2013.

Whelchel, Hugh. «The Four-Chapter Gospel: The Grand Metanarrative Told by the Bible.» Institute for Faith, Work & Economics, February 14, 2012. https://tifwe.org/the-four-chapter-gospel-the-grand-metanarrative-told-by-the-bible/.

Whitacre, Rodney A. *John*. Downers Grove, IL: Inter-Varsity Press, n.d.

Wilbur, Hervey. *The Assembly's Shorter Catechism, with the Scripture Proofs in Reference: with an Appendix on the Systematick Attention of the Young to Scriptural Knowledge*. Newburyport: Printed by Wm. B. Allen & Co., 1816.

Наш подарок для вас

Вы это сделали! Мы хотим порадоваться вместе с вами и предоставить вам различные материалы. Вы получите сертификат о прохождении курса и обещание наших молитв за вас. Пожалуйста, зайдите на *YourTrueStoryBook.com* и сообщите нам, что вы завершили это путешествие.

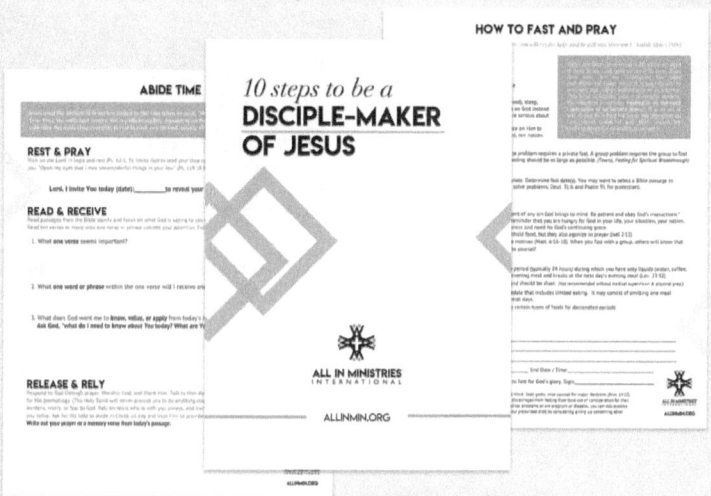

Будем друзьями

Наше совместное путешествие длилось 50 дней,
и нам не хочется с вами прощаться.

Оставайтесь на связи и поделитесь своей настоящей историей:

Facebook – www.facebook.com/allinmin
Instagram – @allinministriesinternational
YouTube – All In Ministries International
LinkedIn – All In Ministries International

Подпишитесь на Allinmin.org и получайте бесплатные материалы и вдохновляющие истории со всего мира.

«Ваша настоящая история» предназначена для всех людей во всём мире.

ALL IN MINISTRIES
INTERNATIONAL

All In Ministries International помогает женщинам быть благовестниками.

Делитесь своей верой • Достигайте нуждающихся женщин • Готовьте лидеров

Три способа нашего совместного служения:

Быть благовестником

Вы можете благовествовать женщинам в своей общине и по всему миру. В этом вам помогут наши бесплатные онлайн ресурсы.

Быть наставником

Используйте наши учебные программы для проведения встреч по ученичеству на местном и международном уровнях. Станьте одним из многочисленных волонтеров-наставников по всему миру.

Быть партнером миссий

Мы готовы сотрудничать с вами в рамках вашего служения. Ваша команда служит – мы помогаем в обучении.

All In Ministries International Incorporated – некоммерческая организация.

Больше информации вы можете узнать на allinmin.org. Меняйте мир, благовествуя одной женщине за один раз.